초연결

THE FUTURE IS SMART

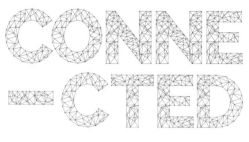

CONNE
-CTED

I EVERYTHING

구글,
아마존,
애플,
테슬라가 그리는
10년 후 미래

초연결

W. 데이비드 스티븐슨 지음
김정아 옮김

다산
북스

단언컨대
다음에 올 '가장 큰 변화The Next Big Thing'는

사물인터넷IoT에서 출발할 것이다.

버지니아 로메티(IBM 최고경영자)

이 책에 쏟아진 찬사

저성장시대에 기업은 어떻게 새로운 비즈니스 모델을 찾을 것인가? 단순히 뒤쫓기만 하는 '패스트폴로어(Fast Follower)' 전략이 이제는 통하지 않는다. 당신이 '퍼스트무버(First Mover)'와 '이노베이터(Innovator)'가 되고자 한다면, IoT에서 그 해답을 찾아야 한다. 그러니 새로운 성장 동력을 찾고 있다면, 반드시 이 책을 읽어라. 이 책이 가장 빠르고 쉬운 길을 안내해줄 것이다.

ㅡ최유순(지멘스 디지털엔터프라이즈 팀장)

많은 사람이 IoT, 5G, 빅데이터, AI를 외치고 있지만, 현장에서는 그것들을 어떻게 적용해야 하는지 여전히 어려워하고 있다. 이 책은 이러한 기술이 기존에 해결하지 못한 문제를 어떻게 해결하고, 상품과 서비스를 어떻게 개선하는지 다양한 사례를 통해 매우 흥미롭게 제시한다. 특히 아직은 우리에게 생소한 '디지털 쌍둥이' 기술이 미래에 어떠한 변화를 가져올지 구체적으로 상상하게 한다. '디지털 쌍둥이'를 정확히 이해하고 싶은 사람이라면 이 책을 꼭 읽기 바란다.

ㅡ김은광(다쏘시스템코리아 이사)

종류를 불문하고 모든 기업과 기관과 도시가 실물 세계와 디지털 세계의 융합을 추진하고 있다. 물론 그 중심에는 'IoT 혁명'이 자리하고 있다. 이 책은 우리가 IoT를 통해 얻을 이익이 무엇인지, 4차 산업혁명 이후 최초로 등장한 경영 혁신인 '순환 기업'을 IoT가 어떻게 만들 수 있는지 알려준다. 이제 막 IoT라는 세계에 입문한 여행자와 편하게 대화하듯 써 내려간 이 책은 전 세계 비즈니스 일선에서 벌어지고 있는 거대한 혁신의 사례를 충실하게 엮었으며, 유통 혁신, 비용 절감, 서비스 개선, 고객 관리 등 거의 모든 영역에 절대적인 영향을 미치고 있는 초연결 혁명의 '현재'와 '미래'를 한 그릇에 담아낸 유일한 책이다.

—리처드 하우얼스(SAP 디지털공급망 부문 부사장)

이 책은 경솔한 호들갑과 진부한 두려움 사이에서 갈팡질팡하는 관련 분야의 모든 종사자에게 현실에 기반을 둔 구체적인 대안을 제시한다. 이미 와 있는 '초연결시대'에서 IoT 혁명을 받아들이고 말고는 선택의 문제가 아니다. 그런 고민을 할 시간에 조금이라도 더 빨리 움직여라!

—로프 판크라넨뷔르흐(IoT 위원회 설립자)

나는 당신이 이제야 이 책을 읽게 되어 무척 유감스럽게 생각한다. 하지만 한편으로는 지금이라도 이 책을 읽게 된 것을 다행이라고 생각한다. 이 책의 저자 W. 데이비드 스티븐슨은 구글, 지멘스, GE 등 글로벌 기업들과 오래 일한 디지털 산업 분야의 백전노장이다. 그가 IoT를 주제로 들려주는 이 폭넓은 특강은, 당신이 원하든 원하지 않든 이미 시작된 초연결시대의 변화상과 대처법을 가르쳐준다. 일단 뭘 알아야 대처할 것 아니겠는가?

－트레버 하우드(IoT 웹사이트 'postscapes.com' 설립자)

이 책에서 W. 데이비드 스티븐슨은 단순한 사례만을 제시하지 않는다. 당신의 조직과 비즈니스에 적용해야 할 IoT 솔루션을 짧은 시간 안에 고위 경영진에게 설득시킬 수 있도록 핵심만을 뽑아내 설명해준다. 이 책을 읽지 않는다면, 아마 당신은 고생깨나 할 것이다.

－더그 닐(DXC 테크놀로지 리딩에지포럼 연구원)

초연결 사회, 미래의 기회는 어디에 있는가?

정재승

KAIST 바이오및뇌공학과 교수
문술미래전략대학원 원장
스마트시티 국가시범도시 세종 총괄기획가

테크놀로지가 이끄는 21세기 현대 사회는 어디로 가고 있는가? 이 질문에 대한 해답은 명쾌하다.

우리를 둘러싼 세상을 고스란히 디지털화한 뒤
그 엄청난 양의 빅데이터를 인공지능으로 분석해
'저비용 고효율'을 넘어 새로운 차원의 서비스를 제공하는 시대.

물질로 가득 찬 오프라인 현실 공간 '아톰 세계Atom World'는 고전적인 경제 패러다임이 지배한다. 아톰 세계에서 무언가를 생산하려면 물질을 담을 공간이 필요하고, 그것을 처리하는 데에 에너지가 들며, 이를 위해서는 사람의 노동력과 대량생산 기계 설비를 갖춰야 한다.

우리가 고등학교 수업 시간에 배웠듯이, 아톰 세계에서 생산의 3요소는 '토지', '자본', '노동'이다.

그러나 인터넷으로 연결된 클라우드Cloud 시스템 안의 온라인 공간 '비트 세계Bit World'는 완전히 다른 경제 패러다임이 통용된다. 비트 단위로 저장된 데이터는 공간을 점유하지도 않고, 정보를 처리하는 속도는 (컴퓨터의 기하급수적인 발전으로) 거의 무한대로 빨라졌으며, 그 결과 데이터 처리 시간은 '제로'에 가까워졌다. 무엇보다도, 데이터를 추가적으로 처리하는 데에 필요한 비용 역시 거의 제로라는 점이 놀랍다. 우리는 이를 '한계비용 제로Marginal Cost Zero'라고 부른다.

'한계비용 제로' 사회에서는 데이터를 모으고 이를 처리하는 데에 필요한 비용은 거의 제로지만, 그로 인해 얻게 되는 이득은 엄청나게 커진다. 따라서 비트 세계는 고전적인 경제 패러다임으로는 설명이 어려운, 완전히 새로운 경제 패러다임에 의해 작동된다.

아톰으로 이루어진 '물질'은 원본과 복제본 사이에 뚜렷한 차이가 있다. 원본의 '희소성'이 경제적 가치를 만들어내며, 확대 재생산을 하려면 그만큼의 비용과 시간과 노동력이 필요하다. 그러나 비트로 구성된 '데이터'는 원본과 복제본 사이에 차이가 없다. 아주 적은 추가 비용만으로 확대 재생산이 손쉬우며, 데이터가 모였을 때 얻게 되는 시너지 효과는 기하급수적으로 늘어난다.

따라서 현명한 기업이라면 아톰 세계의 공장을 고스란히 디지털화해 비트 세계 안에 가상의 공장을 지을 것이다. 즉, 이 책 1부에서 구체적으로 다룰 '디지털 쌍둥이Digital Twin'를 만들어 공장에서 벌어지는 모든 공정을 온라인 공간에 그대로 옮긴다면, 인공지능을 이용해 저렴하고 효율적으로 제품 생산을 관리할 수 있을 것이다. 어디 그뿐이겠는가? 그렇게 만들어진 제품이 매장에서 팔려 고객의 손에 들어가면 고객이 제품을 어떻게 사용하는지 꾸준히 모니터링할 수 있고, 그 결과 더 나은 서비스로 업데이트해주거나 고객의 사용 패턴에 맞는 새로운 제품을 추천해줄 수도 있다.

아톰 세계에서 벌어지는 실제 현상을 비트 세계의 데이터로 옮기는 기술은 인터넷이 등장한 이래 지난 30여 년간 꾸준히 발전해왔다. 그래서 이런 비전이 '그다지 새롭지 않다'고 생각할지 모른다. 하지만 '현실 공간의 현상 일부를 디지털 데이터로 저장하는 것'과 '아톰 세계와 비트 세계를 완전히 일치시키는 것'은 차원이 다른 이야기다. 그저 실제 현상을 옮기는 수준이라면 데이터 분석 후에도 여전히 사람의 힘을 빌려야 하고, 이런 추가적인 노동 없이는 비트 세계의 자체적인 분석만으로 문제를 해결할 수 없을 것이다. 하지만 두 세계가 완전히 일치하는 세상이 된다면 새로운 서비스가 가능해지고 사람이 개입할 필요가 크게 줄어들 것이다.

그렇다면 이렇게 아톰 세계와 비트 세계가 완전히 일치하는 세상은 어떻게 만들어질까? 그 결정적인 역할을 하는 기술이 바로 '사물인터넷(Internet of Things, IoT)'이다. 사물에서 나오는 모든 데이터를 인터넷을 통해 공유하는 이 시스템은 우리를 둘러싼 모든 아톰 세계의 사물에 달라붙게 될 것이다. IoT 감지기는 최근 몇 년간 가격이 눈에 띄게 낮아지면서 이제 어디에나 붙일 수 있게 됐고, 이로써 훨씬 더 많은 데이터를 인공지능으로 분석할 수 있는 토대가 마련되었다. IoT와 빅데이터, 인공지능 기술은 아톰 세계와 비트 세계가 일치된 초연결 사회에서 가장 중요한 핵심 기술이 될 것이다.

물론 지금은 이런 현상이 '내 손 안의 스마트폰' 안에서만 진행되고 있다. 그러나 변화의 흐름은 스마트홈과 스마트카로 서서히 연결되고 있으며, 결국 '스마트시티'라고 불리는 거대한 도시 스케일로 확장될 것이다. 우리는 도시 전체에서 벌어지는 현상을 디지털 쌍둥이 위에 고스란히 올려 시민에게 행복을 선사하고 도시의 지속 가능성을 높이는 서비스를 제공할 수 있게 될 것이다. '이동성Mobility'이 폭발적으로 늘어나고 에너지 효율이 급격히 증가할 것이다. 사람들의 실시간 이동 정보를 활용해 대중교통의 노선과 배차 간격을 최적화할 것이다. 각 병원의 응급실 상황을 공유해 응급차가 골든아워를 놓치지 않고 환자를 이송할 수 있도록 도시를 설계할 것이다.

물론 초연결 사회가 쉽게 오는 것은 아니다. 수많은 걸림돌이 우리를 기다리고 있다. IoT 기술의 비용이 저렴해지고 있지만 여전히 감지기 가격은 충분히 낮아지지 않았다. 다른 무엇보다도 IoT 시스템은 그것을 관리하는 데에 적지 않은 비용이 든다. 게다가 감지기를 통해 얻은 데이터는 아직 표준화가 제대로 이루어지지 않아 기업 간에 시스템을 연결하고 데이터를 융합하는 데에 어려움이 많다. 또한 우리나라는 개인 정보 보호법이 지나치게 강력해서 '비식별 데이터'조차 분석이 어려우며, 데이터 융합에 대한 가이드라인도 제대로 제시되지 않고 있는 실태다. 그렇다고 기업에 데이터를 맡기자니, 현재 우리나라 기업들의 보안 기술 역시 형편없는 수준이다. 국가가 관리하는 보안 프로토콜마저 정말이지 최악이다.

만약 이런 걸림돌들이 빠르게 해결된다면, 결국 앞서 나가는 기업은 시스템을 서로 '초연결'할 방법을 찾아낼 것이다. 이제 우리는 이 책의 저자가 강조하는 것처럼 데이터를 소유하는 데에 집착하지 않고 '공유'함으로써 더 강력한 가치를 만들어낼 수 있다. 최근 빠른 속도로 확산되고 있는 소셜미디어는 빅데이터를 양산하는 플랫폼 역할에 그치지 않고, 비록 중앙화된 시스템까지는 아니더라도 '신뢰의 네트워크'를 구축하는 데에 크게 기여할 것이다. 조만간 우리 사회는 '데이터가 서로 연결되고 함께 모였을 때 놀라운 시너지가 나올 수 있다'는 사실을 충격적으로 목격하게 될 것이다.

그런 측면에서 이 책의 출간은 더없이 반갑다. W. 데이비드 스티븐슨은 이 책에서 기술의 최전선에서 미래를 창조하고 있는 기업들의 '오늘'을 생생히 보여준다. 구글Google, 아마존Amazon, 애플Apple, 테슬라Tesla, GE, 지멘스Siemens 등 세계 최고의 기업들이 더욱 스마트해질 10년 후 미래를 꿈꾸며 초연결 사회를 만들기 위해 어떤 준비를 하는지 다양한 사례와 명료한 지침으로 친절하게 설명해준다. 광고에나 등장하는 IoT 기술이 왜 그토록 중요한지, 그것이 결국 어떻게 초연결된 사회를 만들지 소름 끼치도록 생생하게 보여준다. 완전히 새로운 '산업 지형도'를 그리고 있는 전 세계 최고의 기업들은 지금 어떤 노력을 하고 있는가? 21세기 초연결 사회에서 미래의 기회를 탐색하는 우리 시대 모두에게 이 책은 매우 유익한 지침서가 될 것이다.

혁명은 시작됐다,
다만 우리가 동참하지 않았을 뿐

알리시아 아신Alicia Asin

리벨리움 공동 창립자 겸 최고경영자

IoT가 기업, 더 나아가 개인에 이르기까지 모든 경제 분야에 성장을 안겨준 사실은 이제 부인하기가 어렵다. 모든 것이 연결되어 더 똑똑해진 세상, 즉 도시와 사무실, 집 안 곳곳에 IoT 감지기Sensor가 설치된 미래를 머릿속에 그려본다. 효율적이고 안전하며 살기 편하고, 언제든 위기에 대처할 수 있는 세상이 떠오른다. 그곳에서 우리는 모든 것을 예측할 수 있고 실시간으로 통계 낼 수 있으며, 모든 사람과 다양한 정보를 공유할 수 있다.

그렇다. 지금 우리는 실물 세계와 디지털 세계가 융합하는 '초연결 시대'를 지나고 있다. 4차 산업혁명이 모든 것을 바꾸고 있고, 그 변화가 내달릴 '철길'이 이제 막 깔리고 있는 셈이다.

첨단산업에 종사하고 있는 사람이라면 누구든, 이제 문제의 핵심은 4차 산업혁명의 봇물이 터지느냐 마느냐가 아니라 '언제 터지느냐'라는 것을 잘 알 것이다. 내가 일하는 리벨리움Libelium은 모든 것이 연결되는 거대한 IoT 플랫폼을 설계하는 회사다. 우리는 도시를 구성하는 모든 요소, 이를테면 자동차, 건물, 모바일, 수질, 원자력발전소, 교각, 심지어 쓰레기통에까지 감지기가 달린 도시 '리벨리움 스마트월드Libelium Smart World'를 구상하고 있고, 이미 많은 것을 현실에 구현했다.

수많은 한국의 기업가 역시 IoT가 이제 곧 세상을 지배할 강력한 기술이 될 것이라는 사실을 잘 알고 있다. 우리는 전 세계의 서로 다른 기기와 플랫폼을 연결하는 한국의 IoT 솔루션 개발 업체 '아이렉스넷IREXNET'과 제휴하고 있으며, 이로써 한국 또한 세계를 관통하는 IoT 플랫폼에 곧 연결될 것이라고 내다보고 있다.

그러나 모든 사람이 IoT 혁명이 가져다줄 이익을 금세 알아채는 것은 아니다. 앞서 나가는 기술을 현실에 적용하기 위해 풀어야 할 문제 또한 산적해 있다. 세상은 빠르게 변하고 있는데, 사람들은 여전히 예전의 방식을 고수하고 있다. 아마도 당신이 이 책을 집어든 이유도 그 오래되고 비좁은 길에서 벗어나, 새로 깔린 철길을 질주하고 싶기 때문일 것이다. 하지만 당신은 여전히 실눈을 뜬 채 지금까지 경험하지 못한 거대하고 확실한 '비즈니스 게임 체인저'의 도래를 의심하고 있을 것이다.

이 책은 이런 의심 많은 사람들에게 우리가 IoT 기술로부터 어떤 도움을 받을 수 있는지, 그리고 글로벌 초거대 기업들이 이미 도입해 성과를 거두고 있는 수많은 사례를 있는 그대로 설명한다. 물론 IoT 솔루션을 받아들이지 않으면 당신과 당신의 비즈니스가 어떻게 뒤처질지도 친절하게 알려줄 것이다. 지난 수십 년간 전 세계 디지털 혁명의 최전선에서 복무한 저자는 이렇게 말한다.

"모든 것을 디지털화하든가, 아니면 쫄딱 망하든가."

4차 산업혁명은 디지털 시대에 들어 처음 맞이한 산업혁명이므로, 역사가 오랜 회사일수록 적용하기가 더 어렵기 마련이다. 어떤 표준을 받아들여야 할지 알아챌 겨를도 없이 빠르게 기술이 발달하니, 내로라하는 대기업들조차 무수한 통신 프로토콜과 감지기, 클라우드 플랫폼 사이에서 갈피를 잃는다. 게다가 모든 조각을 하나로 맞췄다고 생각하는 순간, 방대한 자료를 분석할 각 분야의 전문가가 필요하다는 사실을 깨닫게 된다. 우리는 이들과 반드시 협력해야 하지만, IoT라는 듣도 보도 못한 새로운 생태계의 힘과 그 위력을 회사 안팎에 접목하려는 당신의 바람을 온전히 이해해줄 전문가를 만나기도 쉽지 않을 것이다. 물론 그럼에도 IoT의 '상호운용성Interoperability'(기기들이 서로 연결되어 정보를 교환하고 처리하는 총체적 성능)을 확보하려는 투쟁을 멈춰서는 안 된다. 그 과정에서 어떤 이들은 하드웨어 기기와 소프트웨어 서비스를 연결해 혁신의 실마리를 찾기도 한다.

'IoT'라는 용어가 본격적으로 등장하기 전인 2000년대 초반부터 이 분야에서 근무한 나는 공장의 원가 절감, 농업 생산성 향상, 도로 안전 확보, 산불 감지, 오염 물질 감시 및 감축, 일상생활의 질적 향상

등 4차 산업혁명이 몰고 온 수많은 가능성을 묵묵히 지켜봐왔다. 뻔한 소리 같지만, 시대를 선도하는 기술은 경제를 성장시키고, 일자리를 만들고(이 점은 의심할 여지가 없다), 수요를 늘리고, 생산 공정을 개선하고, 새로운 사업 모델이 탄생하도록 돕는다. 하지만 종종 첨단 기술은 우리에게 난해하고 복잡한 과제를 내주기도 한다. 이 책이 우려하는 것도 바로 그 부분이다. 우리가 첨단 기술에 적응하는 속도보다 첨단 기술을 왜곡해 악용하는 속도, 특히 개인 정보와 회사의 기밀을 빼내려는 악한 수단의 발전 속도가 더 빠르게 발전한다는 점이 바로 그것이다.

2018년 영국의 데이터 분석 업체 케임브리지 애널리티카Cambridge Analytica가 페이스북의 사용자 정보를 무단으로 수집해 악용한 사건(2016년 미 대선 당시 케임브리지 애널리티카가 8700만 명의 페이스북 가입자 정보를 트럼프 진영에 유출시켰다는 의혹을 불러일으킨 사건으로 'CA 스캔들'이라고도 불린다)은 사용자의 동의를 얻어 개인 정보를 활용하는 디지털 세계의 일상적인 관행과, 허락 없이 정보를 빼낸 교묘한 조작 간의 경계가 얼마나 부실하고 모호한지를 여실히 드러냈다.

그래서 '균형Trade-offs'이 필요하다. 2017년 한 드론 제작업체는 일부 국가에서 드론이 테러 공격에 쓰이지 못하도록 NFZ(No-Fly Zone, 비행 금지 구역)를 설정했는데, 그 바람에 앞으로 드론을 활용해 인도주의적인 지원 물품을 보낼 가능성도 함께 줄어들었다.

딜레마는 도처에 널려 있다. 자율주행 차량의 기술을 발전시키기에 앞서, 우리는 운전자와 보행자 중 누구의 목숨을 먼저 보호할지를 결정해야 한다. 진보하는 기술에 발맞춰 너무 늦지 않게 윤리적인 결정을 내려야 하고, 그 필요성을 가슴 깊이 새겨 다음 기술에 적용해야 한다. 그러므로 IoT 기술에서 '보안'을 으뜸가는 필수 원칙으로 삼아야 한다는 저자의 주장을 반드시 귀담아들어야 한다.

데이터에 접근할 수 있는 수단이 더 많아질수록, 그리고 우리와 데이터를 가로막는 장벽이 더 낮아질수록 사람과 기업은 더 합리적으로 변하고 똑똑하게 진화할 것이다. 우리는 그러한 정신이 지배하는 사회를 '데이터크라시Datocracy'라고 부른다. 이 데이터크라시 시대에서는 정보를 수집하고 축적하는 과정보다도, 그 데이터를 유용하고 타당한 정보로 전환해 모두와 공유하고 소통하는 환경을 조성하는 일이 훨씬 더 중요하다.

이제 IoT 기술은 우리의 일상에 닿기 시작했다. 기술이 파생한 새로운 문화를 어떻게 이용하고 공유하고 계승할지 우리 스스로가 결정해야 한다. 데이터크라시 시대의 정부는 모든 의사결정을 투명하게 처리할 수밖에 없으므로, 이것이 잘만 적용된다면 더 완전하고 새로운 민주주의의 가능성 또한 이끌어낼 수 있으리라 전망한다. 본문에서 자세히 다루겠지만, 우리는 데이터를 은밀히 저장하거나 독점하거나 폐쇄해서는 안 된다. 매우 어렵고 까다롭겠지만, 모두의 이익을 위해 데이터를 끊임없이 공유하고 순환시켜야 한다. 이것이 IoT 혁명이 만들어낼 신세계의 단 하나의 절대적인 강령이다.

초연결 혁명은 시작됐다. 만약 이 혁명에 동참하고 싶지 않다면 깊은 산속에 자리한 오두막으로 들어가 위험도 걱정도 없이, 그리고 인터넷도 없이 살아가면 그만이다. 그런 길은 언제나 열려 있다. 하지만 혁명에 동참하고 싶다면, 그리고 뒤처지기 싫다면 하루라도 빨리 이 책을 읽기 바란다. 이 책이 미래로 향하는 길을 환히 밝혀줄 등불이 되어줄 것이다.

포스트 코로나 시대,
위기를 기회로 바꿀 초연결의 힘

이제 세상은 사물인터넷이 모든 것을 뒤덮기 직전에 와 있습니다. IT 시장조사 기관 IDC는 2020년이 넘어가면 전 세계가 사물인터넷에 지출하는 비용이 1조 2000억 달러(약 1439조 원-옮긴이)에 이를 것이라고 전망했습니다. 컨설팅 기업 베인&컴퍼니는 2021년에 사물인터넷 관련 산업 규모가 5200억 달러(약 623조 원-옮긴이)까지 성장할 것이라고 추정하고 있습니다. 이에 발맞춰 2019년 한국 정부는 세계에서 다섯 번째 규모인 257억 달러(약 30조 8000억 원-옮긴이)를 사물인터넷 분야에 투자할 것이라고 밝혔고,《이코노미스트Economist》산하 경제 분석 기관 EIU는 한국이 세계에서 '자동화 준비 지수IoT Business Index'가 가장 높은 다섯 국가에 속한다고 발표했습니다.

한국이 사물인터넷 시장을 호령하는 강자가 된 결정적 이유는 영토가 넓지 않고, 공공과 민간 영역 모두 적극적으로 탄탄한 통신망을 구축하는 데 전념하기 때문입니다. 일례로 SK텔레콤은 이미 2016년에 세계에서 처음으로 사물인터넷 기술을 반영한 새로운 통신망을 구축하기 시작했고, 그 결과 2019년 기준 한국 인구의 99퍼센트가 이용할 수 있는 수준으로 광대한 망을 갖추게 되었습니다. 세계적인 디지털 기업 삼성과 LG 역시 아주 오래전부터 사물인터넷 통신망 분야에 막대한 자원을 투자하고 있습니다.

한국은 현재 그 어떤 국가보다 공격적으로 '5G5th Generation 통신망' 구축에 앞장서고 있습니다. 5G는 4세대 이동통신 기술인 LTE에 비해 속도가 20배가량 빠르고, 동시에 처리할 수 있는 용량은 100배 큰 5세대 이동통신 기술입니다. 5G는 순간적으로 방대한 데이터를 주고받아야 하는 사물인터넷은 물론이고 4차 산업혁명의 핵심 기술인 '가상현실', '자율주행', '인공지능' 등을 구현하는 핵심 기술입니다. 게다가 5G 신호는 다른 이동통신 기술에 비해 주파수 도달 거리가 짧아 미국처럼 크고 넓은 나라보다는 한국처럼 영토가 좁은 나라에서 더 빠르게 통신망을 확장할 수 있습니다.

2019년 경제 전문지 《블룸버그Bloomberg》는 한국을 "세상에서 가장 혁신적인 국가"라고 평가했습니다. 세계에서 가장 뛰어난 디지털 연결성을 확보한 한국은 탄탄한 산업 역량, 지리적 이점, 풍부한 기반 시설 등 '초연결 혁신'이 이뤄질 모든 조건을 갖추고 있습니다. 한국 정부는 통신 분야의 혁신을 적극적으로 뒷받침하고 있고, 여러 도시와 지자체가 사물인터넷 기반 '스마트시티' 구축에 앞장서고 있습니다. 학계에서는 서울을 세계에서 가장 앞서가는 스마트시티로 꼽기까지 합니다. 인구 500만 이상 대도시 중 가장 먼저 '스마트 주차 시스템'을 구축했고, 2019년부터 3년간 총 1027억 원을 투자하는 대규모 스마트시티 플랜 '스마트 서울 네트워크'를 추진하고 있기 때문입니다. 이 네트워크가 모두 구축되면 2022년 서울의 모든 공공시설에서는 시민에게 무료로 와이파이를 제공할 수 있게 됩니다.

서울뿐만 아니라 지방에서도 놀라운 혁신이 추진되고 있습니다. 충남 서산시는 2016년에 치명적인 가뭄을 겪은 후로 '원격 스마트 검침 시스템'을 도입했습니다. 사물인터넷이 무선으로 수십 개 저수지의 수위 정보 등을 실시간으로 확인해 최악의 상황을 예방했고, 저수지 운영 수익성을 29퍼센트나 높였습니다. 한국전력공사는 도로 아래 깔린 전선을 이용해 전기 버스를 무선으로 충전하는 서비스를 개발하여 시험 운영하고 있습니다. 현대건설기계는 SK텔레콤, 미국 측량 전문 기업 트림블Trimble과 손잡고 사물인터넷, 5G, 인공지능 기술로 작업 현장의 의사소통을 최적화해 사고 위험을 최소화할 해법을 마련하고 있습니다. 웅진코웨이는 정수기와 공기청정기에 사물인터넷을 내장해 노약자의 건강 데이터를 자동으로 수집해 제공합니다.

하지만 한국이 사물인터넷 강국으로 도약하는 데 아무런 걸림돌이 없다는 뜻은 아닙니다. 2017년 조사 결과에 따르면 한국 기업 중 81퍼센트가 스마트 장비를 비즈니스 영역에 도입하지 않고 있다고 답했습니다. 삼성은 자사가 개발한 사물인터넷 플랫폼 '아틱ARTIK'을 홍보하기 위해 많은 시간과 돈을 투자했지만 시장의 저조한 반응으로 결국 폐기하고 말았습니다. '개방'과 '공유'를 표준으로 삼는 사물인터넷 시장에서는 특정 기업의 폐쇄형 플랫폼은 실패할 수밖에 없습니다.

저는 지난 20여 년간 구글, 아마존, IBM, GE 등 거대 기업들이 조직의 사활을 걸고 혁신에 매달린 과정을 바로 옆에서 관찰했습니다. 그들이 사물인터넷 기술을 활용해 내놓고 있는 파격적인 서비스와 거기서 파생된 새로운 수익 모델은 물론이고, 모든 것이 연결되어 공유되는 '초연결 사회'에서 소비자들의 욕망에 적절히 대응하기 위해 기업이 갖춰야 할 사고방식과 구체적인 솔루션을 한 권의 책으로 정리했습니다.

감사하게도 이 책이 한국의 현대산업개발을 비롯한 다양한 기업에서 '필독서'로 지정되어 전 직원이 읽고 공부했다는 이야기를 들었습니다. 오프라인에서의 대면 접촉이 줄어들고 디지털 기술을 기반으로 한 '비접촉', '비대면' 연결이 폭발적으로 증가할 언컨택트 시대에 조직이 사물인터넷 등 초연결 역량을 갖추는 것은 이제 선택의 문제가 아니라 생존의 문제가 되었습니다. 세계 사물인터넷 시장을 선도할 한국의 수많은 조직과 경영인이 부디 이 책을 읽고 코로나19 이후 인류의 삶을 송두리째 변화시킬 거대한 기회의 물결에 올라타기 바랍니다.

차례

1부 | **혁명** 선점할 것인가, 바라만 볼 것인가

1장 변화를 외면하는 기업에 미래는 없다

2부 | # 선구자들 디지털 기업이 되든가, 망하든가

3부 | **혁명이 끝난 뒤** 연결될 것인가, 고립될 것인가

일러두기

1. 지은이 주는 각주와 미주로 표시했고, 옮긴이 주는 해당 내용 뒤에 괄호를 달아 표시했다.
2. 도서명은 국내에서 출간된 번역서의 제목을 썼다. 번역서가 없는 경우는 원제를 직역하고 원어를 병기했다.

머지않아 다가올 두 혁신을 연결하라

나는 내 친구이자 유능한 경영 컨설턴트 에릭 보나보Eric Bonabeau
의 질문에서 '진정한 혁신의 척도'를 가늠한다.

"전에는 할 수 없었지만 지금은 할 수 있는 일이 무엇인가?"

이 질문을 조금 다르게 표현한다면 **'진정한 혁신이란 현실을 개선하
는 데에 만족하지 않고, 현실을 밑바탕부터 완전히 바꾸는 것'**이라고 생
각한다.

IoT 기술을 접하고 나서야 비로소, 나는 에릭의 물음에 가장 완벽
하게 답할 수 있는 기술이 무엇인지를 깨달았다. IoT가 일상에 완전
히 구현되면, 우리는 작은 부품 조각부터 거대한 기계에 이르기까지
모든 사물의 내부를 '들여다보아' 지금 당장 사물이 어떻게 작동하고
있는지, 또는 왜 작동하지 않는지를 정확히 알아낼 수 있을 것이다.

마치 투명한 유리어항 안에 금붕어가 몇 마리 들어 있는지를 손쉽게 헤아릴 수 있는 것처럼 말이다. **그렇게 되면 세상은 근거 없는 억측이나 어설픈 짐작에 기대지 않아도 정교하게 작동될 것이다.** 혹시 모를 상황에 대비해 쓸데없이 많은 물자를 비축해두지 않아도 되고, 도무지 알 수 없는 소비자의 취향을 좇기 위해 과다한 비용을 투입하지 않아도 되며, 제품의 성능 개발을 방해하는 통계의 온갖 거짓말도 단호하게 물리칠 수 있을 것이다.

내가 이 책에서 IoT를 통한 초연결 혁명에 관해 가장 집중적으로 다루려는 부분도 바로 이것이다. 지금껏 한 번도 경험한 적 없는 '정밀도Precision', 그리고 그 정밀도가 우리에게 선사할 무궁한 이익이다.

1. 가구업체 대표인 당신은 이제 공급, 제조, 유통에 이르는 복잡다단한 공정을 아주 단순하고 정확하게 통합할 수 있다.

2. 도시의 낙후된 상하수도 관리자인 당신은 어림짐작에 근거한 '정기 유지보수'를 그만두고, 진정한 '예측 유지보수'를 실현해 불필요한 비용을 절감할 수 있다.

3. 가전제품 홍보 담당자인 당신은 사무실에 앉은 채로 고객이 하루에 냉장고를 몇 번 열어보는지, 텔레비전 리모컨 조작 버튼 중 무엇을 가장 선호하는지를 실시간으로 확인해 제품 개발 속도를 비약적으로 증가시킬 수 있다.

4. 항공사의 추가 수입원을 만들기 위해 고심하고 있는 당신은 상품이 아닌 서비스를 판매함으로써 아무런 비용 투입 없이 새 수입원을 창출할 수 있다.

하지만 정말로 내 상상력을 사로잡은 결정적인 발상은 하버드대학 교수 마이클 포터Michael Porter와 IoT 전문 기업 PTC의 최고경영자 짐 헤플먼Jim Heppelmann이 《하버드비즈니스리뷰Harvard Business Review》에 IoT를 주제로 실은 두 번째 기고문을 읽은 뒤 떠올랐다. 즉, "전에는 할 수 없었지만 지금은 할 수 있는 일이 무엇인가?"라는 에릭의 질문에 가장 적합한 사례 말이다. 두 사람은 이 글에서 구체적인 방법은 제시하지 않았지만, IoT 혁명이 제품뿐만 아니라 제품을 만드는 회사의 운영 방식까지 완전히 뜯어고치리라고 예측했다.

> 오랜 역사를 거치며 조직의 내외부가 거대해진 회사일수록 기업의 영리 활동 못지않게 '조직의 내부'를 어떻게 개선하고 효율을 추구할 것인지가 가장 큰 관심사일 것이다. 조직이 거대해지면 반드시 누수가 발생한다. 필요 없는 곳에 인력이 투입되고, 자원은 어딘가에 계속 쌓여 결국은 거대한 비용이 되어 돌아오고, 제때 물자가 수급되지 못한 탓에 결정적인 기회가 마치 원래 없었던 것처럼 눈앞에서 사라져버릴 것이다. 이들은 IoT 솔루션을 통해 조직의 근간을 전환하고자 씨름하지만, 애석하게도 참고할 만한 교본은 없다. 우리는 수십 년 동안 자리를 차지하고 있던 조직도를 이제 막 다시 그리기 시작했을 뿐이다.[1]

이 대목을 읽고 나니 문득 지난 20년 넘게 내 머릿속을 맴돌던 하나의 생각, 즉 산업혁명이 탄생한 이래 수백 년간 세상을 지배해온 경영 방식인 '수직적 계층 구조'(권한과 직무에 따라 구성원을 계급화해 조직을 관리하는 체제)와 '선형적 공정 프로세스'(작업 공정을 중단 없이 직선적으로 설계함으로써 효율을 획기적으로 늘려 대량 생산 시대를 불러온 생산 시스템)를 물리치고 완전히 새로운 형태의 기업 모델을 구상할 수 있으리라는 생각이 떠올랐다. 세상에 존재하는 모든 유무형의 객체를 다양한 방식으로 서로 연결하고 통합하는 IoT 혁명에는 ('말하는 세탁기'와 같은 일상적인 기술뿐만 아니라) 우리가 제대로 이해하지 못하는 기술도 잔뜩 포함되어 있기 때문이다.

IoT 기술이 보편적으로 널리 쓰이게 될 시대에는 어떤 사물에 대한 데이터를 필요할 때마다 즉시 접근할 권한도 공유할 수 있다는 사실을 기억하기 바란다(여기에서 가장 중요한 것은 공유다). 이런 시대에는 데이터를 저장해두는 저장소가 딱히 필요하지 않다. 이는 누군가 데이터를 독점할 수도 없고 그럴 필요도 없다는 뜻이며, 위에서 아래로 명령을 내리거나 누군가 더 많은 정보를 차지하는 불균형이 사라진다는 뜻이다. 이런 조직에서라면, 즉 '초연결'이 완전히 구현된 사회라면 전보다 훨씬 더 무궁한 가능성을 꿈꿀 수 있지 않겠는가?

이 책에서 나는 불과 몇 년 전까지만 해도 불가능하게 여겼던 내외부의 두 혁신을 결합하려 한다. **하나는 세상에 쓸모 있는 신제품을 누구보다 빠르고 효율적으로 생산하는 방식을 개선하는 혁신(외부)이고, 또 하나는 이를 촉진할 경영상의 혁신(내부)이다.** 모든 것이 이어져 결국은 하나로 통합될 초연결시대에서 구글, 아마존, 애플, 테슬라 등 디지털 거인들이 그리는 미래는 어떤 모습일까?

***

　1부에서는 도대체 IoT가 무엇인지, 그리고 이 새로운 혁명을 '기회'로 삼아 승승장구하고 있는 다양한 기업의 사례를 알아볼 것이다. 이름도 독특한 '첨단 쓰레기통'을 제조하는 기업 빅벨리솔라Big Belly Solar로부터 시작하는 1장에서 우리는 IoT 관련 비즈니스 영역이 지난 수년간 얼마나 빠르게 발달했고, 급기야 어떻게 우리 코앞에 닥친 현실이 되었는지를 살펴볼 것이다. 여전히 기업의 42퍼센트가 IoT 혁신을 도모하고 있지 않은 현실과 함께, 지구가 곧 엄청나게 큰 뇌가 될 것이라는 니콜라 테슬라Nikola Tesla의 예언이 어떻게 맞아떨어지는지도 함께 알아보겠다.

　2장에서는 오늘날까지 IoT 기술이 진화한 역사를 간략히 짚어보겠다. 그리고 처음에는 따로 발전했지만 이제는 하나로 합쳐져 IoT 혁명에 일조한 '미래를 예고한 돌연변이들', 그리고 IoT를 구현하기 위한 기술들이 무엇인지도 쉽게 풀어 소개하겠다. 성격이 급한 독자라면 아마 이 장을 가장 지루하게 여길지도 모르겠다. 만약 그런 생각이 든다면 "변화는 모든 배움의 마지막 결과"라는 레오 버스카글리아Leo Buscaglia의 말을 명심하기 바란다.

　3장에서는 IoT 기술이 비약적으로 발전한 형태라고 할 수 있는 이른바 '디지털 쌍둥이'(관련 분야에서는 '디지털 트윈'이라는 말을 더 흔히 쓰지만, 최근 이 기술이 의료 분야에까지 확대되는 점을 고려해 이 책에서는 디지털 쌍둥이로 번역했다–옮긴이)를 자세히 살펴볼 것이다. 디지털 쌍둥이는 초연결 혁명이 지향하는 가장 원대한 꿈인 '실물 세계와 디지털 세계의 매끄러운 융합'을 실현하는 데에 결정적인 열쇠를 지닌 기술이다. 그러니 IoT 전략을 논의할 때는 한시도 잊지 말고 디지털 쌍둥이를 염두에 두기 바란다.

4장에서는 IoT 혁명의 잠재력을 가로막는, 그래서 무척 중요한데도 우리가 거의 논의하지 않는 걸림돌을 다룬다. 아인슈타인의 말을 빌리자면, 문제를 일으킨 당시의 생각 수준으로는 결코 그 문제를 풀지 못한다. IoT를 기회로 삼으려면, 경영의 사고방식을 완전히 뜯어고치지 않으면 안 된다. 그리고 그 변화는 역설적이게도 '원칙을 지키는 것'에서 출발한다. 풍부한 데이터의 홍수 속에서 우리는 그 수위를 통제할 수 있는 단단한 댐을 미리 건설해두지 않으면 안 되기 때문이다. 이 장에서 제시하는 네 가지 필수 원칙은 우리가 초연결시대의 범람 속에서 표류하지 않도록 도와줄 것이다. 데이터 보안을 최우선으로 삼지 않는다면(필수 원칙 1), 데이터를 공유하지 않고 은밀히 저장만 해둔다면(필수 원칙 2), 데이터를 끊임없이 순환시키지 않는다면(필수 원칙 3), 모든 것을 원점에서 다시 시작하지 않는다면(필수 원칙 4), IoT 혁신을 흉내 낼 수는 있어도 그 이익을 온전히 누리지는 못할 것이다.

2부에서는 IoT가 오늘날 기업의 비즈니스 모델을 어떻게 탈바꿈시키는지 구체적인 사례를 들어 소개한다. 5장과 6장에서는 IoT 전략이 전에는 불가능했던 일을 어떻게 현실로 만드는지 상세하게 다루고자 한다. 5장을 읽은 뒤에는 어느 회사든지 IoT 솔루션 실현 방안에 당장 착수할 수 있다는 자신감을 얻을 것이다. 여기에서는 생긴 지 100년을 훌쩍 넘겨 산업 시대의 전통에 뿌리박은 채 지금도 여전히 기관차를 만들고 있지만, 동시에 최신의 IoT 기술을 받아들여 초연결시대를 선도하는 두 기업인 'GE'와 '지멘스'에 초점을 맞춘다. 매머드보다 조금 더 젊은 이 기업들도 IoT 전략을 활용해 기업을 밑바닥부터 뜯어고치고 있는데, 하물며 다른 회사가 바뀌지 못할 리가 없지 않겠는가.

6장에서는 좀 더 대상의 범위를 넓혀, 산업혁명 시대의 사고방식에 얽매이지 않은 채 완전히 새로운 IoT 기반 제품을 만들어내는 신생 기업부터 농기계 제조 회사, 역사가 유구한 관광도시, 애플과 아마존 등 글로벌 공룡 기업에 이르기까지 온갖 다양한 기업과 조직이 어떻게 IoT로 성과를 내고 있는지 상세히 다룬다. 아마 이 책을 읽을 독자 중 많은 사람이 이 장에서 자신과 비슷한 상황을 발견할 것이다. 그리고 그 녹록지 않은 상황을 선구자들이 어떻게 돌파했는지도 배울 수 있을 것이다. '알렉사Alexa*, 알아들었어?'

3부에서는 머지않아 IoT가 완전히 실현될 시대(앞으로 5년 이내일 것

....

* 아마존이 개발한 IoT 기반 인공지능 비서.

이다)에 맞는 기업 전략을 설명하려 한다. 우선 7장에서는 IoT에 누구보다도 깊이 매진해 이미 눈에 보이는 이익을 실현하고 있는 몇몇 회사를 예로 삼아, IoT 전략이 어떻게 설계, 제조, 유통, 판매, 유지보수에 이르기까지 제품의 전체 공정을 매끄럽게 결합하는지 증명할 것이다.

마지막으로 8장에서는 IoT 기술이 제품 그 자체, 나아가 제품을 제조하는 방식과 소비자가 그것을 사용하는 방식을 완전히 바꾸고, 급기야 누구든 실시간으로 데이터에 접근할 수 있고 모든 데이터가 공유되어 업무 효율이 비약적으로 발달한 기업이 만들어지는 과정을 설명한다. 나는 이 새로운 기업 모델을 '순환 기업Circular Company'이라고 부르고자 한다. 아마도 이 모습은 18세기 중엽 영국에서 시작된 최초의 산업혁명 이후 기업과 시장이 맞이할 완전히 새로운 경영 환경일 것이며, 이를 통해 독자들은 기업의 조직을 밑바탕부터 뜯어고치는 방법을 터득하게 될 것이다.

순환 기업은 부서 사이의 정보 장벽을 없애, 사내 인력뿐만 아니라 공급 및 유통 협력 업체, 더 나아가 고객에게까지 '실측 데이터Ground Truth'(현장에서 다양한 방식으로 실측해 축적한 실제 값-옮긴이)를 공유해 협업할 수 있게 될 것이다. 모든 관련자와 부서가 온갖 아이디어와 견해를 동시에 자유롭게 논의하는 장면을 상상해보라. 그런 조직은 문제를 일찌감치 발견해 효율적으로 해결하는 '논리적 토론'이 일상적으로 벌어질 것이고, 더 나아가 창의성이 폭발할 것이다. 그때가 되면 각자

따로 일했다면 절대 만들어내지 못했을 새로운 제품과 서비스, 업무 절차가 탄생할 것이다. 최근 실리콘밸리를 중심으로 '스크럼Scrum'과 '슬랙Slack' 같은 협업 수단이 새롭게 발전하는 것은 기존의 수직적 선형 경영 방식이 제구실을 못 한다는 증거다(스크럼과 슬랙은 모두 IoT를 기반으로 한 프로젝트 협업 관리 도구다-옮긴이).

이제 곧 IoT는 해답을 찾아낼 것이다. 그때가 되어서야 부랴부랴 기존의 사업을 정리하고 경영을 혁신하며 신사업을 육성하고 새로운 인력을 채용할 것인가? 내가 이렇게 이야기해도, 아마 많은 사람이 때를 기다리며 현실에 안주할 것이다. 당신도 이미 눈치챘겠지만, 그땐 이미 늦었다. 모든 기회는 언제나 그렇게 지나가버린다. 내가 당신에게 묻고 싶은 것은 단 하나다.

"선점할 것인가, 그저 바라만 볼 것인가?"

혁명

CONNECTED

선점할 것인가,
바라만 볼 것인가

EVERYTHING

—

변화를
외면하는 기업에
미래는 없다

무선 기술을 완벽하게 적용할 때, 지구는 엄청나게 큰 뇌로 바뀔 것이다.
실제로도 지구는 아주 작은 조각인 사물 하나하나가 모여,
주기적으로 순환하는 진정한 전체이자 엄청나게 큰 뇌다.

/

니콜라 테슬라 (미국의 전기공학자)

거대한 변화는
겉으로 드러나지 않는다

     IoT 기술은 어디까지 적용될 수 있을까? 상상력의 지평을 넓혀줄 좋은 사례가 있다. 폐기물 관리 기업 '빅벨리솔라'를 알고 나면, 분명 IoT가 산업에 미칠 파장을 지금과 달리 생각하게 될 것이다. 우리 주변에서 흔히 볼 수 있는 쓰레기통을 떠올려보자. 그보다 더 문명에 뒤떨어지는 것이 있기나 할까?

    역겨운 냄새,

    찌그러진 자국,

    넘쳐 나는 쓰레기에 들끓는 파리 떼…….

    툭하면 옆으로 쓰러지기 일쑤고, 게다가 멍청하다. 혼자서는 정말 아무것도 못 하는 먹통이라 그저 멍하니 자리만 지킬 뿐이다.

    단, 빅벨리솔라가 만든 쓰레기통은 예외다. 이 새로운 쓰레기통은 매끈하게 윤이 나는 멋진 밀폐식 쓰레기통으로, 태양광 발전으로 작동하는 압축기 덕분에 쓰레기를 다섯 배나 더 많이 담을 수 있고, 옆에는 재활용품 수거함도 여러 개 딸려 있다. 기존의 쓰레기통에 견주면 이만한 특색으로도 꽤 주목받을 만하다.

하지만 신생 기업 빅벨리솔라는 단순히 쓰레기 및 재활용품 수거 효율을 높인 것만으로 만족하지 않았다. 초창기 모델에서는 통이 거의 다 찼을 때 빨간색 경고등이 켜졌다. 하지만 인터넷만 통하면 언제 어디서든 데이터를 공유할 수 있는 '클라우드 기술'이 출현하자, 빅벨리솔라는 사물 지능 통신M2M(Machine-to-Machine: 사물과 사물, 즉 기계 간의 통신으로 정보 전달이 이루어진 기술을 의미하며 IoT의 하위 개념으로 분류된다-옮긴이) 분야의 선두 주자인 디지인터내셔널Digi International과 손을 잡고 쓰레기통에 '무선 통신 기능'을 추가했다. 한마디로 쓰레기통을 더 '똑똑하게' 만든 것이다. 빅벨리솔라의 마케팅 부사장 레일라 딜런 Leila Dillon은 이렇게 전한다.

"IoT라는 개념이 등장하기 전부터 우리는 클라우드로 쓰레기통을 연결했어요. 그러다 문득 도시와 협력해 쓰레기 수거 방식을 완전히 탈바꿈시킬 수 있다는 사실을 깨닫고서 '아하' 하고 무릎을 쳤죠."[1]

예전에는 순전히 가까운 거리를 기준으로 (빅벨리솔라의 조금 더 생생한 표현을 빌리자면 "수거자의 몸에 각인된 기억과 촉만으로") 수거 경로와 일정을 짰다. 그러나 빅벨리솔라의 무선 '쓰레기 상황판CLEAN Management Console'이 도입된 뒤에는 쓸데없이 시간과 인력을 낭비하지 않고도 도시를 청결하게 관리할 수 있게 되었다. 이 상황판은 현재 어느 지역의 어떤 쓰레기통이 가득 차 악취를 풍기고 있는지, 아니면 언제쯤 그러한 상황이 다가올지를 미리 확인해 알려준다. 이제 공공사업 부서에서는 지역 곳곳에 설치된 쓰레기통이 수집해 공유해주는 쓰레기 적재량과 적재 추세, 지난 수거 이력 분석 결과를 실시간으로 살펴보며 도시 미화를 관리한다. 과거에 그러했듯 평균 배출량에 따라 쓰레기 수거 일정을 획일적으로 짜는 것이 아니라(가령 어떤 지역은 2주일에 한 번, 그 옆 동네는 1주일에 한 번 수거하는 식으로 말이다), 바로 지금 발생하는 배출 상황에 따라 그때그때 수거 일정이 바뀌고 가장 효율적인 동선을 찾아낸다. 그 결과 빅벨리솔라 쓰레기통을 설치한 도시에서는 수거 빈도를 평균 70~80퍼센트까지 줄이면서도, 이전보다 획기적으로 더 많이 재활용품을 수거하고 있다.

빅벨리솔라가 여기서 멈췄다면 남들보다 조금 더 똑똑한 수준에 그쳤을 것이다. **그들은 쓰레기통으로 취합한 방대한 데이터를 고객에게 사용료를 받고 판매한다.** 뒤에서 자세히 다루겠지만, 이는 오늘날 항공용 제트엔진 제조사를 포함한 수많은 기업이 상품을 넘어 '데이터를 활용한 서비스'를 파는 방식과 다르지 않다. 고객은 쓰레기통이 샅샅이 모은 현장의 데이터를 구입해 자신의 목적을 달성하고, 기업은 새로운 수입원을 창출한다.

최근 레일라 딜런을 비롯한 빅벨리솔라의 구성원들은 매우 중요한 사실 하나를 깨달았다.

"쓰레기통이 있는 곳에는 어김없이 사람들이 몰려 있죠."

자신들이 '소중한 자산'을 보유하고 있다는 사실을 알게 된 빅벨리솔라의 직원들은 쓰레기통에 달린 '무선 통신 기능'을 활용해 도시에 어떤 이익을 가져다줄 수 있을지 연구했다. 기술팀이 도시에 꼭 필요한 핵심 공공 서비스를 따져보니, 빅벨리솔라가 제공할 수 있는 서비스는 무궁무진했다. 그들은 이제 파트너 도시와 협력해 '무료 와이파이 핫스폿'을 제공하고, IoT 통신 장치 '비컨Beacon'(블루투스를 기반으로 한 근거리 통신 기능이 내장된 유무형의 통신 거점으로, 사용자가 비컨에 가까이 다가가면 자동으로 인식해 반응한다−옮긴이)을 설치해 주변 보행자에게 위치 정보 등을 안내하기 시작했다. 또 주변 날씨를 감지해 실시간으로 기상 예보를 제공하는 서비스를 개발했다.

빅벨리솔라 쓰레기통은 특정 공간에 내장되어 고정된 게 아니라 언제든 쉽게 옮길 수 있으므로, 배선 공사를 따로 하지 않고도 새로운 기능을 빠르고 간편하게 설치할 수 있다. 이를테면 정교한 첨단 기술인 소형 기지국 '스몰셀Small Cell'을 쓰레기통에 주입해 빈번하게 일어나는 주파수 부족 문제를 해결할 수 있고, 더 나아가 통신 서비스가 원활하지 않은 지역의 주민들에게 와이파이를 제공할 수도 있다.

조만간 빅벨리솔라가 API(응용프로그램 인터페이스)를 공개하기로 했으니, 앞으로는 빅벨리솔라의 데이터를 활용해 더 똑똑해진 사람과 사물이 늘어날 것이다. 그러니 빅벨리솔라가 웹사이트에 자신들의 쓰레기통을 이렇게 소개하는 것도 고개를 끄덕일 만하다.

"(빅벨리솔라는) 똑똑한 쓰레기 및 재활용품 수거기 이상의 기능을 제공하는 플랫폼이다. 공공 통행로에서 묵묵히 일을 하며 도시의 핵심 공공 서비스를 개선할 뿐만 아니라, 나날이 발전하는 첨단 기술을 선택적으로 추가할 수 있는 훌륭한 도구다. 접속하기도 쉽고, 기술이 겉으로 드러나지도 않는다."

요점은 이렇다. 빅벨리솔라는 **'좋은 기술은 겉으로 드러나는 것이 아니라 안으로 스며든다는 것'**을 보여주는 가장 적절한 사례다. IoT를 이용하면 하찮고 흔한 도시의 쓰레기통 같은 물건마저도 쓰레기를 줄이고, 재활용품 수거량을 획기적으로 늘리고, 전천후 통신기지 역할을 수행하고, 보행자에게 다양한 정보를 제공하는 '공공 서비스의 중심축'으로 탈바꿈시킬 수 있다. 쓰레기통도 이 정도인데, 하물며 우리 일상에 산재한 흔한 물건들과 그것들이 작동하는 방식, 더 나아가 그것을 사용하는 방식까지 하나도 빠짐없이 재검토한 뒤 IoT 기술을 적용하면 그때는 무슨 일이 벌어질까?

***

IoT란 조립식 장난감부터 거실의 전구, 머나먼 열대우림의 나무와 목초지의 소까지 세상에 존재하는 모든 '사물Thing'에 고유한 '식별 이름Distinctive Name'(컴퓨터 시스템에서 서로 다른 것을 구별해 표시하기 위해 쓰이는 이름-옮긴이)을 부여한 뒤, 그것을 인터넷이나 지역의 유무선 통신망으로 다른 사물과 연결한다는 개념이다. 이전에는 접근하지 못했던 자연물과 인공물의 정보를 알아내고, 그것들을 융합하며 활용할 수 있게 된 것이다. 또한 제조사와 유통사는 IoT 장비를 통해 데이터를 수집하고 해석하며, 그 결과에 따라 다음 단계를 미리 예측하고 행동할 수 있다. 그것도 모두 '실시간'으로 말이다. 이는 과거에는 완전히 불가능했던 일이자, 앞으로 모든 상황을 뒤바꿔놓을 '혁명'이다. 물론 이것들은 IoT의 역량 중 빙산의 일각에 지나지 않는다.

IoT의 잠재력을 더 깊이 이해할 수 있도록 관련된 사례를 몇 가지 살펴보자. 이 기술이 본격적으로 도입되기 전에는 어떤 사물이 실제로 어떻게 작동하는지 알려주는 정확한 실시간 정보를 확보할 방법이 없었다. 하지만 지금 살펴볼 회사들은 IoT는커녕 통신 기능조차 도입할 수 없었던 과거와 달리, 자사에 도움이 되는 유익한 정보를 손쉽게 대량으로 수집해 기업 활동에 반영하고 있다. 따라서 이러한 기업들은 정보 격차가 존재하는 현실을 극복해야 했던 지난날의 낡은 기업들과 전혀 다른 길을 걷고 있다. 즉, 저물어가는 시대의 끄트머리에 매달려 있는 과거의 기업들 중에서 아무리 눈을 씻고 찾아봐도 IoT 혁신을 도입한 기업(지금 내가 이 책에서 소개하고 싶은 기업들)과 비교할 만한 곳이 하나도 없다는 뜻이다.

지난날, 아니 지금까지도 자동차 보험사는 성인의 신용평가 점수나 10대 운전자의 시험 성적표 같은 대리 지표를 근거로 보험료를 대충 꿰맞춰 산정했다. 하지만 이제 프로그레시브보험사Progressive Insurance

는 운전자의 실제 운전 습관을 근거로 보험료를 정확히 산정한다. 프로그레시브는 보험료 산정에 앞서, 운전석 쪽 OBD(운행 기록 자가 진단 장치)에 꽂을 수 있는 소형기기 '스냅숏Snapshot'을 운전자에게 보내 설치하게 한 뒤, 약 한 달간 운전 습관을 관찰한다. 따라서 안전 운전이 몸에 밴 운전자라면, 스냅숏을 활용해 보험료를 할인받을 수 있다.

건물 보험료를 산정할 때도 마찬가지다. 보험사들은 건물 시스템의 실시간 데이터를 활용해 화재나 이상 징후를 적극적으로 관찰하는 건물에 보험료를 내려주는 정책을 확대하고 있다.

심전도 측정기 '카디아Kardia'는 100달러도 안 되는 자그마한 금속 장치다. 그런데 이 장치를 스마트폰 뒷면에 붙이면, 1만 달러가 드는 입원 진단 비용을 아낄 수 있을 만큼 정확한 심전도 측정 결과를 단 30초 만에 확인할 수 있다. 게다가 FDA 승인도 받았다. 사용자가 원하면, 심전도를 측정한 스마트폰으로 곧장 심장 전문의와 연결해 조언을 들을 수도 있다. 학술 논문에 따르면 카디아는 병원 침대에 가만히 누워 있을 때가 아니라 활동할 때 심전도를 측정하므로, 측정 결과의 정확도도 값비싼 입원 진단보다 훨씬 더 높다고 한다. 현재 매사추세츠종합병원의 심장 전문의들은 모든 환자에게 카디아 이용을 처방하고 있다.[2]

미국에 본사를 둔 세계적인 제조업체이자 에너지기업 GE는 이제 항공용 제트엔진마다 감지기를 50~60개씩 내장한다. GE의 엔지니어들은 이 감지기에서 나오는 실시간 데이터(GE 엔진을 탑재한 보잉 787

기 한 대에서 나오는 데이터가 0.5테라바이트에 이른다)를 바탕으로 기체에 무슨 문제가 일어날지 일찌감치 예측해 필요한 부품을 미리 마련한다. 이를 통해 웬만한 문제는 비행기가 착륙할 때 곧바로 수리할 수 있으며, 수리에 소요되는 시간을 아끼게 된 항공사는 운항 노선을 확대해 추가적인 수익을 창출한다. '예측 유지보수Predictive Maintenance'라고 부르는 이러한 혁신에 힘입어, GE는 값비싼 비상 수리와 혹시 모를 비극적 추락 사고를 막게 됐다.

모든 것을 완전히 탈바꿈시키는 초연결 혁명의 실례로 이 예측 유지보수만큼이나 중요한 것이 또 있다. **제조사와 항공사가 저마다 '이익'을 얻는다는 사실이다.** 항공사가 동의하면, GE는 항공사에 자신들이 수집한 방대한 데이터를 제공하고 그 대가로 사용료를 받아 수입을 늘린다. 항공사는 엔진의 실시간 정보를 날씨 등의 다른 정보와 결합해 가장 효율적인 운항 일정을 짜 비행 경비를 절감하고, 기체의 노후를 지연한다. 이는 지난날 빈번히 일어났던 엉성한 유지보수와는 전혀 다른 방식이다(지금 내가 간략히 소개한 사례들은 매우 중요하기에 2부에서 더 자세히 다룰 예정이다).

이 밖에도 무수한 기업이 이전과 비교할 수 없을 만큼 더 풍부해진 실시간 데이터를 바탕으로 모든 경영 방식을 밑바탕부터 모조리 뜯어고치고 있다. 이제부터 그 성공 사례를 천천히 알아보자.

제품이 스스로 생각하고
먼저 말을 거는 세상

IoT 기술은 어떻게 발전했을까? 이 거대한 혁명의 근간을 이해하기 위해서는 우선 그 기술의 발달 과정부터 알아야 한다. IoT 는 지난 10년간 다음과 같은 기술이 융합하면서 탄생했다.

첫 번째 장면, 값싼 저전력 감지기가 아이의 심장박동 수부터 항공용 제트엔진의 회전 수까지, 갈수록 많은 실시간 데이터를 유무선으로 감지하여 알려준다. 그중에서도 무선 방식이 압도적으로 더 많아지고 있다. 이제는 모래알 크기 만한 리튬이온배터리(또 다른 혁신인 3D 프린터로 만들어낸다)가 나왔으므로, 감지기 역시 머리카락만큼이나 얇아졌다. 게다가 최근에는 주변의 무선 전파를 전력으로 이용하는 획기적인 통신 기술 '백스캐터Backscatter'(별도의 전력 공급이 없어도 주변의 전파 신호 에너지를 이용해 미세 전류를 생산할 수 있는 기술-옮긴이)까지 개발되어,

앞으로 IoT 기술을 통해 우리는 언제 어디서든 무한히 데이터를 주고받을 수 있을 것이다. 그것도 완전히 '무료'로 말이다.

두 번째 장면, 사람이 개입하지 않아도 감지기가 수집한 실시간 데이터에 따라 구동장치Actuators*가 조립 공정과 제품 작동을 세밀히 조정한다.

세 번째 장면, 인터넷 주소 체계가 IPv6(Pv4에 이어서 개발된 IP 주소 표현 방식의 차세대 버전-옮긴이)로 바뀌어, 무수한 사물(정확히는 3.4에 '10의 38승'을 곱한 숫자)에 인터넷 주소를 할당할 수 있다. 이는 지구 전체의 모래 알갱이 수보다 많은 개수다.

네 번째 장면, 수십억 개에 이르는 이동통신 기기가 IoT에 비옥한 환경을 제공한다. 당신이 지금 들고 있는 그 '스마트폰' 말이다. 2020년즈음에는 전 세계적으로 그 숫자가 116억 개에 이를 전망이다.[3]

다섯 번째 장면, 클라우드 저장 공간이 늘어난 덕분에 엄청난 양의 데이터에 빠르게 접근할 수 있다. 게다가 클라우드 저장 공간의 가격이 가파르게 내려가, 더러는 무료인 곳까지 생겨난다.

여섯 번째 장면, 데이터 분석 도구의 성능이 나날이 향상되어 제품 속 감지기가 쏟아내는 엄청난 양의 데이터를 거의 실시간으로 분석하고, 그 결과를 비전문가도 이해할 수 있는 시각 자료로 보여준다.

....

* 감지기가 수집한 데이터에 대응해 사물 지능 통신을 작동시키는 장치. 사람이 개입할 때까지 기다리지 않고, 알아서 기계 작동을 자동으로 미세 조정한다.

어떤 이들은 지금의 컴퓨터 시대를 만든 첫 번째 혁명을 '컴퓨터 혁명', 두 번째 혁명을 '인터넷 혁명'이라고 말한다. 그리고 IoT를 '그다음에 올 혁명'이라고 평가한다. **IoT 기술은 앞으로 10년 이내에 사업의 모든 측면에 혁명을 일으키고, 기업의 모든 임직원에게 상상 이상의 혜택을 가져다줄 것이다.** 구체적으로는 다음과 같다.

1. 공급, 제조, 유통의 군살을 빼 통합한다. 모든 분야가 제조 단계부터 데이터를 실시간으로 공유하므로, 공급과 유통 과정을 자동화할 수 있기 때문이다. 게다가 노동자와 경영진이 조립 라인에서 나오는 거의 모든 데이터에 접근할 수 있고, 경영진이 승인하기만 하면 생산 공정에서 현재 무슨 일이 벌어지고 있는지도 모든 직무의 노동자가 동시에 알 수 있다. 이에 따라 기업의 모든 활동이 전에 없이 정확해지고, 폐기물과 비효율이 줄어들 것이다.

2. 조직의 의사결정 과정을 개선한다. 과거에는 정책의 주요 책임자가 조각조각 분절된 데이터에 의존해 중요한 사안을 처리했다. 그것도 한참 오래된 자료 말이다. 물론 아직까지도 많은 기업이 (금세 쓸모가 없어질) 이 자료를 만드는 데에 엄청난 인력을 투입하고 있다. 게다가 기업 내 부서끼리 늘 크고 작은 영향을 받으면서도 따로따로 일한 탓에, 다른 부서가 파악한 내용을 전달받지 못해 업무 효율이 떨어졌다. 하지만 이제는 여러 부서가 동시에 최신의 데이터를 분석할 수 있게 되었고, 임원진은 언제나 최신의 데이터를 활용해 손쉽게 의사결정을 내릴 수 있다. 이제 사내의 은밀한 정보 저장소가 허물어지고 있다.

3. 새로운 수입원을 창출한다. 과거에는 (혹은 현재까지도) 제품을 출고하고 나면 기업과 고객의 관계는 끝났다. 하지만 앞으로 제조사(기업)는 '제품 판매자'에서 '서비스 제공자'로 스스로를 변화시켜야 한다. 이렇게 해야만 고객이 자사의 제품을 더 효율적이고 경제적으로 안전하게 사용할 것이며, 앞으로 그 '서비스'를 계속 이용할 것이기 때문이다. 이제 기업은 고객에게 제품이 아닌 '제품의 데이터'를 팔아야 한다.

4. 유지보수 비용과 제품 생산 불량률이 급격히 줄어든다. 제품의 내부를 들여다볼 수 있어서, 금속의 노후화 같은 문제를 손쉽게 잡아낸다. 제품에 불량이 발생하거나 긴급한 수리가 필요하기 훨씬 전에 예측 유지보수를 하고, 그 정보를 설계 과정으로 전달해 제품을 수정하여 같은 문제가 재발하지 않게 한다. 어느 익살꾼의 말마따나, "기차가 알아서 유지보수 일정을 짤 수 있는데, 왜 굳이 우리가 일정을 짜겠나".

5. 지금까지 그 누구도 완수하지 못했던 '완전한' 고객 만족을 실현한다. 제품을 설계하는 속도와 그 품질을 개선하는 속도가 빨라지며, 고객이 제품을 실제로 어떻게 사용하는지도 실시간으로 파악할 수 있다. 고객 맞춤형 대량 생산(Mass Customization), 증강현실, 3D 프린터와 같은 혁신을 통해 고객이 원하는 '무언가'를 엄청나게 빠르게 만들어내며, 기기를 완전히 교체하는 대신 소프트웨어를 업데이트함으로써 제품의 성능을 간편하게 향상시킨다. 궁극적으로 이 단계의 마지막 모습은 제품의 생산 과정마저 고객이 직접 선택하는 장면일 것이다.

여기서 꼭 기억해야 할 점이 있다. 이러한 성과는 기업이 철저하게 경영 방식을 바꿔 '순환 기업'을 이루기 전, 즉 초창기에 맛볼 '작은 성공'에 지나지 않는다는 것이다. 그러니 앞으로 IoT가 경제 전반에 미칠 파장은 실로 엄청날 것이다.

이 새로운 기술이 막 자리를 잡던 때인 2013년에 추정해보니, IoT를 산업 분야에만 적용해도 전 세계 기업이 거둘 이윤이 6130억 달러(약 700조 원-옮긴이)에 달했다.[4] 「주니퍼리서치Juniper Research」에 실린 어느 통계에 따르면, 통신망으로 연결되는 기기와 감지기, 구동장치의 수가 2021년에 460억 개를 넘어설 전망이다.[5] 「리서치네스터Research Nester」의 2017년 예측 자료에 따르면, 전 세계 IoT 시장이 2016년부터 2023년까지 연평균 13.2퍼센트씩 성장해, 2023년에는 7242억 달러(약 826조 원-옮긴이)에 이른다고 한다.[6]

5장에서 자세히 다루겠지만, IoT 개발 및 활용에 전력을 다하는 GE는 '산업 인터넷Industrial Internet'이라는 마케팅 용어로 자사의 IoT 솔루션을 이렇게 설명한다.

"산업 인터넷이 불필요한 비용을 줄이고 효율을 늘려 미국의 생산성을 1~1.5퍼센트 끌어올린다면, 경제 성장 측면에서 얻을 이익이 상당하다. 더 구체적으로 말하자면, 1인당 국내 총생산이 현재보다 25~40퍼센트가량 올라갈 것이다."[7]

나는 이 책에서 장마다 빠짐없이, IoT 서비스의 주요 공급 업체인 지멘스와 GE가 IoT를 회사의 전략과 운영에 어떻게 적용하고 있는지, 또한 그들이 사업을 탈바꿈할 잠재력을 어디에서 발견했는지 자세히 설명할 것이다. IT 분야 리서치 기업 가트너Gartner는 기술 성숙 주기를 나타내고자 고안한 '하이프 사이클Hype Cycle'에서 IoT 기술을 정점에 이른 기술로 분류하며 이렇게 말했다.

"IoT는 정보통신 기술 분야에서 가장 활기차게 움직이는 주요한 변수가 되고 있다."[8]

아직은 주류 매체에서도 IoT를 이따금씩 언급할 뿐이고, 주요 대기업에서도 완전히 도입하기보다는 시범적으로 연구하는 단계이지만, IoT 전략을 적극적으로 추구하는 일류 기업과 신생 기업이 갈수록 늘고 있다.[9] 왜 그럴까? **이 기술이 출현하기 전에는 아예 불가능했던 일들이 이제는 가능해졌기 때문이다.**

1. SAP가 시제품으로 내놓은 간식 자판기는 구매자의 과거 구매 습관에 근거해 맞춤형 제품을 추천한다. 한여름 바닷가에서 자판기의 물건이 떨어지는 아찔한 순간이 닥치기 전에, 자판기 관리자가 사전에 확인하지 않아도 IoT 시스템이 스스로 자판기의 재고 데이터를 분석해 배송 트럭의 경로를 수정한다. "지금 당장 나를 채우러 와!" 하고 말이다. 이런 모습은 IoT의 핵심 양상, 즉 데이터로 저마다 다른 이익을 얻는 다양한 사용자들이 데이터를 순차대로 다음 사용자에게 전달하는 게 아닌, '실시간으로 공유'하는 가장 상징적인 장면이다.

2. 농기계 및 중장비 제조 회사 존디어(John Deere)는 '팜사이트(Farm Sight)'라

는 기술을 활용해 고객을 만족시키고 새 수입원을 창출한다. 팜사이트 덕분에 농부들은 겹치는 곳 없이 정확하게 경작지를 갈고, 비료를 적기에 적량만큼 뿌릴 수 있다. 한때 존디어는 소비자의 다양한 요구에 맞춰 다양한 트랙터 엔진을 만들었다. 하지만 이제는 맨 처음 딱 한 번만 표준 엔진을 보내준 뒤, 엔진에 내장된 소프트웨어가 IoT 기술을 이용해 사용자의 편의에 딱 맞는 마력 성능을 자동으로 설정하게끔 한다.

3. 전기자동차 제조사 테슬라는 화재를 일으킬지도 모를 심각한 설계 문제를 맞닥뜨린 적이 있다. 그래서 이 문제를 어떻게 해결했을까? 테슬라는 차주에게 안내문을 보낸 뒤 고객들이 시간을 내어 불편하게 리콜을 받으러 오기를 기다리는 대신, 모든 차량의 소프트웨어를 하룻밤 사이에 자동으로 업데이트해 문제를 해결했다.

4. 네스트(Nest) 같은 주거 자동화 신생 기업들은 자동 온도 조절기, 잠금 장치 같은 구형 제품을 완전히 뜯어고쳐 IoT 기능을 내장한 제품으로 다시 개발한다. 고객은 이런 제품을 구입함으로써 돈도 아끼고 편리도 얻는다. 한편, 전에 없던 신기한 제품을 만드는 곳도 있다. 이를테면 앰비언트디바이스(Ambient Devices)가 선보인 탁자에 놓는 멋진 장식품 '앰비언트오브(Ambient Orb)'는 회사의 전기료 절감부터 주가 추세 파악까지 어떠한 용도로든 쓸 수 있다.

5. 리투아니아의 신생 기업이 만든 여성용 구두는 어찌 보면 절묘하고 어찌 보면 우스꽝스럽다. 구두를 신은 사람이 스마트폰 애플리케이션에서 무늬를 고르면, 구두 옆면에 들어간 무늬가 자동으로 바뀌기 때문이다.

앞선 사례들은 IoT가 기업과 고객의 관계를 어떻게 바꾸는지 보여주는 수많은 예 중 몇 가지일 뿐이다.

지금까지는 우리가 제품에 무언가를 요구했다면, 앞으로는 제품이 우리에게 먼저 '말을 걸어올 것'이다. 감지기를 단 채 끊임없이 자기 상태를 살펴, 시키지 않아도 그 데이터를 곧장 제조사와 우리 모두에게 알려줄 것이다.

하지만 이 가능성을 가로막는 장애물이 있다. 우리가 사물의 내부를 보지 못하는 한계가 그것이다. 나는 이 한계를 '집단 실명Collective Blindness'이라고 부른다.

문제를 알지 못하는 문제

IoT가 일으킬 전환이 얼마나 엄청날지는 정확하게 예측하기 어렵다. 하지만 노력은 해봐야 한다. 이 새로운 기술의 진정한 힘은 더 좋은 제품과 서비스를 개발하고, 그로 인해 더 편리한 생활을 영위하며, 결과적으로 모두가 더 행복해지는 것에 그치지 않는다. 우리가 실물 세계를 다시 생각해보고, 이 새로운 정보 흐름에 힘입어 실물과 디지털을 어떻게 연결할지 고민할 수 있기 때문이다.

공학자 제프리 콘클린Jeffrey Conklin은 워낙 복잡한 까닭에 해결책을 찾기 전까지 자세한 설명은커녕 그 문제가 존재하는지조차 모르는 '고약한 난제Wicked Problem'를 주제로 한 권의 책을 썼다.[10] 만약 이런 고약한 난제가 우리 주변에 오래전부터 있어왔다고 가정해보자. 그리고 그 누구도 이 난제를 풀기는커녕, 그런 난제가 존재하는지조차 모른다고 생각해보자. 전 인류가 이른바 '집단 실명'에 빠져, 세상에서 일어나는 어떤 현상을 아예 목격하지도 못하는 것이다.

실제로도 우리는 사물의 표면만 봤을 뿐 내부가 어떤 모습을 하고 있는지, 어떻게 작동하는지 제대로 들여다보지 못했다. 원시 과학이 등장한 이래 수천 년 동안 사물의 안쪽을 들여다볼 생각은 하지 못하고, 이 고약한 난제를 에둘러 피해 갈 대응책만 내놓은 채 '문제 풀기'를 포기하고 체념했다. 모두가 눈을 감고 문제 풀기를 포기한 상태, 나는 이를 '집단 실명'이라고 부른다. 어떤 분야에서든 이러한 현상은 문명의 발전을 가로막는 커다란 장애물이었다. 문제가 뭔지 알아야 해결책을 내놓든지 말든지 할 텐데, 애초에 문제 자체를 인식하지 못하니 어떻게 앞으로 나아갈 수 있겠는가?

자, 그럼 우리가 가장 관심을 두고 있는 영역, 즉 우리의 삶의 터전인 산업 분야에서 이 집단 실명이 어떻게 나타나고 있는지 하나씩 알아보도록 하자.

1. 기계가 언제 고장을 일으킬지 알 길이 없다. 핵심 부품의 금속피로*가 얼마나 진행됐는지, 언제 부품을 갈아 끼워야 가장 경제적인지 아무도 알지 못한다. 그저 노련한 엔지니어의 감만 믿을 뿐이다.

2. 조립 라인의 가동 효율이 얼마인지 알 길이 없다. 기계 하나의 설정 값을

....

* 금속이 계속 힘을 받아 약해진 상태. 금속피로가 누적되면 예고 없이 부서진다.

조절하는 것만으로도 조립 라인 전체의 가동 효율을 끌어올릴 수 있다는 사실조차 알지 못한다.

3. 내가 주문한 물건이 정확히 언제 도착할지 알 길이 없다. 도로의 교통 상황을 예측하는 일은 영화 「트루먼 쇼」에서나 가능한 일이므로, 배송이 하루 이틀 지연되는 건 이제 아무렇지 않다.

4. 공급업자에게 부품을 정확히 언제 받아야 할지 알 길이 없다. 솔직히 말해보자. 지금껏 우리가 '적기 공급 생산(Just-in-time)'이라고 부르던 시스템이 진짜로 '적기'에 이루어진 적이 있었던가?

5. 제품을 출시하고 나면, 고객이 실제로 제품을 어떻게 사용하는지 알 길이 없다. 제품의 기능을 개선하고 싶어도 제품에 눈과 귀가 달린 것이 아니므로, 제품을 판매하고 나면 고객과의 관계는 끝난다.

이제 이러한 상황이 IoT를 통해 모두 바뀌고 있다. 집단 실명이라는 고약한 난제가 막을 내리고 있다는 뜻이다. 우리가 보지 못했던 사물의 내부에서는 이미 놀라울 정도로 엄청나게 많은 일이 벌어지고 있었다. 앞에서 말하지 않았던가. 겨우 한 번의 운항으로 나오는 항공용 제트엔진의 데이터가 무려 0.5테라바이트라는 사실을.

네트워크 장비 기업 시스코Cisco는 IoT로 실현할 수 있는 기술뿐만 아니라, 그것이 뒤바꿀 시장 환경에서 기업이 가장 집중해야 할 전략 목표 역시 빠르게 변화하고 있다는 사실을 정확히 이해하고 있다.

"이제 우리가 마주한 도전은 경쟁 기업과의 피 말리는 가격 전쟁도, 점점 줄어드는 소비자를 둘러싼 소모적인 다툼도 아니다. '까맣게 숨겨져 있던 자산Dark Assets'(아직 통신망에 연결되지 않은 사물)이 어디에 숨어 있는지 알아낸 다음, 하나라도 더 많은 사물에 빛을 비춰야(통신망에 연결해야) 한다. 그런 다음, 사물로부터 수집한 데이터를 통합하고 분석해 활용하기만 하면 된다."[11]

IoT 분야에서 가장 첨단에 서 있는 기업 PTC는 집단 실명에 대항해 혁신적인 치료법을 내놓았다. 바로 증강현실 시스템 '뷰포리아Vuforia'다. 발전기 엔지니어나 굴착기 운전자가 '증강현실 헤드셋'을 쓰고 뷰포리아를 작동하면, 캐터필러Caterpillar의 굴착기든 현대건설기계의 굴착기든 그 내부가 훤히 눈앞에 펼쳐진다. 어떤 부품이 어떻게 연결되어 있는지 알려주는 분해 조립도는 물론이고, 발전기에 내장된 감지기들을 통해 각 구성품에서 수집한 실시간 성능 데이터까지 모두 살펴볼 수 있다. 이렇게 파악한 장비의 '내부'를 협력자와 실시간으로 공유할 수도 있다. 마치 영화 같지 않은가?

이러한 사례들은 지금의 우리에게 무척 놀랍게 느껴진다. 그러나 앞으로 몇 년 후 IoT 제품과 서비스가 아주 흔해질 때, 그러니까 구성품의 가격이 훨씬 더 저렴해지고, IoT를 밑받침하는 기반 기술이 더 싸면서도 튼튼해지고, 무엇보다도 우리의 사고방식이 완전히 달라질 때 구현될 일들에 비하면 그다지 놀라운 일도 아니다. 전문가들이 확신에 찬 채로 예측하는 미래에 따르면, 앞으로는 '교통 정체'라는 단어 자체가 사라지고, 사용자 맞춤형 제품이 기성 제품을 시장에서 밀어내며, 다른 무엇보다도 공급과 제조와 유통이 매끈하게 하나로 이어져 정밀하게 순환될 것이다. 물론 '집단 실명'이라는 고약한 난제를 해결한다는 가정하에 말이다.

하지만 나는 걱정하지 않는다. 상품과 서비스의 가치가 사용자의 수에 비례해 커진다는, 이른바 '네트워크 효과Network Effect'를 믿기 때문이다. 이더넷Ethernet을 개발한 로버트 멧커프Robert Metcalfe는 이 개념을 '멧커프의 법칙Metcalfe's Law'으로 발전시켜, 어떤 통신망의 가치는 기기 사용자 수에 제곱해 비례한다고 주장한다. **IoT에 연결된 기기가 늘어날수록, 기기끼리 매끄럽게 연결되고 통합되기가 쉬워질수록 기기 하나하나의 가치와 쓸모가 커진다는 뜻이다.** 에릭 브리뇰프슨Erik Brynjolfsson과 앤드루 매캐피Andrew McAfee가 자신들의 책 『제2의 기계 시대』에 적었듯, 네트워크 효과가 '재조합 혁신Recombinant Innovation'을 일으켜, 디지털 구성 요소가 신기하게도 "단순 덧셈이 아니라 곱셈 방식으로" 끊임없이 재조합될 것이다.[12] 네트워크 효과는 이미 시작됐다.

이러한 사실을 증명하는 흥미로운 사례가 하나 있다. 웹사이트 '이프트IFTTT'**가 그것이다. 이 사이트의 검색창에 특정한 명령문을 입력하면 수많은 소프트웨어와 온갖 IoT 기기를 연결할 수 있다.

"오늘 날씨가 더울 것 같으니 오전 10시쯤 에어컨을 틀어줘. 아, 그

....

** If This Then That: 만약에 그러하면 그러하다.

리고 점심에는 샌드위치를 먹을 건데 괜찮은 식당도 알아봐줘. 나중에 볼 수 있게 내 노트북에 재미난 유튜브 동영상들도 좀 모아놓고. 내가 뭘 좋아하는지 알고 있지?"

이 세계에서는 이러한 명령어를 '레시피Recipe'라고 부른다. 만약 사용자가 외출을 하면, 이 동작이 '방아쇠Trigger'가 되어 자동으로 레시피가 작동된다. 이프트에는 1000만 개가 넘는 레시피가 누적되어 있다. 이프트는 IoT가 얼마나 다양한 일을 할 수 있는지 보여주는 훌륭한 실험 무대다(이프트는 충분히 설명할 가치가 있으므로, 뒤에서 다시 언급하겠다).

네트워크 효과가 완전히 실현되면, 지구는 테슬라가 상상한 것처럼 "아주 작은 조각인 사물 하나하나가 모여, 주기적으로 순환하는 진정한 전체이자 엄청나게 큰 뇌"[13]가 될 것이다. 그리고 비로소 인류는 집단 실명에서 깨어나 새로운 빛을 마주하게 될 것이다.

여전히 기업의 42%가
시작하지 않고 있다

IoT 기술이 흔해져 언제 어디서나 접할 수 있게 된 뒤에는 이미 늦다. 승자가 정해져 모든 네트워크를 지배한다면, 당신이 진입할 틈새는 바늘구멍보다 좁을 것이다. **디지털 사회의 특징은 먼저 자리를 잡아 표준의 기준을 장악하는 자가 모든 영광을 가져간다는 것이다.** 그래서 수많은 초거대 기업이 조금이라도 더 일찍 IoT 기반 서비스를 개발하여 시장에 공급하기 위해 사활을 걸고 있다. 당신 역시 어림짐작과 얼마 안 되는 데이터에 의존했던 과거에서 벗어나, 광범위한 실시간 정보를 바탕으로 남들보다 빠르게 시장을 지배하고 싶지 않은가?

이제 다음 장부터는 이러한 선점을 통해 기업이 얻을 수 있는 실질적인 이익을 하나하나 살펴볼 것이다. 그중에서도 가장 획기적인 변화는 이러한 이익들이 결합되어 새롭게 탄생할 '순환 기업'이다. 이 구조에서는 생산자부터 유통망, 소비자에 이르기까지 기업의 모든 부문이 실시간으로 공유되는 데이터를 중심축으로 삼아 꼬리에 꼬리를 물고 순환할 것이다.

물론 이를 위해서는 끊임없이 새로운 첨단 기술을 개발해야 한다. 동시에, IoT를 사업의 모든 부문 곳곳에 적용해 변화의 잠재력을 완전히 실현하려면 기술적으로 해결해야 할 과제도 여럿 있다. 먼저 IoT 구성품의 가격과 전력 소비량이 현저히 줄어들어야 하며, 크기역시 지금보다 작아져야 한다. 하지만 더 중요한 것은 새로운 기술을 대하는 '우리의 사고방식'을 바꿔야 한다는 점이다. 지금까지 사고해온 것과는 완전히 다르게 생각해야 한다. 그래야 이제부터 새로이 찾게 될 방대한 데이터를 더 폭넓게 활용할 수 있을 것이다.

구체적으로 어떤 것이 달라질지는 지금 당장 알 수 없다. 눈을 뜨자마자, 즉 실명에서 벗어나자마자 어떤 것이 나아질지는 예견하기 어렵기 때문이다. 잠에서 깨어나 눈을 뜰 때 아주 잠시 세상이 뿌옇게 보이는 현상을 떠올려보라. 비로소 데이터가 흐르기 시작할 때에야, 그래서 전에는 '먹통'이던 기기들이 눈을 떠 서로 통신하고 제어할 때에야 비로소 변화의 모습이 조금씩 이해되기 시작할 것이다.

GE, 존디어 같은 IoT 선도 기업이야 벌써 새로운 기술을 활용해 사업을 재편하고 있지만, 대다수의 회사가 IoT 전략에 손도 대지 않은 것이 현실이다. 이 기술의 아주 기초적인 부분만 사업에 도입해도 현재 진행하는 업무의 상당수를 훨씬 더 단순하고 손쉽게 처리할 수 있음에도 말이다. 애석하게도 이러한 사실을 깨달은 회사는 매우 드물다. 프랑스 컨설팅 기업 캡제미니Capgemini가 실시한 연구에 따르면, 조사 대상 기업 가운데 42퍼센트가 'IoT 서비스 개발을 아예 시작도 하지 않았다'고 한다. 보고서는 IoT 투자에 머뭇거리는 회사들을 향해 이런 불길한 경고를 던지며 끝을 맺는다.

> IoT는 디지털 세계에 일어날 차세대 진화를 대표한다. 영리한 신생 기업과 인터넷 업체들은 IoT가 제공하는 기회를 날쌔게 잡아채고 있지만, 기존 대기업들은 자신들의 주요 수입원에만 몰두한 채 그저 멀뚱히 쳐다만 보고 있다. 경제 분석가들의 추정에 따르면, 앞으로 IoT 시장은 신생 기업이 지배할 확률이 매우 높은데, 새롭게 개발될 IoT 솔루션 가운데 50퍼센트가 설립된 지 3년이 안 된 신생 기업에서 나오리라고 내다보고 있다. 신생 기업만큼 민첩하지는 못할지라도, 이제 대기업도 행동에 나서야 한다. 디지털 세계에 일어난 모든 혁신적 파괴가 그렇듯, 뒤쫓는 처지가 되는 기업은 몹시 어려운 상황에 빠질 것이 분명하다.[14]

내가 이 책을 쓴 목적 역시 적어도 IoT 때문에 기업이 시장에서 밀려나는 일이 벌어지지 않기를 바라기 때문이다. 그동안 힘들게 쌓아 온 비즈니스 커리어가 한순간에 무너져 내린다면 얼마나 슬프겠는가(물론 당신의 경쟁자는 빼고 말이다). 더 나아가 잠재력 있는 많은 기업이

IoT 기술 혁신을 통해 거대한 이익을 누리게 된다면 더할 나위 없이 좋겠다. 좀 더 욕심을 부린다면, 조직과 사회에 속한 여러 개인이 이 혁명의 과정에 동참해 새로운 기회를 포착하고 새로운 경력을 쌓는 데에 도움이 되면 좋겠다. 마지막으로, 이제는 필연적으로 디지털 세상에 살 수밖에 없는 이 세계의 구성원들이 세상과 기술을 바라보는 관점을 완전히 뒤바꾸길 바란다. 아니, 이제 도래할 시대에서는 누가 시키지 않아도 그렇게 될 수밖에 없다.

다시 말하지만, 큰 변혁을 일으키는 일에는 기술 말고도 다른 것들이 필요하다. 경영 관행을 바꿔야 하고, 더 중요하게는 경영진의 사고방식을 밑바탕부터 뜯어고쳐야 한다. 이를테면 지난날 경영진은 데이터에 대한 접근 권한을 직급에 따라 깐깐하게 부여했다. 하긴, 이런 정보를 동시에 실시간으로 공유하고 싶어도 이를 실현할 수 있는 기술력이 없었다. 심지어 얼마 전까지만 해도 거대 기업의 사무실에서는 정보를 종이에 기록해 편집한 뒤 창고에 보관했다. 그런 다음 관리자가 '본인이 관련 정보라고 판단한 내용'을 '본인이 판단하기에 그 정보가 필요한 사람'에게 전달했다. 그러니 당연하게도 정보를 쥔 관리자의 권한이 막강할 수밖에 없었다.

앞으로는 그런 제약이 없어질 것이다. 업무 효율을 높이는 데에 필요한 정보에 대해 모든 관련자가 동시에 접근할 권한을 갖고, 그 정보가 필요한 모든 사람에게 실시간으로 공유되는 일이 실현될 것이다.

그런데 과연 관리자가 데이터에 대한 통제권과 이용권을 기꺼이 내놓으려고 할까? 그들은 앞으로 보고 체계 및 의사결정 구조를 어떻게 다시 짤까? 관행처럼 이어온 기존의 직급 체계를 순순히 포기할까? 중요한 것은, 그럼에도 불구하고 구글이나 GE 같은 똑똑한 회사들은 한발 앞서 IoT 기업으로 탈바꿈한 덕분에 오늘날 더 적은 운영비와 더 높은 효율로 시장에서 경쟁 우위를 차지하고, 동시에 새 수입원을 창출하고 있다는 사실이다.

자 가 진 단
Self-Assessment

1. 제품이 현장에서 어떻게 작동하는지 실시간으로 파악하지 못해 불이익을 겪은 적이 있는가? 그런 일로 인해 유지보수 비용이 늘어났다고 판단하는가? 또는 공정 개선이 느려져 결과적으로 시장 장악력이 감소했다고 판단하는가?

2. 제품의 작동 데이터를 실시간으로 확보하고 모든 관련자에게 공유할 수 있다면, 당신의 기업이 얻을 이익은 무엇이겠는가?

3. 당신의 기업이 IoT로 인해 발생할 개인 정보 보안 문제에 대해 어떻게 대처하는지 알고 있는가? 그 대처 방법이 탄탄하다고 판단하는가? 업계 전체를 아우르는 IoT 협회에 당신의 기업이 가입되어 있는가?

4. 여전히 데이터를 은밀히 저장한 채 생산자와 유통자와 고객에게 그 데이터를 공유하지 않고 있는가? 만약 그렇지 않다면 데이터를 공유하기 위한 작업에 착수했는가?

5. 아직까지도 경영 프로세스가 단선적으로 이루어지고 있는가? '순환 기업'이 되기 위한 여러 조건을 받아들이기 위해 노력하고 있는가? 만약 그것을 받아들인다면, 당신의 기업이 얻을 이익은 무엇이겠는가?

6. 당신의 기업이 판매하고 있는 '제품'을 '서비스'로 전환할 방법을 알고 있는가? 그런 프로젝트를 전사적인 차원에서 준비하고 있는가? 제품을 서비스로 전환할 경우, 고객 만족도가 더 높아질 것이라 예상하는가? 그렇지 않다면 그 이유는 무엇인가?

이미 일상에
스며든 미래

가장 완벽한 경지에 오른 기술은 눈에 드러나지 않는다.
이런 기술은 일상에 자연스레 스며들어,
마침내 일상과 구분되지 않는다.

/

마크 와이저('유비쿼터스 컴퓨팅' 개념을 처음 정립한 과학자)

미래를 예고한
돌연변이들

모든 것에는 계보가 있다. 아무리 신선하고 새로운 것일지라도 과거로부터 연결되지 않은 채 뜬금없이 등장한 것은 없다. 물론 IoT 기술도 마찬가지다. 이미 오래전에 앞을 내다봤던 사람들은 이와 비슷한 기술이 나타날 가능성에 대해 여러 힌트를 남겼다.

인류학자 제이 브라이언 내시Jay Bryan Nash는 1932년에 "기계 노예가 차에 시동을 걸고, 원동기를 돌리고, 신발을 닦는다"라고 적었다. 애니메이션 「딕 트레이시Dick Tracy」의 1946년판에는 처음으로 '쌍방향 손목 수신기Two-way Wrist Radio'가 등장했다. 이 기발한 기기가 아이들의 상상력을 어떻게 자극했을지 생각해보라. 이 아이들은 여러 해 뒤 엔지니어가 되어 컴퓨터와 인터넷 혁명을 이끌었다.[1]

많은 사람이 지금의 IoT를 가장 정확하게 예언했다고 동의하는 글은 제록스Xerox 부설 팰로앨토연구소Palo Alto Research Center의 과학자 마크 와이저Mark Weiser가 1991년에 《사이언티픽아메리칸Scientific American》에 '유비쿼터스 컴퓨팅Ubiquitous Computing'(언제 어디서든 사물을 통해 컴퓨터와 인터넷을 마치 물처럼 활용할 수 있는 기술을 뜻한다–옮긴이)을 주제로 쓴 논문에 등장한다. 그는 첫 문장에서 유비쿼터스 컴퓨팅을 이렇게 요약했다.

"가장 완벽한 경지에 오른 기술은 눈에 드러나지 않는다. '이런 기술Calm Technology'은 일상에 자연스레 스며들어 마침내 일상과 구분되지 않는다."[2]

와이저는 이 글에서 '컴퓨터가 우리 일상에 완벽히 스며들어 마침내 보이지 않게 될 어느 하루'를 그렸다. 그는 컴퓨터를 활용함으로써 벌어지게 될 일을 지난 20세기 초 무렵 벌어졌던 혁명적인 모습에 견주었다. 1990년 당시, 세상은 벨트와 도르래 여러 벌로 구성된 복잡한 장치로 돌아갔다. 그나마 첨단 기술이라 부를 만했던 건 원동기가 유일했다. 이 거대한 원동기가 집 안의 모든 기계를 제어했다. 그리고 시간이 흐를수록 원동기의 크기는 작아져, 모든 기계에 각각 달리게 되었다. 와이저는 21세기에 컴퓨터를 활용하는 모습도 이와 비슷하리라고 예언했다.

현실 세계에 구현된 가상현실로 들어가는 컴퓨터는 비유로든 실제로든 눈에 드러나지 않을 것이다. 컴퓨터는 이미 조명 스위치, 자동 온도 조절기, 스테

레오 장치, 오븐 등에 내장되어 세상이 돌아가도록 돕는다. 어디서나 접속할 수 있는 유비쿼터스 통신망(Ubiquitous Network)에서는 이런 기계들을 포함해 더 많은 기계가 서로 '연결'될 것이다.[3]

와이저는 이와 비슷한 기기 여러 개를 자세히 설명했는데, 오늘날의 IoT 기기와 비슷한 것도 있고, 지금껏 한 번도 구현되지 않은 완전히 새로운 것도 있다. 그는 '유비쿼터스 컴퓨팅'에 대해서는 이렇게 정리했다.

"이것의 진정한 힘은 기기 하나하나에서 나오는 게 아니다. 그 힘은 모든 기기가 '상호 작용'하는 데서 나온다. 수백 가지에 이르는 이 컴퓨터 프로세서와 디스플레이 장치는 마우스나 윈도Window 같은 '사용자 인터페이스User Interface'가 아니라, 일을 즐겁고 효과적으로 처리하는 '장Place'이 될 것이다."

1991년에 이 말은 한낱 꿈에 불과했다.

하지만 오늘날에는 우리가 직접 마주하고 있는 현실이다.

IoT 기술이 진화한 발자취를 거슬러 올라가다 보면, 매우 중요한 역사를 만나게 된다. CADComputer Aided Design · CAMComputer Aided Manufacturing 소프트웨어는 우리가 가장 흔히 사용하는 디지털 설계 프로그램이다. 이 소프트웨어를 제외하면, 실물 세계와 디지털 세계를 연결해 통합하는 플랫폼이 마땅히 떠오르지 않는다. **우리는 그동안 늘 실물 세계와 디지털 세계가 서로 동떨어져 있다고 생각했다.** 설사 연결된 무엇이 있다 해도, 실물은 지나간 시대의 유물이고 디지털은 미래의 무형재라는 편견에 사로잡혔다. 음원 스트리밍 같은 디지털이 어떻게 갖가지 실물, 예를 들어 음반이나 MP3플레이어 등을 대체하는지에만 관심을 쏟았다.

하지만 지난 30년 동안 예상치 못한 일이 일어났다. 두 세계의 경계선이 차츰 흐려지더니, 이제는 유형의 실물이 갈수록 무형의 디지털과 연결되고 상호 작용하기 시작한 것이다. IoT의 본질은 바로 이 두 세계의 결합, 그리고 그에 따른 가공할 만한 이익에 있다.

***

지금까지 출시된 수많은 IoT 기기 중에서 무엇이 최초였는지를 판단하는 일은 사실상 무의미하다.[4] 다만 초창기 IoT 기기들의 면면을 자세히 살펴보면, 현재 IoT 기술의 흐름을 파악하는 데에 도움이 된다. IoT 기기는 크게 '상용 IoT', '착용 IoT', '산업용 IoT'로 나눌 수 있다. 이들은 이미 우리의 일상에서 너무나 익숙하게 사용되고 있고, 삶과 일에서 중요한 영역을 차지하고 있다.

IoT 혁명의 도래를 알린 초창기 기술 중 우리에게 가장 친숙한 것은 스캐너로 읽을 수 있는 '쌍방향 태그Tag 시스템'이다. 태그는 지금도 재고 관리부터 소매점 계산대까지 여러 곳에서 빈번하게 사용되고 있다. 상용화된 가장 최초의 쌍방향 태그 시스템은 '바코드Bar code'다. 바코드의 역사는 1949년으로 거슬러 올라간다. 한 젊은 기술자가 마이애미 바닷가의 모래밭에 난 삐뚤빼뚤한 줄을 살피다가 흥미로운 아이디어 하나를 떠올렸다. 그는 1952년에 처음으로 바코드 특허를 얻었다. 그 뒤로 바코드는 UPC(Universal Product Code, 범용상품부호)가 되어, 1974년 6월 26일에 슈퍼마켓에서 첫선을 보였다.

이후 쌍방향 태그 시스템은 MIT가 개발한 RFID(Radio Frequency IDentification, 무선 주파수를 이용해 대상을 식별하는 기술-옮긴이)로 진화했다. RFID는 인터넷으로 사물을 연결하는 가장 원초적인 시스템으로 평가받는다. 게다가 'Internet of Things'라는 이름을 붙인 사람이 RFID의 창시자인 케빈 애슈턴Kevin Ashton이라는 사실은 두 기술이 얼마나 밀접하게 연관되어 있는지를 잘 보여준다.[5] 애슈턴은 MIT 오토아이디Auto-ID 연구소에서 오랫동안 소장으로 근무했다.

다음으로 입거나 걸칠 수 있는 '웨어러블(착용) 기기'를 꼽을 수 있다. IoT 기술이 적용된 웨어러블 기기는 사람의 건강 상태를 실시간으로 알려주거나, 사용자의 인체 능력을 강화하도록 돕는 방향으로 통신 기능을 발전시켜왔다. 이런 기기를 이용하면, 우리는 커다란 의료용 기계에 들어가거나 병원에 가지 않아도 우리 몸의 건강 상태와 체력을 자가 검진할 수 있다.

그렇다면 최초의 웨어러블 기기는 어떤 모습이었을까? 1955년에 처음 나온 이 기기는 IoT 기기가 얼마나 우스꽝스러울 수 있는지를 여실히 보여주었다. 에드워드 소프Edward Thorp가 만든 이 '입는 컴퓨터Wearable Computer'는 오늘날의 스마트폰과 비슷한 크기로, 룰렛 도박에서 이기는 법을 예측하고자 설계되었다. 플레이어와 딜러 사이에 존재하는 다양한 정보(숫자)를 이리저리 연결해 최적의 승률을 찾아낸 소프는 이 기계를 활용해 일주일 만에 1만 달러를 벌어들였다.

입는 컴퓨터는 다시 1960년에 모턴 하일리그Morton Heilig가 만든 '머리에 쓰는 영상 장치'로 이어졌다. 그의 발명품은 오늘날 불운을 맞은 '구글 글래스Google Glass'와 같은 영상 장치의 등장을 암시했다.

특히 주목할 만한 기기는 1967년에 휴버트 업턴Hubert Upton이 만들어냈다. 렌즈가 달린 영상 장치와 입는 컴퓨터를 결합해, 상대의 입술 모양만으로도 무슨 말을 하는지 글로 표현해주는 기기였다. 청각장애인을 위해 만들어진 이 기기를 비롯해 이후로 개발된 IoT 기기는 모두 인간의 신체적 한계를 극복하기 위해 고안되고 개발되었다. 이를테면 자폐증에 걸린 어린이가 의사소통하는 데에 이용된 아이패드나, 몸이 마비된 사람들이 다시 걷는 데에 도움을 준 동력형 외골격Powered Exoskeleton 장치 등 웨어러블 IoT 기기는 늘 인간의 신체적 역량을 향상시키는 데 매달렸다.[6]

IoT를 예고한 기기 중에서 마지막으로 주목할 기기는 '사물 지능 통신'과 연관이 있다. 'M2M'이라고 불리는 이 개념은 기계끼리 직접 통신한다는 뜻으로, 더러는 상대 기계를 작동시키기까지 한다. M2M의 전조는 음파 탐지기와 전파 탐지기지만, 실제 시작은 1968년에 서로 다른 기술 두 가지가 발명되면서부터다. 당시 미네소타주가 늑

대를 뒤쫓는 음파 추적기를 만들었고, 미터텍Metretek 창립자 시어도어 파라스케바코스Theodore Paraskevakos가 발신자 확인 장치를 만들었다. 그 뒤로 M2M 개념을 발전시킨 파라스케바코스는 원격으로 전력 사용량을 파악할 수 있는 스마트 계량기를 고안해, 지능형 전력망 '스마트그리드Smart Grid'(에너지 제공자와 사용자가 서로 실시간으로 생산 및 소비 데이터를 주고받아 궁극적으로 에너지 효율을 극대화하는 차세대 에너지 관리 시스템-옮긴이)를 구현하는 데에 초석을 깔았다.[7]

생소한 기술들 때문에 어렵다고 느껴지는가? 절대 그럴 필요 없다. 마지막 사례를 끝으로 고리타분한 과거 이야기를 마칠까 한다. **사실 IoT 기술은 시원한 콜라를 마시고 싶은 갈망에서 시작됐다.**

1980년대 초반에 카네기멜론대학 컴퓨터학과 대학원생 몇몇이 자판기에 콜라가 몇 병이나 남았는지, 또 콜라가 얼마나 시원한지를 알고 싶은 마음에 콜라 자판기에 '마이크로 스위치'를 집어넣었다. 그러고는 이 스위치를 학과에 있는 메인프레임 컴퓨터와 연결했다.[8] 이 덕분에 학생들은 언제든 시원한 콜라를 마실 수 있게 되었다. 물론 시원한 콜라가 주는 강렬한 청량감에 비하면 아무것도 아니지만, 콜라 자판기 사건 이후 IoT 기술 측면에서 우리가 이룬 발전 역시 참으로 대단하다고 평가할 만하다.

무엇이 초연결을 가능케 하는가

본래 IoT는 저마다 다른 용도로 개발되었다가 우연히 합쳐진 기술들이 뜻하지 않게 서로를 보완하며 결합하는 과정에서 탄생했다. 우연적 결합, 어쩌면 이것이야말로 IoT 기술이 그토록 강조하는 '공유'와 '협력'의 가장 적절한 사례일지도 모른다.

이러한 IoT의 발전 과정은 당신의 기업이 지금 당장 '완전히 무르익은 IoT 시스템에 큰돈을 투자하지 않아도 된다'는 사실을 암시해준다. 만약 아직 새로운 기술이나 시장에 선뜻 거대 자본을 투입할 형편이 아니라면, 특정 분야에 우선 투자해 그 기술을 토대로 각각 수익을 낸 뒤, 한참 후에 포괄적인 IoT 전략을 마련해도 된다는 뜻이다. 앞으로 자세히 살펴보게 될 IoT의 보완 기술인 인공지능, 3D 프린터 등이 당신의 IoT 전략을 손쉽게 조정하고 수정하는 데에 도움을 줄 것이다.

지금부터는 IoT라는 전략을 세우기 위해, 당신이 알아야 할 몇 가지 요소를 간단히 살펴보겠다. 물론 전략을 세우는 사람이 기술의 세세한 내용까지 알아야 할 필요는 없겠지만, 도구 하나하나의 능력과 그것이 결합되었을 때의 능력을 고루 활용하기 위해서는 적어도 IoT 도구의 기능과 변천을 조금이라도 이해하는 편이 도움이 될 것이다.

여기에서는 모든 구성 요소를 다루지 않겠다. 예컨대 구동장치, 제어기 같은 주요 기초 구성품은 제외했다. IoT를 과거의 기술과 차별화하며, 전략적 의사결정을 내릴 때 반드시 주목해야 할 도구에 집중해 설명하도록 하겠다.

인 터 넷

IoT에서 으뜸으로 중요한 요소는 말할 것도 없이 '인터넷'이다. 인터넷이 없으면 IoT는 존립 자체가 불가능하기 때문이다.

인터넷은 1983년에 미국 국방부의 '아르파넷ARPAnet'이 TCP/IP(인터넷 네트워크를 관장하는 통신 규약-옮긴이)를 채택하면서 탄생했다. 그 뒤로 단순한 무선 통신 기술 혹은 정보 처리 기술에서 그치지 않고 놀라운 혁신을 거듭했다. 지난 반세기 동안 인터넷을 불씨로 삼아 다양한 분야에서 발전이 이어졌다. 그렇게 혁신이 쌓인 결과, IoT를 포함해 인식 체계를 전환하는 발전이 아주 많이 나타났다. IoT의 광범위한 활용 능력은 온갖 '사물'을 언제 어디서든 이을 수 있는 '초연결'

에서 시작된다. 인터넷은 바로 이 초연결을 가능케 하는 근간이다.

2010년대 초반까지만 해도 IoT로 인해 생기는 추가 통신량을 인터넷이 전부 감당할 수 있을지 확신할 수 없었다. 기존의 IPv4 프로토콜이 할당할 수 있는 IP 주소가 제한적이었고, 그마저도 모두 소진될 위기에 처했기 때문이다. 하지만 2011년에 새로운 인터넷 프로토콜 버전 'IPv6'가 발표되면서 할당할 수 있는 주소의 수가 기하급수적으로 늘어났으므로, 그런 위협은 앞으로 상당 기간 없을 것이다. IPv6가 인터넷 주소를 128비트로 확장한 덕분에 할당 가능한 고유 IP 주소의 수는 다음과 같이 급증했다.

340,282,366,920,938,463,463,374,607,431,768,211,456개

그런데 이와 함께 기억해야 할 중요한 사실이 있다. **많은 IoT 혁신을 이루는 데에 더 이상 인터넷이 필요 없다는 것이다.** 이제는 인터넷 대신 블루투스, RFID, NFC(Near Field Communication, 근거리 무선 통신: 10센티미터 이내의 가까운 거리에서 무선 데이터를 주고받는 통신 기술-옮긴이) 등 단거리 무선 통신 기술을 이용해 데이터를 주고받을 수 있기 때문이다.

휴 대 기 기

대략 2020년에는 전 세계의 스마트폰 사용자가 61억 명에 이르러 처음으로 유선 전화기 대수를 넘어설 것이라고 전망된다.[9] 또한 앞

으로 스마트폰과 태블릿 PC, 더 나아가 스마트워치가 제어할 애플리케이션 및 기기의 숫자는 헤아릴 수 없이 증가할 것이다. 이 기기들은 언제 어디서나 아무런 제약 없이 통신망에 접속할 수 있으므로, 조금만 영리한 사람이라면 새로운 기술을 활용해 자신만의 플랫폼이나 애플리케이션 서비스를 판매할 수 있을 것이다(나는 이러한 현상을 '창의적 모방'이라고 부른다).

무엇보다도 점점 더 많은 기능과 권한이 '하나의 모바일 기기', 즉 당신이 사용하고 있는 스마트폰에 집약될 것이다. 이 때문에 기업은 상업용 IoT나 산업용 IoT 프로세스를 제어하는 전용 기기를 만드는 데에 굳이 돈과 시간을 들일 필요가 없다.

실제로 현재 GE의 듀라톤Durathon 배터리 공장에서는 공장 관리자가 아이패드를 들고 돌아다니며 핵심 화학 공정을 실시간으로 살펴본다. 주말에는 집에서 편안한 자세로 아이패드를 들여다보며 공장에 이상은 없는지, 혹시라도 심각한 폭풍이 공장을 덮치지는 않을지 수시로 확인한다.[10]

분석 도구

처음에는 제각기 다른 목적으로 개발되었지만, 결과적으로 IoT 기술에서 무척 중요한 영역을 담당하게 된 핵심 기술이 있다. 바로 '분석 도구'다.

이 분석 도구들은 지난 10년간 IoT가 아닌 다른 분야에서 폭발적으로 생성된 막대한 양의 빅데이터를 처리하는 데에 사용되어 왔다 (물론 이전에도 데이터는 늘 넘쳐흘렀다). IoT 전략이 제대로 효과를 발휘하려면 데이터를 분석하는 일이 무척 중요하므로, 우리가 최종적으로 받아들여야 할 IoT 솔루션은 '데이터 수집력을 향상시키는 일'과 '그것을 조사하고 분석할 데이터 과학자를 영입하는 일' 두 가지로 수렴되어야 할 것이다. 단순히 엄청난 양의 데이터를 수집해 보관하는 일과, 데이터의 의미를 알아내 중요한 공정을 작동하게 하는 일은 완전히 다른 일이다.

아마존 IoT 분야의 책임 총괄자이자 『아마존 웨이 사물인터넷과 플랫폼 전략』을 쓴 존 로스먼John Rossman은 '감지기에서 나오는 데이터를 모으는 데에 그치지 말고 데이터를 끈질기게 분석해야 한다'고 주장한다. 그는 많은 기업이 IoT 기술 향상에 힘입어 경영 활동과 관련한 데이터를 이전과 비교할 수 없을 만큼 많이 수집하고 있지만, 단순히 데이터를 모으는 것만으로는 충분하지 않다고 강조한다. **즉, 사물의 내부를 파악하게 도와줄 모형과 분석 정보, 알고리즘까지 결합해 데이터를 최대한 활용해야 한다는 말이다.**

> 당신의 업무 활동은 훨씬 의미 있는 데이터를 제공해, 조직에서 무슨 일이 벌어지는지를 알려줄 수 있다. 따라서 그 정보를 이용해 프로세스를 정형화하여 파악하는 데에 몰두한다면, 프로세스를 강화하고 다시 설계할 통찰을 얻을 수 있게 될 것이다.[11]

만약 당신의 회사가 아직까지도 데이터를 분석하는 일에 관심이 없거나 투자하지 않았다면, 추후에라도 어떠한 플랫폼에 투자하든 손쉽게 '처리 용량'을 확장할 수 있도록 조치를 취해두기 바란다. 네트워크 장비 기업 시스코의 예측에 따르면, 2020년 즈음에 IoT가 생성할 데이터는 믿기 어렵게도 '연간 6제타바이트'(1제타바이트는 1조 1000억 기가바이트다-옮긴이)에 이른다.[12] 다만 엄청난 양의 데이터를 손에 넣을 수 있다고 해서 반드시 그 데이터를 모두 사용해야 한다는 법은 없다. IoT 기술을 오랫동안 연구해온 저술가 매튜 페리Matthew J. Perry는 이렇게 주장한다.

> 디지털 세계가 끊임없이 확장하고 있으므로, 데이터 저장 장치는 앞으로 가장 중요한 기술이 될 것이다. 그렇다면 용량이 더 큰 저장 장치를 확보하는 것이 유일하고 확실한 해답일까? 결코 그렇지 않다. 그런 판단은 멀리 내다보지 못한 판단이다. 정말로 필요한 바이트 수를 넘어서까지 많은 데이터를 저장하는 일은 바보 같은 짓이다. 비용이 엄청나게 많이 드는 데다가, 그렇게 무턱대고 꾸역꾸역 눌러 넣는다면 비싸게 마련한 저장 장치가 금세 느려져 급격하게 성능이 떨어질 것이기 때문이다. 그래서 전문가가 필요하다. 데이터 흐름의 우선순위를 평가해 어떤 데이터를 모으고 버릴지 선택해야 하며, 누가 언제 데이터에 접근할지를 신속히 결정해야 한다.[13]

1장에서 이야기했던 '집단 실명'을 떠올려보라. 이전에는 있는 줄도 몰랐던 기술을 갑자기 손에 넣게 되면, 그 누구도 합리적인 판단을 하지 못한다. 이제 곧 데이터 분석은 과거에는 상상하지도 못했던 고도의 전문 영역이 될 것이다. 따라서 그때가 오면 '전문 분석 도구'를 마련하고, 숙련된 데이터 과학자를 채용해야 한다. 데이터가 그저 비대한 디지털 폐기물로 버려지도록 놔둘 것이 아니라, 적절한 분석 도구를 동원해 의미 있는 결과물을 만들어내야 한다. 이렇게 하면 전에는 (집단 실명에 빠져) 결코 볼 수 없었던 밝은 통찰을 얻게 될 것이다.

이러한 현상을 두드러지게 보여주는 곳이 스위스 회사 AGT다. 이 회사의 'AI 해설가AI Commentator 소프트웨어'는 운동장이나 공연장 곳곳에 설치된 다양한 감지기, 이를테면 선수와 감독과 관중과 시청자를 중계하는 오디오, 비디오, 웨어러블 컴퓨터와 연결된다. AI 해설가는 이렇게 수집한 데이터를 바로바로 해석한 뒤, AI 능력을 더해 시청자의 참여를 늘릴 독특한 콘텐츠를 창작한다(인공지능과 IoT를 결합하는 것은 이번 장 뒷부분에서 더 깊이 다루겠다).[14]

2016년 뉴욕 패션위크에서 AGT의 AI 해설가는 무대에서 포착한 관람객과 모델의 움직임, 대화, 복장 등을 포함해 폭넓은 데이터를 실시간으로 분석했다. 공연이 끝난 뒤 AI 해설가는 홍보용 후기 포스트와 비디오클립을 수백 개나 만들었다. 그 결과 이전 행사에 비해 콘텐츠 구독률이 4700퍼센트 증가했다.[15]

언뜻 보기에는 AGT가 IoT 기술을 아주 별 볼일 없는 곳에 활용하는 것처럼 보인다. 하지만 실시간으로 수집한 데이터와 인공지능을 결합한 이런 새로운 시도는 앞으로 기업 활동의 중요한 영역을 대체할 것이다. 그래서 AGT의 솔루션은 패션 산업뿐 아니라 에너지 관련 기업, 아니 거의 모든 산업 분야의 IoT에서도 이용될 것이다. 나는 인공지능과 실시간 데이터를 결합해 활용하는 AGT의 접근법이 포화 상태에 이른 소비 시장에서 서비스의 질을 획기적으로 높일 수 있는 몇 안 되는 가능성 중 하나라고 생각한다. 이제 이러한 가능성을 당신의 회사에 적용할 방법을 고민해봐야 한다.

샌디에이고에 위치한 농업용 소프트웨어 개발 스타트업 슬랜트레인지Slant Range의 창업자들은 독특한 이력을 지닌 사람들이다. 회사를 세우기 전 그들은 10년 동안 군의 무인 항공기용 화상 및 분석 시스템을 개발했다. 이들은 그때 쌓은 전문 기술을 농업에 적용하기로 했다. 그들은 새로 떠오르는 또 다른 첨단 기술인 '드론Drone'을 활용해 데이터를 수집한다. 드론에 달린 특수 감지기는 곡물의 작황을 측정해 사용자들, 즉 농부들에게 제공한다. 사용자들은 이 데이터를 활용해 수확량을 최대로 늘린다.[16]

물론 언제나 IoT가 접근하기 어렵고 복잡한 데이터만 수집하는 데에 사용되는 것은 아니다. 어떤 때는 정말 단순하기 짝이 없는 데이터만 필요할 때도 있다. 이를테면 건설 장비의 정확한 위치를 알려주는 RFID 태그 정보를 이용해 물류 동선을 그리는 작업처럼 말이다. 너무 단순하고 평범한 데이터라고 생각하는가? 하지만 분명 IoT 혁신 이전에는 구경조차 하지 못했던 것들이다.[17]

에지 컴퓨팅

실제로 IoT는 어마어마하게 많은 데이터를 생성해낸다. 엔지니어들이 곰곰이 생각해보니, 그렇게 많은 IoT 데이터를 모두 중앙분석실로 보내는 것은 그리 현명한 방법이 아니었다. 원활하게 가동되는 조립 라인에서는 늘 동일한 데이터만 감지될 것이다. 유사하고 별다른 특성 없는 데이터를 뭐 하러 굳이 자세하게 뜯어보기 위해 보관하겠는가? 우리가 정말로 관심 있어 하는 것은 정상에서 벗어난, 비교적 드문 데이터이기 때문이다.

'에지 컴퓨팅Edge Computing'이란 대량으로 데이터를 전송할 때 '말단Edge', 즉 데이터를 수집한 기기나 감지기 근처에서 예외적인 문제를 선제적으로 처리하는 시스템을 말한다. 결과적으로 중앙분석실에 모이는 정보량이 줄어들므로, 엔지니어들은 진짜 집중해야 하는 순간에 훨씬 더 효율적으로 데이터를 분석할 수 있게 된다.

플랫폼

VHS 대 베타맥스Betamax, DVD 대 블루레이Blu-ray의 대결은 큰 이권이 걸린 사업에서 플랫폼을 잘못 선택하면 어떻게 되는지를 깨닫게 하는 흥미로운 사례다(소니의 가정용 비디오테이프 베타맥스는 1년이나 앞서 출시되었지만 시장 선점에 뒤처져 JVC의 VHS에 표준의 지위를 내줬고, DVD 역시 변화하는 디지털 환경을 따라가지 못해 후발주자인 블루레이에 영상물 저장 매체 시장의 패권을 빼앗겼다-옮긴이).

당신이 아무리 뛰어난 감지기를 샀다고 해도, 그 감지기가 작동하는 플랫폼이 어느 곳에 독점된다거나 없어진다면, 데이터를 기가 막히게 새로운 조합으로 결합하는 IoT의 잠재력을 완전히 실현하지 못할 것이다.

플랫폼은 IoT 데이터를 공유하는 장이지, 이권을 폐쇄적으로 독점하는 틀이 아니다. 감지기로 모은 데이터를 유통시켜 가치 있는 결과물을 재창조하는 '미들웨어Middleware'(응용프로그램과 그 프로그램이 운영되는 환경 간에 원만한 통신이 이루어질 수 있게 하는 소프트웨어)인 셈이다.

감지기 시뮬레이션 플랫폼 회사인 아이오티파이IoTIFY는 이제 막 경쟁에 뛰어든 IoT 플랫폼들이 얼마나 탄탄하고 융통성 있는지를 따져볼 수 있는 포괄적인 평가 목록을 마련했다.

1. 확장성이 큰가?

2. 단위 시간당 정보 전송량이 충분한가?

3. MQTT나 HTTP 같은 현재의 전송 프로토콜(컴퓨터 간에 정보를 주고받을 때의 통신 방법에 대한 규칙과 약속—옮긴이)뿐만 아니라, 새로이 떠오르는 프로토콜도 지원할 수 있는가?

4. 감지기가 데이터를 받아들이고 해석하는 데에 시간이 얼마나 걸리는가? 시스템의 성능이 충분히 뛰어난가?

5. 정보 유출을 막기 위한 보안 대책이 충분히 강구되어 있는가?

6. 데이터의 일부가 손상되었을 때 다시 복구할 수 있도록 충분한 '중복

(Redundancy)'을 지정하였는가? 재난에 대처하거나 피해를 복구하기 위한 '중복 설계'가 이루어졌는가?

7. 클라우드 서버로의 전환이 용이한가? 기능 수행에 아주 중요한 데이터는 현장에서 바로 처리하되, 나머지 데이터는 클라우드에서 처리하는 식으로 능동적인 대처가 가능한가?

8. 솔루션의 수명은 충분한가? 현재 판매 업체가 문을 닫으면 다른 판매 업체로 솔루션을 이전할 수 있는가?

9. 어디서든 운용 가능한 플랫폼인가?

10. 머신러닝과 네트워킹 역량이 크게 향상된 '에지 인텔리전스(Edge Intelligence)'가 있는가?

한 시장조사 기관은 IoT 기술이 나아갈 방향에 대해 다음과 같이 분석했다.

IoT 플랫폼의 미래는 분산, 오프라인, 에지 인텔리전스로 나아가고 있다. 기기가 더 강력해질수록, 모든 결정을 클라우드에 맡기기보다는 기기가 스스로 현장의 데이터를 바탕으로 결정할 수 있다. 이 접근법을 적용하려면, 클라우드 컴퓨팅에서 포그(Fog) 컴퓨팅, 더 나아가 미스트(Mist) 컴퓨팅으로까지 매끄럽게 확장하여, 분산 컴퓨팅에 맞는 새로운 연결 형태를 지원할 IoT 플랫폼이 필요하다.[18]

인터넷을 기반으로 한 첨단 기술을 이끄는 기업 중에서 이런 충고를 받아들인 기업들은 탄탄한 IoT 플랫폼을 구축하는 데에 성공했다. AT&T의 IoT 플랫폼, 아마존의 아마존 웹서비스, GE의 프레딕스Predix, IBM의 왓슨Watson, 시스코의 재스퍼Jasper, 지멘스의 마인드스피어Mind Sphere, 리벨리움의 와스프모트Waspmote, PTC의 싱웍스Thing Worx가 바로 그것들이다.

감 지 기

IoT를 구성하는 마지막 요소는 바로 '감지기'다. 감지기는 IoT 구성 요소 중 값이 가장 싼 부품일뿐더러, 경영진의 관심도 가장 적게 받는다. 하지만 IoT 체계를 구축하는 데에 가장 중요한 요소이므로, 감지기의 기본적인 개념을 이해하는 것이 중요하다. 포도밭 한가운데에 있든, 우리 몸에 붙어 있든, 조립 라인 어딘가에 달려 있든 **감지기야말로 실물 세계와 디지털 세계 사이에 중대한 전환이 일어나는 가장 치열한 격전지이기 때문이다.**

감지기는 실물 세계의 변화 상황을 아날로그 신호(이를테면 소리의 크기, 온도, 진동, 금속피로, 습도 등)에서 디지털 신호로 바꾸는 역할을 한다. 이어서 디지털 신호는 프로세서로 전달된 뒤 숫자로 바뀌고 분석된다. 그리고 그에 따라 기기를 어떻게 조치할지가 결정된다.

감지기의 크기가 더 작아지고 감지기에 활용하는 MEMS(Micro-Electro Mechanical Systems, 소형 정밀 기계) 기술이 더 싸지고 부품이 더 작아지면서, 다양한 제품에 감지기를 삽입하거나 감지기의 기능을 다양화할 가능성이 놀랍도록 커지고 있다. 또 감지기에 전력을 공급할 새로운 길이 열려, 배터리를 교체하기 어려운 곳에서도 감지기를 이용하기가 쉬워졌다. 앞에서 잠깐 언급했지만, 예컨대 하버드대학과 일리노이주립대학의 연구진들이 3D 프린터를 이용해 만든 리튬이온 배터리는 겨우 모래 한 알만 한 크기였다.[19]

오늘날 감지기의 수와 종류가 기하급수적으로 늘어난 데에는 IoT 기술의 발달도 한몫을 했다. 시장조사 기관 얼라이드마켓리서치Allied Market Research에 따르면, 2022년까지 전 세계적으로 감지기 및 구동 장치 시장이 연평균 11.3퍼센트씩 성장할 전망이다. 그때쯤이면 시장 규모는 2410억 달러(약 244조 원-옮긴이)에 이를 것이다. 이 기관은 이러한 성장을 IoT, 4차 산업혁명, 웨어러블 기기가 이끌 것으로 내다봤다.[20]

IoT가 완전히 구현되면, 감지기가 제품 설계 단계부터 필수 부품으로 간주되어 생산 공정에서 제일 처음으로 제품에 내장될 것이다. 따라서 판매한 뒤 제품이 실제로 사용될 때뿐만 아니라, 조립 라인에 있을 때에도 감지기가 제품과 관련된 상황을 세세하게 감지해 품질 관리 향상에 도움을 줄 것이다.

그런데 어떤 제조사들에는 투자 비용이 거의 들지 않아 돈을 크게 아끼면서도 탄탄한 IoT 시스템을 구현할 이상적인 길이 열려 있다. 최첨단 장비를 개발해온 오거리Augury가 대표적이다. 오거리는 휴대용 검사기 '오거스코프Auguscope'를 만들었다. 오거스코프를 이용하면 건물 어디에서든 건물 안에 있는 모든 설비의 작동 상황을 분석할 수 있다. 감지기가 달려 있지 않더라도 자성이 있는 감지기를 기계에 잠시 부착만 하면, 오거스코프가 기계의 작동 소리를 클라우드로 보낸다. 클라우드는 이 소리가 미리 녹음된 정상 기계음에서 벗어나는지 분석해 유지보수가 필요한 곳을 알려준다.

이제 오거리는 오거스코프를 판매하는 것에서 더 나아가, '진단 서비스Diagnostics as a Service'를 판다. 고객은 오거스코프를 설치할 때는 비용을 내지 않아도 되며, 진단 서비스를 이용할 때에만 돈을 지불하면 된다. 오거리는 이 기술이 언젠가는 식기세척기나 건조기 같은 가전제품에 내장되기를 바라고 있다.[21] 오거스코프의 사례는 IoT 기술을 활용하는 첫 단계로 소개하기에 완벽하다. 곧장 구현할 수 있고, 순이익이 빨리 나며, 그래서 회의적인 고위 경영진의 마음을 사로잡아 더 대담한 방안을 흔쾌히 시도하게 만들 것이기 때문이다.

그렇다면 어떤 감지기를 써야 할까? 감지기를 선택할 때는 IoT 제품이나 서비스의 수명주기 동안 들어갈 총운영비를 먼저 따져봐야 한다. 또 외부로부터의 충격에 얼마나 적절히 대응할 수 있는지도 살펴야 한다.

다음은 감지기를 선택할 때 고려해야 할 몇 가지 사항이다.

첫째, 회사의 고정 자산이나 값비싸고 오래 쓰는 설비에 감지기를 설치했을

때, 설비의 수명이 다할 때까지 감지기가 견딜 수 있는가? 감지기를 설치하는 일이 설비의 노후화에 어떤 영향을 미치는가?

둘째, 시간이 흐르며 바뀌는 보안 위협의 특성에 대응해 감지기를 펌웨어(Firmware)로 쉽게 개선할 수 있는가?

셋째, 전력을 공급하기 어려운 곳에 설치할 경우를 대비해 전력 소비량을 최저 수준으로 줄일 수 있는가? 또 전력을 공급하는 배터리를 개선해 교체 기간을 늘릴 수 있는가?

스페인의 신생 기업 리벨리움은 여기에서 더 나아가 사용자가 감지기를 비롯한 IoT 관련 장비를 더 간편하게 비교 분석할 수 있는 틀을 마련했다. 리벨리움이 개발한 'IoT 전용 온라인 장터(the-iot-marketplace.com)'는 다양한 관련 제품을 한눈에 볼 수 있는 사이트다. 감지기부터 클라우드까지 아예 하나의 패키지로 묶어 솔루션을 제공하며, 사용자가 어떤 클라우드 플랫폼에든 접근할 수 있도록 돕는다. 2016년 2월에 개장한 이 장터는 벌써 50곳이 넘는 협력사와 힘을 합쳐 100가지가 넘는 IoT 키트를 제공한다. 또 IoT 기술을 전면적으로 도입한 분야, 가령 스마트시티, 스마트팩토리, 스마트 건물, 스마트 농업 등 다양한 시장 21곳에 맞춤형 솔루션까지 설계해주고 있다.

리벨리움 최고경영자 알리시아 아신은 IoT가 구현될 세상을 '새로운 철도'가 깔리는 시대로 묘사한다. 감지기는 바로 그 철도에 놓일 '철로'다.

"핵심은 상호운용성입니다. 그래서 우리는 아주 많은 회사와 협력을 맺고자 갖은 노력을 다합니다."[22]

그렇다고 착각해서는 안 된다. 제품이나 조립 라인에 아무 감지기나 설치하기만 하면 금세 IoT가 가져다줄 이익을 누릴 수 있으리라고 생각할지 모르겠지만, 이익은 생각만큼 빨리 나지 않는다. 갈수록 늘어나는 증거에 따르면, IoT로 인한 이익은 다양한 감지기에서 나오는 데이터를 VSN(Virtual Sensor Network, 가상 감지기 통신망)을 이용해 통합할 때 곱절로 늘어난다. VSN은 특정한 용도로만 쓸 수 있던 WSN(Wireless Sensor Network, 무선 감지기 통신망)들이 서로 협력해 통신 자원을 효율적으로 활용하게 한다. 따라서 감지기가 추적한 현상이나 수행한 임무를 바탕으로, 다른 감지기에서 나온 데이터를 결합할 수 있다. 이를테면 VSN은 다음과 같은 용도로 쓸 수 있다.

1. 한 지역에 설치된 WSN을 여러 용도로 적용한다. 예컨대 같은 산악 지역에서 암석 미끄럼 사태와 동물의 이동 경로를 동시에 관찰한다. VSN을 이용하면 WSN을 용도별로 따로 설치하지 않아도, 이런 현상들을 감지하는 이종 기기들이 데이터 전송을 서로 중계할 수 있다.

2. 다용도 감지기 통신망을 논리적으로 분리한다. 예컨대 다기능 '센서 노드(Sensor Node)*'를 이용해 스마트 주거 지역(Smart Neighborhood) 시스템을 구

....

* 수집한 정보를 전달할 수 있는 무선 송수신 장치.

축한다.

3. 변화무쌍한 현상을 추적한다. 예컨대 지하의 화학 오염운(Contaminant Plume)이 활발하게 이동, 분리, 혼합하는 현상을 추적하는 시스템을 구축할 수 있다. 이렇게 고도로 발달된 통신망 안에서의 감지기는 상황에 따라 기능을 바꿀 수도 있다.[23]

VSN은 '감지기 융합Sensor Fusion'이라는 기술로 실현된다. 이 기술은 다양한 감지기에서 수집한 데이터를 '마이크로컨트롤러Microcontroller'(입출력 모듈을 하나의 칩으로 만든 초소형 컴퓨터-옮긴이)를 이용해 융합하는 기술인데, 일반적인 감지 기술보다 훨씬 더 정확한 해석을 얻어낼 수 있다. 따라서 응용 가능성이 어마어마하게 넓어진다.

이 모든 것이 제대로 실현된다면, 우리는 이제 엄청난 양의 '상황인식 데이터Condition Recognition Data'를 얻게 될 것이다. 그리고 이 데이터는 각종 IoT 기기와 합쳐져, 어떤 상황에서든 맞춤형으로 사용자에게 정보를 전달해줄 것이다.[24]

미래의 기술은
연결될 때 더욱 강력해진다

앞에서 이야기한 것처럼, 초연결시대에 유행할 모든 기술은 결국 또 다른 기술의 '집합체'에 불과하다. IoT의 진정한 강점은 다양한 기술이 서로 '결합'할 때 발휘된다. 따라서 3D 프린터, 블록체인, AI와 같은 '보완 기술'이 발달할수록 IoT의 힘은 더욱 강력해질 것이다.

머지않아 **3D 프린터**가 시제품 생산에 적극적으로 활용되면 신제품 출시 기간이 획기적으로 줄어들 것이다. 이렇게 부품을 찍어내는 데에 드는 비용과 시간이 줄어들면 어떻게 될까? 예컨대 비행하고 있는 항공기에 달린 감지기가 제트엔진에 속한 어떤 부품의 이상 징후를 눈치채고, 엔지니어에게 미리 교체 신호를 알려줬다고 가정해보자. 이때 엔지니어로부터 연락을 받은 엔진 제조사는 수백만 개의 부품을 쌓아놓은 창고에서 교체 부품을 하나하나 꺼내 포장하여 발송하는 대신, 해당 부품의 디지털 설계도를 현지의 유통 허브로 보낼 것이다. 유통 허브에서는 그 자리에서 곧바로 3D 프린터를 활용해 부품을 생산한 뒤, 비행기가 착륙하기도 전에 운송 회사를 거쳐 공항에 가져다놓을 것이다. 제조사는 교체가 예상되는 부품을 산더미처럼 쌓아놓고 하염없이 기다리지 않아도 되니 좋고, 항공사는 몇 분 만에 확실하게 부품을 교체할 수 있으니 좋다. 결론적으로 모두에게 이득이다.

지난 10년 사이에는 **인공지능**이 정말로 실현 가능해졌다. 그 밑바탕에는 IoT를 포함해 여러 출처에서 무지막지하게 쏟아진 '데이터'가 있었고, IBM이 개발한 인공지능 컴퓨터 '왓슨'처럼 그러한 데이터를 해석하는 분석 도구도 있었다. 이를 보여주는 대표적인 사례가 아이로봇iRobot이 내놓은 청소기 '룸바Roomba'다. 룸바 900 시리즈는 '시각적 위치 측정 및 지도 작성Vision Simultaneous Localization and Mapping' 기능을 포함한 다양한 인공지능 기능과 함께, 더 많은 실시간 데이터를 수집할 수 있는 고성능 감지기까지 갖추었다. 이렇게 탄생한 머신러닝 기능은 새로운 고객 서비스를 만들어냈다. 이를테면 "알렉사, 룸바한테 청소하라고 말해줄래?"와 같은 아마존 알렉사용 명령어가 추가되었고, 룸바를 제어하는 스마트폰 애플리케이션을 통해 바닥 전체의 '청결 지도'를 사용자가 간편하게 확인할 수 있도록 했다.

특히 신형 룸바는 데이터를 '모으는' IoT의 능력과, 데이터를 '처리하는' 인공지능의 능력을 좀 더 긴밀하게 연결했다. 세계 최고의 회계 감사 기업 프라이스워터하우스쿠퍼스(Pricewaterhouse Coopers,

PWC)는 「인공지능과 IoT가 불러올 붕괴를 지렛대 삼아라Leveraging the Upcoming Disruptions From AI and the IoT」라는 보고서를 통해 이들의 연결을 깊이 있게 다루면서, 인공지능과 IoT는 서로 떼려야 뗄 수 없는 핵심 요소임을 강조했다.

즉, 인공지능은 IoT 기기가 수집한 엄청난 양의 데이터를 가치 있는 정보로 바꾼다. 그리고 IoT는 인공지능이 학습하고 진화하기 위해 반드시 흡수해야 하는 실시간 데이터를 가장 '완전하게' 제공하는 정보원이다.

데이터는 대응 조치를 할 수 있을 때에만 쓸모가 있다. 그리고 데이터에 대응해 조치하려면, 데이터에 상황과 독창성을 더해야 한다. 그래서 인공지능과 스마트 장비가 관여하는 '연결 지능(Connected Intelligence)'이 중요하다. 인공지능은 두 가지 주요 영역에서 IoT 솔루션에 영향을 미친다. 첫째는 실시간으로 데이터를 분석하고 처리할 때다. 이를테면 원격 비디오카메라로 번호판을 읽거나 얼굴을 분석하는 경우다. 둘째는 사후 처리를 할 때다. 이를테면 데이터에 오랫동안 반복해 나타나는 경향을 찾거나 예측 분석을 시도하는 경우다. IoT와 인공지능이 서로 돕는 모습은 다른 곳에서도 찾을 수 있다. IoT의 실시간 대응 역량은 인공지능의 '적응형 학습 시스템(Adaptive Learning System)'에서 매우 중요하다. 적응형 학습 시스템처럼 앞선 인공지능 및 분석 방법을 제대로 실현할 기술이 IoT 말고는 없기 때문이다. 따라서 IoT와 인공지능은 서로 떼려야 뗄 수 없는 관계다.[25]

또한 PWC는 이렇게 예측했다.

"IoT 기술과 인공지능이 결합함으로써 이 세상 모든 기계는 진정으로 똑똑해질 것이다. 계속해서 발전을 거듭하는 인공지능은 또 다른 영향도 미치고 있다. 즉, 인공지능이 IoT와 하나로 융합해 IoT 솔루션에서 떼려야 뗄 수 없는 관계가 되고 있다. IoT의 핵심 요소는 연결성, 데이터 감지 능력, 로봇 공학이므로 이를 모두 완벽하게 구현하기 위해서는 '먹통'인 기기들이 어서 빨리 눈을 떠 영리해져야 한다. 우리에게는 언제나 똑똑한 기계가 필요하다. 따라서 인공지능이 대단히 중요하다."[26]

블록체인 기술과 IoT의 관계 또한 매우 밀접하다. 블록체인은 대체 화폐인 비트코인Bitcoin을 떠받치는 기술이다. '가상 화폐 범죄' 모의에 쓰인 비트코인은 얄궂게도 이제 주류에서 받아들여지고 있고, 특히 금융과 제조, 의료와 관련된 수많은 기관에서도 블록체인 도입을 진지하게 고려하고 있다.[27]

구경제Old Economy(제조업 중심의 경제 체제-옮긴이)에서는 공유되고 분산될수록 효과가 폭발적으로 증가하는 블록체인의 가치를 구현할 수 없었다. 그 시대의 데이터란 땀내 나는 손으로 움켜쥐고 있는 너덜너덜한 장부에 빼곡히 적힌 숫자에 불과했고, 그마저도 밤이 되면 금고에 처박혔다. 하지만 블록체인에서는 복잡한 거래 내역, 즉 데이터를 32바이트짜리 블록으로 나누어 각 블록을 세계 곳곳의 PC에 분산 저장한다. 데이터가 한번 블록으로 나뉜 뒤에는 블록 보관자들이 만장

일치로 합의하지 않는 한 내용을 변경할 수 없다. 이것이 블록체인의 핵심 보호 장치다. 블록체인은 다음과 같은 특징이 있다.

1. 투명하다.
2. 모든 조치나 거래를 추적할 수 있다. 이는 IoT에서 대응 조치를 할 때 중요하게 쓰이는 특징이다.
3. 분산 저장된다. 과정에 참여하는 모든 사람이 접근할 수 있는 '공유 형식'의 기록 보관 기술이다.
4. 승인이 있어야만 바꿀 수 있다. 각 단계마다 모든 사람에게 승인을 받아야 한다.
5. 안전하다. 어느 누구도, 설사 시스템 관리자일지라도 만장일치로 승인받지 못하면 내용을 바꾸지 못한다.

블록체인에 새 거래 내역을 추가하려면, 모든 참여자가 효력을 승인하는 알고리즘을 적용해 인증해야 한다.[28] 블록체인은 중개 기관의 역할을 크게 줄여 불필요한 비용과 자원이 낭비되는 것을 막는다.

내가 블록체인에 주목하는 가장 큰 이유는, 블록체인이야말로 IoT가 생성할 엄청난 양의 데이터 흐름을 처리하기에 가장 뛰어난 수단이기 때문이다. IoT 혁신에 블록체인을 적용하는 연구에 앞장서고 있는 싱크탱크 '사물체인Chain of Things'은 자신들을 "대안 기술인 블록체인 적용과 IoT 하드웨어 제조를 연계하는 일을 하는 과학 기술 전문가 집단"이라고 설명한다. 이들은 지금까지 블록체인 해커톤 Hackathon^{**}을 몇 차례 열었고, IoT 블록체인에 알맞은 공개 표준을 마련하려 애쓰고 있다.

블록체인을 현재 널리 퍼진 IoT 보안 방식과 대비해보라. 빅데이터 및 블록체인 전문 기업 데이터플로크Datafloq가 소개한 어느 보고서에 나오는 것처럼, 현재의 IoT 보안 방식은 '구닥다리인 클라이언트 서버 방식(클라이언트와 서버만으로 이루어진 네트워크 방식. 구조가 간단하고 구현이 쉬워 서버의 성능에 따라 네트워크의 성능이 좌우되는 단점이 있으며 해킹에 취약하다—옮긴이)'이라, IoT의 복잡성과 다양한 연결을 제대로 실현하지 못한다. 그들이 우려하는 가장 멍청하고 난처한 상황은 바로 이것이다.

"기기들이 겨우 몇 발자국 떨어져 있을 뿐인데, 서로 연결되려면 인터넷을 거쳐야 한다고?"

앞으로는 분산 방식인 P2P 통신망을 IoT에 적용하는 것이 비용과 효율 면에서 더 뛰어날 것이다. 그런데도 여전히 중앙 집중 방식을 고집하는 것은 말도 안 된다. 보고서는 이렇게 결론짓는다.

블록체인 기술은 IoT가 가장 중요하게 다루는 기능, 즉 확장성, 개인 정보 보호, 신뢰성 등을 해결할 수 있는 '잃어버린 고리'다. 블록체인 기술이야말

....

** '해커'와 '마라톤'을 합친 말로, 컴퓨터 전문가들이 특정 문제를 해결할 소프트웨어 개선이나 개발에 마라톤을 하듯 긴 시간 동안 집중하는 행사.

로 IoT 업계에 안성맞춤인 해법일지도 모른다. 수십억 개에 이르는 연결 기기 간의 데이터 교환과 공동 작업을 처리하려면 엄청나게 많은 비용이 든다. 하지만 블록체인을 도입하면 이러한 비용을 꽤 많이 아낄 수 있다. 이런 분산 처리 방식이 단일 장애점(Single Point of Failure)***을 제거해 회복력이 더 뛰어난 생태계를 만듦으로써 기기가 계속 작동할 수 있게 도울 것이다. 그리고 블록체인이 사용하는 암호 알고리즘이 소비자 데이터를 더 안전하게 보호할 것이다.[29]

 선구자들이 초연결시대를 내다본 이후부터 오늘날 초기 구현 단계에 다다르기까지 실로 여러 해가 걸렸다. 이제 곳곳에서 IoT가 가져다줄 이익을 깨닫기 시작했다. 수요가 늘면서 구성품의 가격도 뚝뚝 내려가고 있다. 이제 모든 구성 요소가 IoT 솔루션을 받아들일 준비를 마쳤다.

....

*** 해당 지점이 동작하지 않으면 전체 시스템의 장애를 일으키는 요소.

자 가 진 단
Self-Assessment

---

1. 당신의 기업이 이미 마련한 IoT 구성 요소는 무엇인가? 그런 조합을 고려할 때 IoT 전략을 어디에서 시작하는 것이 타당하겠는가?

2. 아직 IoT 구성 요소를 갖추지 못했다면, 그중 일부라도 갖출 계획은 있는가?

3. 아마도 전체 투자 이익이 가장 클 IoT 도구는 빅데이터 저장소와 분석 도구일 것이다. 이 도구들을 마련할 전략은 무엇인가?

4. 당신의 기업이 쓰는 솔루션은 IoT 기술로 인해 폭발적으로 증가할 데이터를 처리할 수 있을 만큼 확장성이 있는가?

5. 제품과 생산 과정을 감지기로 추적한다면, 그 공정에서 의미 있는 데이터가 나올 것인가? 그 데이터를 이용해 얻을 수 있는 이익은 무엇인가?

6. 이미 감지기를 활용하고 있다면, 여러 감지기에서 나오는 데이터를 통합하기 위한 IoT 플랫폼을 마련할 계획도 세웠는가?

모든 것이
연결된 세계,
디지털 쌍둥이

500억 개에 이르는 기계 두뇌와
그것들에게 말을 거는 60억 인류의 두뇌를 떠올려보라.
이 융합이 우리가 아는 모든 것을 바꿔놓고 있다.

/

콜린 패리스(GE 소프트웨어 연구 부문 부사장)

현실과 디지털의
완전한 결합

아직까지 모든 기업이 다루고 있지는 않지만, 조만간 가장 뜨거운 화두가 될 기술이 있다. 왜냐하면 이것이 IoT 기술을 활용해 구현될 미래 산업의 핵심 도구이자, IoT가 실물 세계와 디지털 세계를 어떻게 통합하는지 가장 명쾌하고 직관적으로 알려주는 예이기 때문이다. 바로 우리에게는 조금 생소한 개념, '디지털 쌍둥이'다.

'디지털 쌍둥이'를 한마디로 표현하면 **'IoT에 연결된 사물들을 통째로, 그리고 실시간으로 복제하는 개념'**이라고 할 수 있다. 이를 '개념'이라고 부른 이유는 단수의 기기나 기술이 아닌, 하나의 거대한 '체계'이기 때문이다. 가령 IoT가 풍경화 속 풍차나 오두막 정도라면, 디지털 쌍둥이는 '풍경화 그 자체'라고 할 수 있다. 디지털 쌍둥이는 IoT를 구성하는 요소들, 즉 감지기가 수집하는 실시간 데이터와 인공지능 기능이 추가된 분석 도구, (수집의 대상이 되는) 실물의 움직임 등을 와이어프레임*으로 복제하는 여러 소프트웨어가 결합된 대단히 복합적인 개념이다. 이렇게 복제된 와이어프레임 모형은 설계 단계부터, 제조, 작동, 폐기까지 실물의 전체 수명에 걸쳐 끊이지 않고 구현된다. 디지털 쌍둥이는 실물의 환경이 바뀔 때마다 끊임없이 갱신되고, 심지어는 과거의 작동 환경에서 나온 데이터까지도 반영한다. 이를 바탕으로 제품의 설계부터 제조, 유통, 서비스에 이르기까지 모든 과정의 효율성을 극대화한다.

디지털 쌍둥이는 "모양, 위치, 동작, 상태를 포함해 물체의 최신 특성과 현황을 정확하게 알려주는 복제물"이다.[1] 디지털 쌍둥이는 이렇게나 다양한 주변 기술이 서로 융합된 개념이기 때문에 단독으로 발전하지 못했다. 최근에서야 클라우드 저장 장치, 슈퍼컴퓨터, 감지기 등의 기술이 발전하고, 해당 구성품의 가격이 놀라울 정도로 떨어지면서 조금씩 우리의 현실에 구현되고 있다.

이탈리아의 자동차 회사 마세라티Maserati는 독일의 전자·전기 기업 지멘스가 개발한 디지털 쌍둥이 기술을 이용해 새 스포츠카 모델을 설계했다. 지멘스는 자신들의 신기술을 활용해 마세라티가 차를 만드는 과정을 영상으로 찍어 소비자들에게 보여줬다.

이 영상은 먼저 마세라티의 새 스포츠카가 빠르게 질주하는 장면

....

* 물체의 뼈대를 철사 구조로 시각화해 보여주는 컴퓨터 도형.

으로 시작된다. 그런데 잠시 뒤 달리던 차가 순식간에 컴퓨터로 구현한 와이어프레임 모형으로 바뀐다. 불과 몇 초 만에 이루어진 일이다. 한 화면에서 실물 세계와 디지털 세계가 '하나로 합쳐진 것'이다. 물론 이 동영상 하나로 디지털 쌍둥이가 우리에게 어떤 영향을 미칠지 예단하는 것은 바람직하지 않다. 따라서 지금 3장을 읽기 전에 당신이 해야 할 일이 하나 있다. 책을 내려놓고, 유튜브에서 'Digital Twin'을 검색한 뒤 맨 위에 나오는 아무 동영상이나 한두 개만 주의 깊게 시청하는 것이다. 그런 다음 다시 책을 읽기 바란다.

IoT 혁신을 도입해 새로운 사업 전략을 수립하고 그것을 실행하는 과정에서 디지털 쌍둥이가 어떤 중요한 역할을 맡을지는 사전에 정확히 예측하고 평가하기 어렵다. 다만 1장에서 설명한 '집단 실명' 문제만큼은 디지털 쌍둥이 기술을 통해 지구상에서 확실하게 박멸할 수 있다.

디지털 쌍둥이는 제품이 공장에서 출고되어 판매된 뒤 일상에서 사용되고 폐기될 때까지, 제품에 어떤 일이 일어나는지 몰랐던 과거의 한계를 극복했다. 제품이 지구 건너편에서 작동하고 있을지라도, 크기조차 가늠할 수 없을 정도로 아주 거대할지라도, 맨눈으로는 그 안을 들여다볼 수 없을지라도 **디지털 쌍둥이를 이용하면 우리는 컴퓨터 앞에 앉아 실물의 실시간 작동 상황과 오작동의 원인을 모두 분석할 수 있다.**

실제로 GE는 디지털 쌍둥이라는 개념이 언젠가는 제조물을 넘어 우리 인간에게까지도 확장될 것이라고 내다본다. 상상컨대, 그때는 인간이라면 누구나 태어날 때부터 한 명('명'이라고 써야 할까, '개'라고 써야 할까?)씩 디지털 쌍둥이를 갖게 될 것이다. 우리가 나이를 먹으며 생김 새가 변하고 취향이 바뀌는 것처럼, 우리를 복제한 디지털 쌍둥이 역시 계속해서 성장할 것이다. 장기 곳곳에 설치된 감지기가 끊임없이 새로운 데이터를 수집해 우리 몸 전체의 건강 상태를 세밀하게 진단 해줄 것이다.

여기까지 잘 따라왔는가? 할리우드 영화에 단골로 등장하는 '클론 Clone' 같은 걸 생각했다면 당신은 아직 이 기술을 온전히 이해하지 못한 것이다. **디지털 쌍둥이는 디지털로만 존재한다. 어떠한 물리적 공 간도 차지하지 않고, 언제 어디서든 손쉽게 확인할 수 있다.**

디지털 쌍둥이를 만드는 일은 갈수록 과정이 복잡해진다. 처음에는 온도와 같은 주요 성능 지표 몇 가지만으로 시작하지만, 더 많은 정보 를 알려주는 강력한 디지털 쌍둥이를 구현하기 위해서는 당연히 그 에 맞춰 더 많은 감지기를 계속해서 추가해야 한다. 이 바닥에서 유일 한 힘의 원천은 '정보의 양'이다. 즉, 더 많은 감지기를 달아 더 많은 정보를 모을수록 더 정확한 정보를 얻을 수 있다. 그리고 정확도는 곧 힘이다. 더 많은 실시간 데이터를 전송할수록, 디지털 쌍둥이의 학습 량은 더 커지고 기술의 가치 또한 더욱 높아진다.

디지털 쌍둥이를 도입한 기업은 이제 다음과 같은 질문에 답할 수 있을 것이다.

1. 제품이 얼마나 효율적으로 작동하는가?

2. 특정 부품이 설계나 작동 조건으로 인해 더 많이 혹은 더 빠르게 닳거나 손상되는가? 이것이 치명적인 고장의 원인이 되는가?

3. 서로 가까이 있는 수많은 제품의 전체 작동 효율을 최대로 높이려면, 제품 하나하나를 어떻게 미세 조정해야 하는가?

4. 제품을 만들 때는 중요하다고 생각했지만, 정작 사용자는 쓰지 않는 기능이 있는가? 그렇다면 그 기능을 사용자에게 더 강력하게 홍보하고 사용법을 안내해야 하는가, 아니면 다음 모델에서는 없애야 하는가?

5. 설계 단계에서는 생각하지 못했지만, 기기가 작동할 때 문제를 일으키거나 위험을 불러올 만한 잠재 오류가 있는가?

6. 기기 사용자는 제품 설계 시 의도했던 것과 얼마나 다르게 제품을 사용하는가? 그렇다면 다음 모델에서 그런 사용법을 반영해 제품의 기능을 향상할 방안은 무엇인가?

7. 기기를 사용할 때 나온 작동 데이터를 다른 데이터와 결합해 사용자에게 가치를 줄 만한 새로운 서비스를 만들 수 있는가? 아울러 새로운 수입원을 창출할 수 있는가?

이 어려운 질문들을 곰곰이 곱씹어보라. 당신은 이 질문들에 대해 어림짐작이 아닌 '명백한 실시간 데이터'로 답할 날이 오리라고 상상해본 적 있는가?

디지털 쌍둥이는 이 책의 마지막 장에서 자세히 다룰 '순환 기업'과도 중요한 관련을 맺고 있다. 간단히 말하면 이렇다. 그 어떤 부서나 개인도 사내의 디지털 쌍둥이 기술을 독점적으로 소유하지 못한다. **이제는 실시간 데이터를 사내의 모든 집단, 모든 부서가 과거처럼 순차대로가 아닌 실시간 단위로 공유할 수 있게 된다.**

이 점이 매우 중요하다. 소프트웨어 개발사 아이넥스INEX를 창립한 크리스 레젠데스Chris Rezendes는 과거처럼 어림짐작이나 간접 정보에 기대지 않고, 모든 사람(여기에는 공급자, 유통망, 소매업자 그리고 당신의 선택에 따라 고객까지 포함할 수 있다)이 동시에 업무에 반영할 수 있는 '실측 데이터'를 구축할 수 있으리라 기대한다. 디지털 분석가 다니엘 뉴먼 Daniel Newman 역시 비슷한 전망을 발표했다.

고도로 발달된 디지털 환경에서 정보 저장소는 그리 쓸모가 없다. 디지털 쌍둥이는 데이터와 지식이 필요한 사람이라면 누구나 그 자료를 이용할 수 있게 함으로써, 무의미한 정보 저장소를 무너뜨린다. 저장소가 사라진 빈자리에는 회사와 시스템을 발전시킬 무궁한 기회가 들어찰 것이다.[2]

한계비용 제로의 시대가 온다

　　직접 실물 모형을 만들며 시행착오를 겪을 필요 없이, 가상
으로 모형을 만들어보며 갖가지 테스트를 거친 뒤 신제품을 출시할
수 있다면 얼마나 편리할까? 엔지니어들은 이 꿈 같은 미래를 늘 상
상해왔다. 최근까지만 해도 설계 과정의 마지막 단계는 대개 실물 모
형을 만드는 일이었다. 기기가 작동하는 모든 상황을 실제처럼 시뮬
레이션으로 돌려 정밀하게 확인하기에는 소프트웨어의 능력이 부족
했기 때문이다. 하지만 이제는 디지털 쌍둥이 기술을 이용해 실물 모
형을 제작하지 않아도 제품의 전 수명주기를 완벽하게 시뮬레이션해
볼 수 있다.

　　그렇다면 디지털 쌍둥이의 모체는 무엇일까? 앞 장에서 잠깐 언급
했던 디지털 설계 프로그램 CAD·CAM 소프트웨어에서 그 출발점

을 찾을 수 있다. 이후 2002년 제조 분야의 전문가 마이클 그리브스 Michael Grieves 박사가 미시간대학에서 경영자 과정을 밟던 중 디지털 쌍둥이라는 개념을 처음으로 업계에 소개했다.

그는 디지털 설계 모형을 PLM(Product lifecycle management, 제품 수명주기 관리: 제품 설계부터 최종 생산에 이르는 전체 과정을 일괄적으로 관리해 제품의 부가가치를 높이고 원가를 절감하는 생산 프로세스-옮긴이)과 접목시키고자 했다. 설계 모형이 제품을 만드는 공정뿐만 아니라, 소비자가 제품을 사용하고 최종적으로 폐기되는 과정까지 쓸모 있게 사용되기를 원했던 것이다.[3] 왜냐하면 그전까지는 아무리 정교하고 복잡하게 만들어진 설계도일지라도 제품을 만든 뒤에는 쓸모가 없어지므로, 대개 서류함(또는 '새 폴더')에만 보관되었기 때문이다.[4]

그리브스 박사의 색다른 시도 이후 수많은 기업과 조직이 디지털 쌍둥이를 도입해 다양한 변화를 꾀하고 있다. 여기서는 그들이 디지털 쌍둥이를 통해 제품의 수명주기(설계, 제조, 정비)에 걸쳐 얻고 있는 이익이 무엇인지 살펴보겠다.

가장 먼저 **설계 단계**에서 얻고 있는 이익은 무엇일까? 최초의 스프레드시트 프로그램 '비지캘크VisiCalc'(엑셀의 원조 격인 프로그램으로, 기존에 수동으로 작성하던 재무 스프레드시트를 전자식으로 대체했다. 이로 인해 업무 시간이 현저하게 단축되고 오류가 크게 감소해 금융업계에서 각광받았다)가 회계 분야에 미친 영향은 실로 엄청났다. 두툼한 회계 장부가 사라졌고, 얼마나 빠르고 정확하게 숫자를 쓰는지가 더 이상 중요하지 않게 됐다.

디지털 쌍둥이가 설계 분야에 미친 영향도 이와 비슷하다. 이제 다양한 분야의 설계 전문가들은 여러 '가상 상황'을 과거보다 훨씬 더 신속하고 간편하게 분석할 수 있다. 지난날 실제 모형을 만드는 데에 투입한 시간과 돈, 그리고 그것들을 제작하느라 겪은 어려움과 위험을 생각해보라. 디지털 쌍둥이를 설계 과정에 도입하면 저렴하고 간편하게 제품에 이런저런 변화를 줘 가며 다양한 상황을 시험할 수 있다. 그리브스 박사의 말에 따르면, 이제 제너럴모터스(General Motors, GM)는 엔진을 만들기 전에 늘 시행하던 '제품 설계 시험' 단계를 공정에서 완전히 제외했다. 그 대신 제품의 작동 상황을 디지털 시뮬레이션으로 돌려본다.[5] GE의 최고 디지털 책임자 윌리엄 루William Ruh의 설명에 따르면, 전에는 신제품 출시까지 3년이 걸렸지만 이제는 실제 사용 중인 제품에서 정보를 끊임없이 받아 그 정보를 설계에 반영하기 때문에 석 달에서 아홉 달이면 충분하다고 한다.[6]

다음으로 **제조 단계**에서의 이익은 무엇일까? 독일 암베르크에 있는 지멘스의 '미래 공장Factory of the Future' 조립 라인에도 디지털 쌍둥이가 있다. 좀 더 정확히 말하면, 이곳에서는 두 가지의 조립 라인이 가동된다. 하나는 현실에 존재하는 '실제 조립 라인'이고, 또 하나는 디지털 세계에 존재하는 '디지털 쌍둥이 조립 라인'이다. 공장 관계자는 이렇게 말한다.

"디지털 쌍둥이는 모든 면에서 실제 조립 라인과 똑같습니다. 우리는 실제 라인을 가동하기 전에 디지털 라인을 통해 제어 장치를 설계하고 시험하고 예측합니다. 이로써 제품을 어떻게 생산할지 가늠하고, 가장 효율적인 생산 설비의 설정 값이 무엇일지 미리 알아낼 수 있습니다."[7]

심지어 지멘스는 공장에서 신제품을 생산하기에 앞서, 부품을 제공하는 공급업자에게도 해당 부품의 디지털 쌍둥이를 제공하라고 요구한다. 그렇게 하면 착오 없이 공정이 원활하게 흘러갈 것이기 때문이다. 이처럼 디지털 쌍둥이는 단순히 공장 안의 조립 라인뿐만 아니라 바깥의 여러 협력업체와도 긴밀하게 소통하도록 돕는다. 이 덕분에 제품 생산의 정밀도가 비약적으로 높아졌다.

마지막으로 **정비 단계**에서의 이익은 무엇일까? 이제 엔지니어들은 어떤 부품을 정비해야 할지 경험과 감으로 추측하지 않아도 된다. 정비가 필요한 부품을 디지털 쌍둥이가 미리 알려주기 때문이다. 가장 적절한 사례는 앞에서 설명한 PTC의 '뷰포리아'다. 뷰포리아는 증강현실 기술을 활용해 비행기나 선박의 내부를 훤히 들여다보고 문제를 진단하게 해준다. 정비 대상이 수천 킬로미터 떨어진 곳에 있거나, 심지어 작동하고 있더라도 상관없다. **따라서 이제 기술자들은 문제점을 찾아내기 위해 설비를 멈추고, 어림짐작으로 어설픈 땜질 처방을 하지 않아도 된다.** 한발 더 나아가, 수리를 시작하기도 전에 교체 부품이 배달되므로 부품이 없어서 수리 일정이 늦어지는 일도 벌어지지 않을 것이다.[8]

이제 디지털 쌍둥이는 산업 영역을 넘어 우리의 일상 영역으로까지 확대되고 있다. 싱가포르는 세계에서 처음으로 디지털 쌍둥이를 도입한 도시가 될 예정이다. 미국의 경제 웹진 《비즈니스인사이더 Business Insider》는 디지털 쌍둥이로 구현될 스마트시티 싱가포르에 대해 이렇게 설명했다.

"기후, 인구 통계, 에너지 소비량, 건물 입면도, 심지어 나무의 위치까지 모두 데이터화된다. 싱가포르는 이렇게 만들어진 가상 도시를 들여다보며 미래의 풍력 에너지 생산량을 예측할 수 있고, 화재와 홍수로부터 가장 안전한 재난 관리 계획을 수립할 수 있다."

프랑스에 본사를 둔 시뮬레이션 업체 다쏘시스템Dassault Systèmes 최고경영자 베르나르 샬레Bernard Charlès는 《비즈니스인사이더》와의 인터뷰에서 이렇게 말했다.

"어떤 건물을 클릭하기만 하면 지붕 표면이 어떤 상태인지, 전기를 얼마나 소비하는지 볼 수 있다고 생각해보세요. 우리가 구상하는 스마트시티에서는 재난이나 전쟁이 일어났을 때 거주지별로 사람들이 어떻게 대피해야 하는지 한 번의 클릭만으로 확인할 수 있습니다."[9]

초연결시대에서 스마트시티는 더 빠르게 확산될 것이다. IoT 혁명의 가장 큰 성과 중 하나인 스마트시티에 대해서는 뒤에서 계속 심도 있게 다루도록 하겠다.

PTC만큼이나 오랫동안 CAD · CAM 소프트웨어를 설계해온 다쏘시스템은 '리빙하트Living Heart'(살아 움직이는 심장)라는 디지털 쌍둥이를 만들었다. 말 그대로 사람의 심장을 디지털로 똑같이 복제한 것이다. 그들은 심장뿐만 아니라 인간의 다른 장기까지도 복제하려 한다. 이 모든 것이 현실에 구현되면 어떻게 될까? 이제 의사들은 디지털 세계에 복제된 환자의 몸을 좀 더 적극적이고 도전적으로 검사할 수 있게 될 것이다. 그 결과 환자의 건강 상태를 이전보다 더 꼼꼼하게 검진할 수 있고, 최종적으로는 가장 완전한 '개인 맞춤형 의료'가 실현될 것이다.[10]

디지털 쌍둥이 기술이 지금보다 더 발달된다면, 즉 관련 구성품의 가격이 내려가고, 누구나 그 개념을 이해하는 날이 온다면 많은 것이 달라질 것이다. 제품을 설계하고 생산하는 방식은 물론이고, 그 제품이 소비자에게 도달하는 방식, 그리고 소비자가 제품을 사용하고 평가하는 방식까지 모두 바뀔 것이다.

이제 제품을 출시하고 나면 추적할 길이 없던 과거의 '선형적 공정 프로세스'는 사라질 것이다. 디지털 쌍둥이를 적용한 제품들이 일상의 중심축이 되어, 낱낱이 흩어진 제품들을 통합해 끊임없이 데이터가 순환하는 프로세스가 들어설 것이다. 그러므로 모든 생산자는 초연결시대에 걸맞은 가장 효율적인 방식으로 고객의 요구를 충족하는 데에 집중해야 한다. **즉, 제품을 직접 판매하는 일에 덜 집중하고 그것을 둘러싼 부가적인 서비스를 제공하는 데에 더 초점을 맞춰야 한다.** 이에 대해 PTC 부사장 돈 뷰지에크Don Busiek는 이렇게 말했다.

"디지털 쌍둥이는 우리의 가치관을 한 차원 더 진화시킬 것입니다. 우리는 설계부터 폐기까지, 제품의 전 생애를 염두에 두고 우리의 제품을 다시 생각해야 합니다."

여러 기술 분석가도 디지털 쌍둥이의 파장이 엄청날 것이라고 내다본다. '2018년 10대 전략 기술 동향Top 10 Strategic technology Trend 2018'에서 디지털 쌍둥이를 4위로 꼽은 리서치 기업 가트너는 '2021년 무렵 제조 부문 대기업의 절반이 디지털 쌍둥이를 사업에 도입하고, 그에 따라 생산 효율이 평균 10퍼센트 이상 향상될 것'이라고 예측했다.[11] IT 시장조사 기관 IDC는 '기업들이 디지털 쌍둥이를 이용할 때 주요 공정의 가동 주기가 30퍼센트 단축될 것'이라고 내다보고 있으며[12] 한국 IDC 역시 '2019년 국내 ICT 시장 10대 전망' 중 하나로 디지털 쌍둥이를 꼽았다.

디지털 쌍둥이가 반드시 모든 IoT 제품이나 프로세스에 들어가야 한다고 주장하는 것이 아니다. 이 개념을 사업에 도입하기만 하면 빠른 시일 내에 이익이 저절로 굴러 들어오리라고 낙관하는 것도 아니다. 어떤 제품은 가치가 낮거나 일회용이라, 구태여 시간과 노력과 돈을 들여 디지털 쌍둥이를 만들 필요가 없을지도 모른다. 그런 제품은 그저 감지기에서 나오는 데이터를 살펴보는 것만으로도 충분할 것이다. 가트너의 연구 부문 부사장 알폰소 벨로사Alfonso Velosa는 이렇게 조언한다.

디지털 쌍둥이는 자산과 공정을 언제 어디서든 실시간으로 살펴보고 제어할 수 있는 강력한 수단을 제공한다. 하지만 디지털 쌍둥이에서 정말로 의미 있는 가치를 끌어내리려면, 개발비 대비 이익뿐만 아니라 디지털 쌍둥이의 지속적인 유지 관리에 필요한 다양한 요구 사항을 반영해, 경제적인 사업 모델을 경영진과 개발자가 머리를 맞대고 개발해야 한다.

디지털 쌍둥이의 경제적 가치는 어떤 수익 모델로 가치를 창출하느냐에 따라 천차만별이다. 기술이 전부가 아니라는 뜻이다. 벨로사의 말을 더 들어보자.

> 디지털 쌍둥이의 복잡함은 용도, 산업 분야, 사업 목적에 따라 다양할 것이다. 어떤 때는 명확히 규정된 기능만 추가된 단순하고 실용적인 디지털 쌍둥이로도 충분할 것이고, 또 어떤 때는 훨씬 더 다양한 첨단 기술이 융합된 고성능 디지털 쌍둥이가 필요할 것이다. 그리고 언젠가는 여러 디지털 쌍둥이를 통합한 고도로 발달된 복합 시스템을 도입해야 할지도 모른다. 중요한 것은, 적어도 시장을 선도하고 산업을 이끌겠다고 나선 기업이라면 이러한 다양한 기술 조건 중 자신에게 가장 적합한 것을 언제라도 동원할 수 있도록 준비하고 있어야 한다는 것이다.[13]

데이터는 계속해서 쌓이고 바뀐다. 따라서 이 선택의 과정 역시 계속 되풀이될 것이다. 이것이 바로 디지털 쌍둥이를 만들고 유지하고 보수하기 위해 기업이 새로운 소프트웨어 디자이너와 데이터 분석가를 지속적으로 양성하고 영입해야 하는 결정적 이유다.

연결된 미래에
먼저 도착한 사람들

자, 그렇다면 이렇게 고도로 집적된 디지털 기술이 구체적으로 어떻게 산업 현장에서 활용되고 있는지 살펴보자. GE는 전 세계에서 디지털 쌍둥이를 가장 적극적으로 도입한 기업으로, 80만 개가 넘는 사물을 디지털로 복제했다. GE가 운영하는 거대 풍력발전 단지의 모든 터빈은 각각 디지털 쌍둥이를 하나씩 갖고 있다. 여기까지만 보면 지금껏 설명한 내용들과 큰 차이가 없는 것 같다. 하지만 더 자세히 들여다보면 분명 결정적인 차이가 있다.

GE는 풍력 터빈을 각각 하나씩 복제한 것이 아니라, 풍력발전 단지 전체를 디지털 쌍둥이로 복제하는 데에 성공했다. 터빈 하나의 작동이 다른 터빈들의 작동 효율에 잇달아 영향을 미치기 때문에, 전체 터빈을 한 묶음으로 관리하는 것이다. 실제로 풍력 에너지 생산율을 극대화하려면 아주 미세한 변수까지도 끊임없이 조정해야 한다.[14] 이 일이 얼마나 어려울지는 가늠하기조차 어렵다. 비싸고 복잡한 하드웨어뿐 아니라, 터빈이나 모터와 같은 중요한 전력 생산 설비에 막대한 피해를 줄 수 있는 변덕스러운 날씨까지 다뤄야 하기 때문이다. 여기에 더해, 기후 변화만큼이나 종잡을 수 없는 전력 산업의 경제 환경과 정부의 규제 정책까지 함께 고려해야 한다.

단언컨대 GE는 현존하는 디지털 기업 중에서 가장 먼저 미래에 도착한 기업이다. GE는 풍력발전 단지의 디지털 쌍둥이를 활용해 전력 생산량을 최대치로 끌어올릴 수 있는 '터빈 배열'을 찾아, 터빈 하나하나의 위치를 정밀하게 설정한다. 이 모든 일은 터빈을 실제로 설치하기에 앞서 디지털 세상에서 '시연'된다. 목표는 발전 효율을 20퍼센트까지 끌어올리는 것이다. GE 전력에서 최고 디지털 경영자로 일했던 가네시 벨Ganesh Bell은 이렇게 설명한다.

"GE는 모든 유형 자산마다 '복제본'을 만들어 클라우드에서 끊임없이 작동시키고 있습니다. 초마다 작동 데이터가 쌓이기 때문에 복제본의 정밀도는 갈수록 높아지죠."[15]

GE의 소프트웨어 연구 부문 부사장 콜린 패리스Colin Parris 박사의 말을 빌리자면, 디지털 쌍둥이는 "보고, 생각하고, 실행하는" 세 단계로 작동한다.[16]

1단계: 각각의 터빈에 달린 감지기를 통해 다양한 데이터를 모은다.

　　　　　　　　　　　　　　　　　　　　　　　　혁명

2단계: 수집한 데이터를 분석한 뒤 자사의 IoT 플랫폼 '프레딕스'에서 다양한 시뮬레이션을 돌려 어떤 대안을 선택할지 결정한다. 이때 단순히 설비의 작동 성능에 관한 데이터만 수집할 것이 아니라, 거래처에 판매할 만한 데이터가 무엇일지도 함께 고민한다.

3단계: 그런 다음 위험 요소와 이득을 저울질하여, 비로소 최고의 실행 방침을 추천한다. 결국 디지털 쌍둥이는 기기 운전자에게 정밀한 지시 사항을 전달하거나, 정밀도와 정확도를 최대로 높이고자 특정 애플리케이션을 작동시켜 기기를 자동 조정함으로써 적기에 적절한 조치를 취하게 돕는다.

내친김에 끝장을 보고 싶은가? 그렇다면 마이크로소프트(Microsoft, MS)의 가상현실 헤드셋 '홀로렌즈HoloLens'를 쓰면 된다. 이 헤드셋을 사용하면, 풍력발전 단지에서 수천 킬로미터 떨어진 곳에서도 터빈에 무슨 일이 일어나는지를 '있는 그대로' 볼 수 있다. 패리스는 이것을 '훨씬 깊이 있는 몰입형 환경Immersive Environment'이라고 부른다. 패리스는 이렇게 고백한다.

"디지털 쌍둥이는 믿을 수 없을 만큼 풍부한 목소리와 시각을 이용해 우리와 소통합니다. 그때마다 우리 기술자들은 실물과 디지털이 뒤섞이는 황홀한 체험을 하죠."[17]

시간이 흐를수록 디지털 쌍둥이는 더 많은 데이터를 수집하므로, 그 데이터를 소화하는 시스템 역시 발전한다. 이에 따라 디지털 쌍둥이의 예측 능력이 더욱 향상된다. 터빈이 노후해 복구 불가능한 상태에 이르기 전에 적절한 유지보수를 권고하고, 그러면서도 모든 터빈이 가장 높은 생산력을 발휘할 수 있는 최적의 설정 수치를 찾아낸다. 디지털 쌍둥이를 도입하지 않은 수많은 풍력발전 단지가 쉽게 쓸모없어지는 것에 반해, GE의 풍력발전 단지는 훨씬 더 낮은 비용으로 운영되면서도 최고의 성능을 유지한다.

그렇다면 GE의 고객은 이 디지털 풍력발전 단지를 통해 무엇을 얻을 수 있을까? GE의 고객사 중 한 곳인 엑셀론Exelon은 GE와 손잡고 실시간으로 전력 생산량을 예측해 다른 기업들과의 경쟁에서 선두를 차지했다. 이러한 예측은 변덕스러운 재생 에너지 시장에서 수익을 낼 수 있는 가격대를 재빨리 포착하는 데에 매우 유용하다. 또한 실제 가격이 예측에서 벗어나 얻는 불이익을 줄이는 데에도 요긴하게 활용된다.[18] 다른 고객사인 이온E.ON은 GE와의 협업 첫해에 풍력 터빈 469기의 연간 전력 생산량을 4퍼센트 늘렸다. 이 수치는 값비싼 새 터빈 열 기를 추가해 얻는 성과와 맞먹는다.[19]

GE는 이미 자사의 조립 라인에도 디지털 쌍둥이를 적용하고 있다. 그 가운데 가장 흥미로운 사례가 항공용 제트엔진이다. 항공용 제트엔진은 운항 조건이 까다로운 공중에서뿐만 아니라, 지상에서도 사용된다. 디지털 쌍둥이는 엔진 하나하나의 실제 운항 유형에 따라 정비 빈도를 달리하도록 조정한다. 예컨대 대기에 모래가 많이 섞여 있는 서남아시아를 운항한 엔진은 더 자주 정비해야 하는 것처럼 말이다.[20]

디지털 쌍둥이를 이용해 미래에 먼저 도착한 두 번째 기업은 PTC

다. CAD·CAM 설계 업체로 출발한 까닭에 와이어프레임으로 사물을 표현한 경험이 많은 PTC는 이 뚜렷한 이점을 활용해 디지털 쌍둥이 분야의 선두에 서 있다. 몇 년 전 PTC는 대다수가 고개를 갸우뚱거린 투자에 나섰다. 증강현실 기술 기업 '뷰포리아 스튜디오Vuforia Studio'를 사들인 것이다.

선견지명이 있는 PTC의 최고경영자 짐 헤플먼은 뭇사람이 보지 못한 것, 즉 증강현실로 강화될 디지털 쌍둥이의 미래를 내다보았다. 이제 엔지니어들은 뷰포리아를 이용해 거대한 구조물의 안쪽을 들여다볼 수 있다. 나도 PTC의 라이브웍스Live Worx(세계 최대 규모의 IoT 연례 컨퍼런스-옮긴이)에서 그런 기회를 맛봤다. 캐터필러의 발전기가 눈앞에 불쑥 나타나 갑자기 분리되더니 흉측하고 기괴한 내부의 모습이 펼쳐졌다. 내부 감지기에서 나온 실시간 데이터를 스스로 해석해 어느 부분을 수리해야 할지도 내게 알려줬다.[21]

PTC 수석 부사장 마이클 캠벨Michael Campbell은 그날 행사장에서 내게 이렇게 말했다.

"디지털 쌍둥이 기술이 흥미롭기 그지없는 까닭은 인지부하(어떤 정보를 학습하는 과정에서, 학습의 주체가 처리할 수 있는 정보의 양보다 처리해야 할 정보의 양이 더 많을 때 발생하는 과부하 현상-옮긴이)가 매우 적기 때문입니다. 이 기술이 없었다면 엄청나게 많은 데이터를 직원들이 손수 하나하나 살펴봐야 했을 테지요. **디지털 쌍둥이는 한계가 없습니다.** 아무리 방대한 양의 정보일지라도 모든 데이터를 블랙홀처럼 빨아들이고 순식간에 사물의 내부를 파악한 뒤 실물 세계에 그 결과를 알려줍니다. 이런 점에서 마치 증강현실을 닮았습니다."[22]

이제 PTC는 아예 뷰포리아 스튜디오를 자사의 제품 수명주기 관리 프로그램 '윈드칠Wind Chill'에 통합했다. 이로써 프로그래밍 전문 지식이 없는 콘텐츠 제작자도 인터넷을 통해 뷰포리아 소프트웨어에 접속해 자신만의 직관적인 증강현실 체험 프로그램을 개발할 수 있다. 증강현실마저 결합된 디지털 쌍둥이 기술은, 이제 IoT 혁명이 촉발시킨 초연결시대의 핵심 가치관을 가장 완전하게 구현할 기술이 될 것이다.

자 가 진 단
Self-Assessment

1. 앞으로 디지털 쌍둥이 기술이 'IoT 혁명을 촉진할 핵심적인 도구'가 될 것이라는 사실을 이해하고 있는가?

2. 디지털 쌍둥이를 도입하면, 개발자와 설계자는 제품이 현장에서 어떻게 쓰이는지를 손쉽게 확인할 수 있다. 이러한 것이 기업에게 얼마나 중요한 이점인지 이해하고 있는가?

3. 당신의 기업은 GE의 '디지털 풍력발전 단지'처럼, 장치 하나하나가 아닌 '시스템 전체'를 디지털로 복제할 계획을 세우고 있는가?

4. 증강현실 소프트웨어와 기기를 널리 쓰는 시대가 도래한다면, 디지털 쌍둥이를 자사의 수익 창출에 어떻게 활용할 수 있을 것인가?

IoT 혁신의
4가지 필수 원칙

하나, 제품 설계와 동시에 보안을 설계하라.
둘, 독점하지 말고 공유하라.
셋, 데이터를 끊임없이 순환시켜라.
넷, 제품을 보는 관점을 송두리째 바꿔라.

제품 설계와 동시에 보안을 설계하라
필수 원칙 1

1990년대 중반에 경영진이 이메일E-mail이라는 신기한 도구를 사용하기 시작했을 때 나돌던 이야기를 기억하는가? 비서에게 이메일을 깔끔하게 출력해 책상에 올려놓으라고 지시했다는 우스꽝스러운 이야기 말이다.

사실이든 아니든, 이 이야기에는 중요한 교훈이 담겨 있다. 당신이 새로운 기술을 활용하기에 앞서 사고방식을 바꾸지 않는다면, 아무리 자금이 충분하고 새로운 IoT 솔루션을 모조리 도입한다 해도 그 기술의 잠재력을 끌어내는 일은 요원할 것이라는 사실이다. 즉, 과거부터 뼛속 깊이 배어 있는 사고방식을 바꾸지 않는다면 당신은 결코 IoT의 본질을 보지 못할 것이다. 물론 쉽지 않은 일이라는 것을 이해한다. 그동안 쌓아온 문화와 기조와 관행을 하루아침에 바꾸는 일은 누구에게나 쉽지 않다. 하지만 바꿔야 한다. **기술과 세상을 대하는 자세를 근본부터 고치지 않고 늘 하던 대로 현실에 안주하는 사람은, 모든 것을 내려놓고 처음부터 시작한 사람을 이길 수 없다.** 이는 지난 기술의 역사가 증명해온 단 하나의 진리다.

따라서 IoT 솔루션을 잘 활용하려면, 그리고 제대로 써먹으려면 가슴 깊이 새겨야 할 네 가지 사고방식이 있다. 나는 이것들을 '필수 원칙'이라고 부른다. 이 원칙들은 서로 보완해 상승효과를 일으키므로, 한 원칙만 받아들일 때보다 모든 원칙을 한꺼번에 받아들일 때 훨씬 더 큰 효과를 얻을 것이다.

***

IoT 혁신의 첫 번째 필수 원칙은 '보안'이다. **우리는 제품을 설계하는 단계부터 동시에 보안 대책을 설계해야 한다.** 여기서 따끔하게 한마디해야겠다. 자사의 IoT 기기나 서비스가 제아무리 멋져도, 개인 정보를 보호하고 데이터 보안을 최우선으로 삼겠다는 각오가 없다면, 당신은 IoT 시장에 뛰어들 자격이 없다. 앞뒤가 바뀌었다고 생각하는가? 먼저 멋진 기기를 만드는 일에 집중한 뒤, 그다음에 개인 정보 보호와 데이터 보안을 추가해도 되지 않느냐고 생각하는가?

나는 바로 그러한 물음을 2017년 어느 웨어러블 기술 강연에서 받았다. 질문을 던진 재기발랄한 두 젊은이에게 그 회사의 정보 보안 대책 현황에 대해 물어보았다. 그랬더니 그들은 이렇게 꽁무니를 뺐다.

"우리는 생긴 지 얼마 안 된 회사잖아요. 그러니 보안 대책쯤은 수익이 날 만한 시제품을 만든 뒤에 착수해도 늦지 않을 것 같습니다."

당연히 어림도 없는 소리다. 신뢰란 얻기는 어려워도 잃기는 쉬운 법이다. 내가 이렇게 강조하여 말하는 데에는 분명 이유가 있다.

나는 1980년 즈음부터 기업의 위기 대응 솔루션을 연구하고 제품화하는 일을 해왔다. 그때 나는 멍청한 짓을 저지른 대기업들의 요청을 받아 대중의 신뢰를 다시 쌓는 작업을 수없이 맡았다. 고객의 신뢰가 떨어졌다는 것은 무엇을 의미할까? 대개는 고객이 '공포'를 느꼈다는 뜻으로 해석된다. 그런데도 당시에 함께 일했던 엔지니어 대다수는 그러한 고객의 정서적 경향이 눈에 드러나지도 않고, (그들이 좋아하는) 객관적 통계 수치도 없다는 이유로 고객의 공포를 무시했다. 데이터로 드러나지 않는다고 해서 고객의 마음속 공포가 가짜인 것은 아니라고, 한번 공포를 느낀 고객은 쉽사리 돌아오지 않는다고 끈덕지게 설득했지만 아무런 소용이 없었다.

IoT 세계에서는 이러한 일이 더 흔하게 일어난다. 개인 소비자를 상대하든 기업 고객을 상대하든, 개인의 건강 상태부터 조립 라인의 가동 상황까지 감지기가 수집하는 모든 실시간 데이터는 고객에게 무척 민감하고 중요한 정보다. 어느 못된 인간이 느슨한 보안 시스템을 뚫고 이 수많은 정보를 손에 넣었다고 가정해보자. 한 회사의 IoT 제품이나 서비스만 망가지면 차라리 다행이다. 그런 일이 벌어지면 우리 모두가 지금껏 힘겹게 구축한 'IoT라는 세계 전체'가 위험에 빠진다. 소비자는 생각보다 쉽게 믿고 쉽게 공포를 느낀다. 그들은 IoT가 뭔지도 모른 채 손사래를 칠 것이다.

나는 지금 '혹시 일어날지도 모를 아주 적은 확률의 일'에 대해 떠드는 것이 아니다. 이미 IoT의 치명적인 보안 결함은 수차례나 언론을 도배한 바 있다. 그중에서도 가장 자극적이었던 사건은 이것이다. 시속 100킬로미터 이상의 속도로 고속도로를 질주하던 지프가 해커의 공격에 의해 갑자기 시동이 꺼졌다. 다행히 다친 사람은 없었지만, IoT 기술이 도입된 자동차 소프트웨어가 해커의 공격에 얼마나 취약한지 여실히 드러났다.

결론적으로 이 사건은 거짓이었다. 《와이어드Wired》의 열정 넘치는 기자가 화이트해커 두 명의 손을 빌려 벌인 자작극이었다. 기자는 자신이 고용한 해커들에게 지프의 오락용 시스템을 뚫고 들어가 멋대로 음악 볼륨 따위를 조작하게 했고 그보다 더한 짓, 즉 자동차 제어 장치를 장악해 질주하는 차를 도로 한복판에 세우기를 주문했다.[1] 이 실험은 IoT의 주요 특성, 즉 개별 IoT 기기가 서로 더 많이 연결될 때 효용 가치가 덩달아 올라간다는 이점 이면에 그만큼 거대한 문제가 잠복해 있다는 사실을 증명했다. 해커들은 IoT로 이어진 기기라면 언제 어디서든 다른 연결 기기를 통해 가장 중요한 시스템, 예컨대 위의 경우처럼 차량의 동력 전달 장치에까지 손을 미칠 수 있다.

모든 부모가 오싹해 할 일도 벌어졌다. 몇 년 전 휴스턴에 사는 어

혁명

느 부부의 귀에 두 살 난 딸아이의 방에서 나는 낯선 목소리가 들렸다. 아이 아빠가 방에 들어가 보니, 동유럽 말투의 영어를 쓰는 남자가 음란한 말을 내뱉고 있었다. 해커가 베이비모니터Baby Monitor에 손을 뻗쳤던 것이었다. 천만다행으로 아이가 잠든 직후였고, 이 아이는 청각장애를 앓고 있었다. 아이 아빠가 처음부터 카메라에 암호를 거는 등 미리 조심했지만, 홍콩에 있는 제조사가 기기의 보안 대책에 편법을 쓰는 바람에 소용이 없었다. 얄궂게도 이 회사는 사건이 터진 직후 '세계 어느 곳에서든 기기에 원격으로 접근할 수 있다'고 자사의 베이비모니터를 홍보했다.[2]

그 가운데서도 가장 끔찍한 사례를 꼽자면, 2016년 10월 뉴햄프셔에 본사를 둔 인터넷 호스팅 서비스 업체가 '디도스DDos'(여러 공격자가 동시에 공격해 시스템이 정상적으로 서비스를 제공할 수 없도록 만드는 해킹 수법-옮긴이) 공격을 받은 일이다. 곧장 인터넷 세상은 광범위한 혼돈에 빠졌다. 실제로 당시 미국과 유럽의 인터넷 시스템 상당수가 두어 시간 동안 먹통이 되었다.[3] 해커들은 '미라이Mirai'라는 악성 코드로 값싼 IoT 기기를 광범위하게 감염시켰다. 공격 대상은 보안 조치가 거의 없거나(이를테면 암호가 '1234'인 경우) 아예 없는 프린터, IP 카메라, 베이비모니터 등이었다.

이런 일은 지금 당장이라도 일어날 수 있다. IoT와 그 유관 기술이 빠르게 확산되고 있으니 그때는 수십억 개에 이르는 IoT 기기가 해커들에게 장악될 것이다. 우리는 더 이상 그런 해프닝을 벌여서도, 감당해서도 안 된다.

아무도 더러운 물과 탁한 공기를 원하지 않는다. 저 밑바닥까지 훤히 보이는 아주 깨끗한 '우물'과 신선한 공기로 가득 찬 '방'을 머릿속에 떠올려보라. 우물에 나쁜 마음을 먹고 오줌을 눈다거나 방 안에 무색무취의 유해 가스를 살포한다면, 당신이 그 사실을 깨달았을 때는 이미 오염된 물과 공기를 먹거나 마신 뒤일 것이다. 아무도 그 조짐을 눈치채지 못하고, 탈이 난 뒤에야 무릎을 치며 후회할 것이다.

IoT 기술도 마찬가지다. 물이나 공기처럼 모든 기기는 긴밀하게 서로 연결되어 있고, 단 한 방울의 오물(여기서는 해커의 공격 시도, 치명적인 버그, 시스템 바이러스 따위)만으로도 전체를 쓸 수 없게 만들어버린다.

IoT가 보안에 얼마나 취약한지를 보여주는 사례가 또 있다. 바로 '쇼단Shodan'이다. 이곳은 자칭 'IoT 검색 엔진'이라고 자사를 홍보하지만, 어떤 이들은 쇼단을 "인터넷에서 가장 무시무시한 검색 엔진"이라고 부른다.[4] 심지어는 '어둠의 구글' 혹은 '해커들의 놀이터'라고 불리기까지 한다(어쩌면 이 사이트야말로 초연결시대의 가장 음울한 그늘일지도 모른다).

이 웹사이트에서는 문자로 된 '검색어'뿐만 아니라, 다양한 검색 필터를 이용해 라우터(서로 다른 네트워크를 연결해주는 장치-옮긴이)부터 웹캠까지 온갖 기기의 IP 주소를 검색할 수 있다. 앞 장부터 성실히 읽은 독자라면, IoT를 작동시키는 첫 번째 도구가 모든 사물에 부여된 IP 주소라는 사실을 기억하고 있을 것이다. 쇼단은 바로 이 점을 활용한다. 여러 해 동안 웹캠 보안을 연구한 보안 전문가 댄 텐틀러Dan Tentler는 이렇게 말한다.

"쇼단이 전송하는 영상은 마리화나 재배지, 은행 금고, 아이들의 방, 부엌, 거실, 차고, 정원, 뒷마당, 스키장, 수영장, 대학교 강의실, 실험실, 슈퍼마켓 카운터 등 갖가지다."

텐틀러는 IT 전문 인터넷 매체《아르스테크니카Ars Technica》영국판에서 이렇게 말했다.

"쇼단은 어디에든 있습니다. 사실상 우리가 생각할 수 있는 '모든 것'에요."

쇼단 사이트에 들어가면 주로 기기별 IP 주소, 그리고 가끔은 기본 암호와 같은 정보까지도 모두 검색해 찾아낼 수 있다. IoT 기기를 악성 코드로 감염시키려 하는 해커들에게 이보다 더 좋은 사이트는 없을 것이다. 그리고 그런 공격이 개인 사용자를 넘어 다른 곳에까지 닿지 않으리라는 법도 없다.《아르스테크니카》는 이렇게 전한다.

> 소비자가 정보를 잘 알고 결정한다면, 그리고 그 결정이 다른 누구도 아닌 자신에게만 영향을 미친다면, 그 문제를 미루어두어도 괜찮을 것이다. 하지만 현실은 이 두 가지 전제 조건에 모두 어긋난다. 대다수의 소비자는 보안 수단이 부족한 IoT 기기를 구매할 때 어떤 결과가 나타날지를 정확히 인지하지 못한다. 설상가상으로, 그렇게 보안에 취약한 기기의 수가 많을수록 인터넷이 모든 사람에게 안전하지 못한 곳이 된다. 어느 봇넷(Botnet, 해커가 빼

앗은 여러 대의 좀비 컴퓨터로 이루어진 유해한 네트워크—옮긴이)이 보안이 취약한 웹캠을 악용해 디도스 공격을 시작할지, 또 어느 악성 코드가 불안전한 웹캠을 악용해 스마트홈을 감염시킬지를 과연 누가 알겠는가? 2008년에 처음 감지된 콘피커(Conficker) B형 악성 코드가 2015년 때처럼 경찰의 바디캠에 손을 뻗쳐 카메라에 기록된 경찰 활동 기록을 유출시켰던 것처럼 말이다.

보안 전문가 스콧 어번scott Erven은 IoT 보안과 관련해 우리가 더 큰 그림을 그려야 한다고 주장한다.

"단순히 개인 정보를 보호하는 것에서 그치면 안 된다. IoT 기기 자체의 보안에 집중해야만 한다. **우리가 연결성을 확장하면 확장할수록, 사람의 목숨과 공공의 안전이 달린 수많은 기기 시스템이 위협에 노출될 가능성도 점점 커진다는 것을 명심하기 바란다.** 의료기, 자동차, 모바일 기기 등 비교적 작은 기기부터 원자력 발전소, 병원, 지하철역 등 위협이 닥칠 곳은 무궁무진하다. 누군가 쇼단을 이용해 웹캠으로 아이 침대를 훔쳐보는 짓과는 차원이 다른 문제다."[5]

안타까운 소식이 또 있다. 우리가 지금 쓰고 있는 개인 정보 보호 프로그램과 데이터 보안 시스템의 성능이 아무리 뛰어나다 해도 결코 안심할 수 없다. 해커의 위협이 계속해서 바뀌므로 보안을 강화하는 과정 역시 끝이 없다. IoT 솔루션을 도입한 회사의 담당 엔지니어들은 물론이고, 정부의 규제 담당자 모두 '보안 적용 설계Security by Design'가 필요하다는 데에 뜻을 같이한다.[6] 이제 우리는 처음 설계 단계부터 데이터 보안 기능을 기기에 반영해야 한다. 해커의 도전이 진화하더라도 보안 시스템 역시 그보다 앞서 선제적으로 강화하도록 손을 써야 한다.

EU는 개인 정보 보호를 인간의 기본 권리로 여긴다. 물론 미국에서도 전 연방거래위원회 위원장 이디스 라미레스Edith Ramirez와 국토안보부가 개인 정보 보호를 지지하기는 했지만,[7] 그래도 이 분야에서는 유럽이 미국보다 훨씬 더 앞선다. EU가 발간한 보안 적용 설계 설명서 『개인 정보 및 데이터 보호 적용 설계Privacy and Data Protection by Design』는 보안 시스템을 강화하기 위한 설계 전략을 짤 때 가장 먼저 참조해야 할 자료다.[8] 책에서 저자들은 현재 출시된 IoT 제품 및 서비스의 보안 수준이 얼마나 부족한지 혹평한다.

> 우리가 조사한 바에 따르면, IoT 제품 설계 단계부터 제조사들은 개인 정보 보호와 데이터 보안 기능을 아예 무시하거나 배제한다. 이런 일이 일어나는 이유는 개발자와 데이터 관리자가 보안의 중요성을 제대로 인식하지 못하기 때문이지만, 더 중요한 것은 이러한 보안 적용 설계를 실현할 적절한 수단이 부재한 탓도 크다.[9]

이어서 보고서는 기술적 해법을 통합하고, 조직의 업무 절차와 사업 모델도 처음부터 다시 검토해야 한다고 주장한다. 보안과 기술이 서로 따로 노는 별개의 개념이 아니라, 끊임없이 상호 보완하는 개념임을 역설한다. 또한 보고서는 입법부와 규제 기관의 책임을 강조한다. 그들이 적극적으로 제 임무를 다한다면, 다가올 기술 혁신에 제동을 걸지 않으면서도 소중한 데이터를 지켜낼 수 있는 정책과 표준을 강구할 수 있을 것이다.

기업의 IoT 기술 총책임자는 그동안 우리가 'PETs(Privacy-Enhancing Technologies, 개인 정보 보호 강화 기술)'라는 용어로 뭉뚱그려 말한 것, 이를테면 암호화, 익명 통신용 프로토콜, 속성 기반 인증서, 개인 정보 비공개 검색 같은 도구를 적절히 활용해 자사의 데이터를 보호하는 전략을 수립해야 한다. 하지만 한편으로는 그러한 보안 적용 설계가 하루아침에 무너질 수 있다는 사실도 인정해야 한다. 그래야만 빠르게 바뀌는 디지털 환경에 속도를 맞춰 보안 시스템을 개선시킬 수 있다. EU 보고서는 이런 경고를 덧붙인다.

"우리가 제시하는 보안 적용 설계는 어떠한 사회적 문제를 해결하는 기술적 접근법 중 하나다."[10]

달리 말해 이것이 완전한 답은 아니라는 것이다.

앞으로 수년 안에 IoT 기기와 서비스는 우리의 일상에 더 밀착될 것이다. 어디를 가도 만나게 될 것이며, 늘 우리 곁에 머물 것이다. 이 말은 곧 우리가 더 많은 위협을 마주하게 될 것이라는 뜻이고, 따라서 개인 정보 보호를 보장하는 일이 산업의 가장 중요한 이슈로 떠오를 것임을 암시한다.

그러니 당신이 IoT와 관련해 진행하는 일이 있다면, 모든 측면에서

'보안'을 핵심 사항으로 고려하기 바란다. 또 자사만의 보안 방침에 머물지 말고, IoT 산업 공동의 보안 정책, 이를테면 IoT 보안재단IoT Security Foundation이나 IoT 보안 컨퍼런스 빌드잇시큐어BuildItSecure.LY 에도 적극적으로 참가하기 바란다.[11] IoT 기술의 가장 큰 특징은 초연결, 즉 '협력'이다. 정보를 보호하는 일 역시 긴밀한 협력이 필요하다. IoT 분야의 한 회사가 좋지 않은 일에 휘말리면, IoT라는 개념 전체가 신뢰를 잃게 될 것이다.

또 기업들은 정부 기관과 손잡고 유연하고 단단한 규제를 만들어 못된 인간들을 발본색원하고, 한편으로는 정부가 권위적이고 보수적인 규제로 IoT 기술 혁신의 발목을 잡지 못하도록 막아야 한다(앞으로 해야 할 일이 적지 않으니 좀 더 신속하게 움직이기 바란다). 지난 오바마 행정부 시절 연방거래위원회는 매우 적극적이면서도 차분하게 업계와 협력해 개인 정보 보호와 데이터 보안을 위한 자율 규제 개발에 힘을 쏟았다.[12] 과연 트럼프 행정부는 이 분야에서 어떤 짓을 벌일까?

소중한 데이터를 보호하는 일은 끝이 없는 싸움이다. 따라서 데이터를 다루는 모든 기업은 IoT 프로젝트를 착수하기 전부터 보안을 보장할 합당한 조치를 취해야 하고, 이에 대해 끊임없이 재검토해야 한다. 사람들을 위협하고 좌절시킬 가장 기괴한 방법을 찾으려 시시때때로 머리를 짜내는 영리한 미치광이들처럼 말이다.

독점하지 말고 공유하라
필수 원칙 2

당신이 추진하는 IoT 프로젝트에서 첫 번째 필수 원칙인 '개인 정보 보호'와 '데이터 보안'을 최우선으로 삼겠다고 하여 우쭐해하기는 아직 이르다. 두 번째 필수 원칙 역시 지금까지의 사고방식을 뒤집지 않는 이상 받아들이기 어려운 솔루션이기 때문이다. 특히나 이 원칙은 본격적으로 산업이 태동한 순간부터 지금까지 우리의 모든 사업 전략에 뿌리박힌 어떠한 신념을 폐기하라고 요구한다. 빙빙 돌리지 않고 바로 말하겠다. **이제 우리는 데이터를 은밀히 저장하지 말고 '공유'해야 한다.**

잠시 옛날로 시간 여행을 떠나보자. 정확히 1789년이다. 이때 영국에서는 리처드 아크라이트Richard Arkwright가 개발한 방적기가 국가의 부를 쌓는 데에 큰 몫을 했다. 당연히 영국 정부는 방적기 설계도를 나라 밖으로 유출시키는 것을 엄금했다. 하지만 그 어떤 삼엄한 경계도 스물한 살짜리 방적기 기계공 새뮤얼 슬레이터Samuel Slater가 도면을 머릿속에 기억한 뒤 미국행 배편을 타는 일을 막을 순 없었다. 당시에는 숙련된 기계공이 이민을 하는 것도 불법인 시절이었으므로, 그는 미국에 농장 노동자로 일하러 간다고 둘러댔다. 미국에 도착한 슬레이터는 미국 북동부의 작은 도시 포터킷Pawtucket에 방직 공장을 세웠고, 마침내 미국의 산업혁명에 불씨를 댕겼다. 그 덕분에 포터킷은 미국 최대의 공업 도시로 성장했다.

지금도 우리는 사업 전략을 짤 때 정보를 '제로섬 관점'에서 보는 사고방식, 즉 정보를 독점하면 승자가 되고 그러지 못하면 패자가 된다는 생각에서 자유롭지 못하다. 미국 뉴잉글랜드 주민들은 '산업 공용화'(제조업 분야의 해외 현지 생산이 늘어나 국내에서의 생산과 고용이 줄어드는 현상-옮긴이) 현상에 시달리던 매사추세츠 경제가 1980년대에 짧게 꽃피었던 '매사추세츠의 기적'을 여전히 기억한다. 이제는 잊힌 수많은 소형 컴퓨터 제조사가 잠시 번성했던 그 시절 말이다. 이 제조사들은 영리하게도 독자적인 운영체제를 구축해, 소비자를 계속 자사의 제품에 '묶어'놓았다. 하지만 그렇게 견고한 전략도 '개방형 운영체제'와 '퍼스널 컴퓨터'의 공세로 인해 금방 막을 내렸다.

이와 달리 초연결시대에는 오로지 '개방'만이 가장 큰 이익을 낸다. 즉, 모든 것이 더 연결되면 연결될수록 유리하다. 앞에서 설명한 '네트워크 효과'와 '멧커프의 법칙'을 떠올려보라. 통신망의 진정한 가치는 해당 망에 연결된 기기 사용자 수에 제곱해 증가한다. '데이터를 은밀히 저장하지 말고 공유하라'는 원칙은 다음과 같은 질문으로 바꿔 말할 수 있다.

"또 누가 우리의 데이터를 쓸 수 있을까?"

우리는 이 질문을 스스로에게 끊임없이 물어야 한다. 사물의 작동 데이터를 끊임없이 분석하고 개선할 사항을 찾아내 업무 프로세스를 세심하게 조정하는 것, 이것이 내가 말하는 두 번째 필수 원칙 '공유' 의 핵심이다.

예를 들어 항공용 제트엔진 제조사 프랫앤드휘트니Pratt and Whitney 는 현재 신형 제트엔진에 감지기 5000개를 내장해 1초당 10기가바이트에 이르는 데이터를 수집한다. 이 방대한 데이터를 활용하면 엔진 가동 시 문제가 생길 낌새를 미리 잡아낼 수 있다. 따라서 프랫앤드휘트니는 더 저렴하고 신속하게 엔진을 선제적으로 정비할 수 있게 되었다.[13]

이게 다가 아니다. 이 회사는 수집한 데이터를 고객사인 항공사에 제공하고 사용료를 받아 어마어마한 새로운 수입원을 창출했다. GE도 이런 성공적인 수익 모델을 개발했다. GE는 자사의 IoT 기술을 통해 얻어낸 엔진 데이터를 모아 항공사 에어아시아AirAsia에 사용료를 받고 판매한다. 항공사는 이 데이터를 활용해 비행 경로를 바꾸고 항공 교통 흐름을 최적화함으로써, 해마다 1000만 달러의 연료비를 아낀다.[14] GE는 이를 'RNP(Required Navigation Performance)'라는 서비스로 정식 출시해 브라질공항에 판매했다. 브라질공항은 GE의 RNP 서비스를 구입해 사용함으로써, 항공기 한 대당 비행 거리 35킬로미터, 비행시간 7분 30초를 단축하고 유류 290리터를 아꼈다.

IoT에서 나온 데이터를 공유함으로써 이익을 얻는 가장 대표적인 사례는 앞에서 소개한 '이프트' 사이트다. 갈수록 더 많은 제조사가 이곳에 자기네 IoT 기기의 API를 올리고 있다. 사용자는 첨단 기술을 손톱만큼도 몰라도 이 API를 이용해 다양한 기기와 명령을 하나로 묶을 수 있다. 이를테면 잠자리에 들 시간이 되어 "알렉사, 잘 준비해(Alexa, Trigger Bedtime)"라고 말하면, 아마존의 인공지능 비서 알렉사가 위모wemo의 스마트홈 시스템 스위치를 끈다. 서로 다른 회사에서 나온 두 기기를 IoT로 결합해 사용자에게 더 편리한 삶을 선사하는 것이다. 이렇듯 단일 기기가 구현할 수 없던 새로운 가치를 창조해 활용 가능한 영역을 넓힌다.

이번에는 자사의 IoT 데이터를 은밀히 저장하지 않고 적극적으로 공유하는 회사가 어떻게 이전과 비교할 수 없는 큰 이익을 얻는지 살펴보자. IoT 영향연구소IoT Impact Lab 수석 연구원 크리스 레젠데스Chris Rezendes의 설명에 따르면, 덴마크의 펌프 제조사 그룬드포스Grundfos는 아프리카 곳곳의 외딴 시골 우물에 설치한 펌프 내부에 감지기를 장착해 데이터를 모으고 있다. 그들은 이 감지기로 데이터를 모아, 펌프가 작동하지 않아 정비가 필요할 시점을 미리 예측함으로써 정비에 소요되는 시간을 혁신적으로 단축했다(아프리카에서는 수리 기사가 현장에 도착하기까지 여러 날이 걸리기 때문에 이렇게 사전에 정비 시점을 예측하는 것이 무엇보다 중요하다). 여기까지만 보면 평범한 일화에 불과하다.

이와 함께 그룬드포스의 엔지니어들은 그 데이터를 누구나 이용할 수 있도록 공개했다. 그랬더니 누가 시키지도 않았는데도 어느 똑똑한 개발자가 현지 주민이 펌프의 고장 여부를 집에서 손쉽게 확인할 수 있는 전화기용 애플리케이션을 개발했다. 그 덕분에 우물에서 몇 킬로미터나 떨어진 마을의 주민들은 이제 어깨에 무거운 물통을 지기 전에 이 애플리케이션으로 펌프의 상태를 확인한 뒤 길을 떠나게 되었다. 이 사례는 IoT 데이터에 접근할 권한을 만인에게 개방할 때 나타나는 현상 중 가장 훌륭한 사례로 손꼽힌다.

아프리카에서 멀리 떨어진 덴마크 도시 비에링브로에 있는 그룬드포스의 엔지니어들이 제아무리 똑똑한들, 이런 애플리케이션을 개발했을 리 만무하다. 그들이 경험하는 삶과 일이 아프리카 마을 사람들의 것과 달라도 너무 다르기 때문이다. 그들은 결코 뙤약볕 아래 물통을 지고 먼 길을 걸어갈 아프리카 마을 주민들의 불편을 알지 못한다. **이처럼 데이터를 공유하면 여러 사용자의 요구 사항(욕구)과 그것을 해결할 방법(효용)을 동시에 얻을 수 있다.**

회사가 데이터를 독점하지 않고 공유할 때 얻는 또 다른 이익은 '현명한 사익 추구Enlightened Self-Interest[*]'다. 그 대표적인 예가 민관 협

....

[*] 개인 또는 조직의 이익과 공동체 전체의 이익을 동시에 추구하는 관점.

동으로 추진하는 '스마트시티'다. 스마트시티란 다양한 출처에서 수집한 실시간 데이터를 이용해 행정을 간편화하고 자원을 더 경제적으로 운영함으로써 '시민의 삶을 증진시키는 도시 정책'이다. 수백 년간 이어진 도시의 역사 속에서 끝내 해결되지 못한 각종 문제(교통 문제, 환경 문제, 주거 문제, 빈곤 문제 등)가 IoT를 비롯한 각종 첨단 기술을 통해 획기적인 해결의 전환기를 맞이하고 있다. 한국에서도 그 변화를 목격할 수 있는데, 서울시는 2022년까지 총 1조 4000억 원을 투자해 빅데이터와 IoT 기술 등을 동원한 스마트시티 조성 사업에 나섰다. 2022년까지 서울 전역에 5만 개가 넘는 스마트 감지기가 설치될 예정이며, 이로써 도시의 모든 데이터(미세먼지, 소음, 풍향, 야간 빛 세기 등)가 실시간으로 취합되어 분석될 것이다. **스마트시티 정책의 핵심은 공익을 위해 실시간 데이터를 기꺼이 공유함으로써 막대한 이익을 창출하는 데에 있다.** 데이터가 더 많이, 더 원활하게 공유될수록 스마트시티는 갈수록 더 저렴하고, 편리하게 구현될 것이다.

과거에는 지방 정부가 중앙 정부보다 불리한 처지였다. 기반 시설을 구축하는 것은 지방 정부 몫이었지만, 그런 사업에 쓸 자금은 얼마 안 되는 세금과 예산에 의지해야 했다. 오늘날에는 개인, 기업, 중앙 정부가 너나 할 것 없이 팔을 걷어붙이고 자신들의 데이터를 공유한다. 이를 거부하고 여전히 담장을 두른 채 정보 열람 권한을 독점하는 정부나 도시는 빠르면 수년 안에 성장을 멈추고 쇠락의 길을 걷게 될 것이다. 재정과 인력 운용에 한계가 있는 공공 기관들은 지금 당장

IoT 기술을 통해 주어진 자원을 효율적으로 활용할 수 있는 방안을 찾아야 한다.

데이터를 공유함으로써 도시가 얻게 될 이익은 무엇이 있을까? 여기서 소개하는 것들은 빙산의 일각에 불과하지만, 구체적으로 예를 들어보면 다음과 같은 것들이 있다.

1. 천식 환자가 디지털 치료법 전문 기업 프로펠러헬스(Propeller Health)에서 내놓은 스마트 흡입기에 사용자 등록을 하면, 흡입기로 숨을 들이마시기만 해도 사실상 정부 보건복지부의 조사원이 된다. 환자가 사용하는 흡입기에 내장된 GPS 장치가 정확히 언제 어디에서 천식 발작이 일어났는지를 복지부에 실시간으로 알리므로, 위급한 상황에서 구급대원들이 환자의 위치를 찾아내 문제를 즉시 해결할 수 있다.[15]

2. 대화형 내비게이터 웨이즈(Waze)와 협약을 맺은 도시에서는 운전자가 스스로 교통을 정리한다. 도로에 불법 주차한 차량이나 교통사고 등을 목격한 운전자가 그 사실을 웨이즈에 알리면, 웨이즈가 자동으로 도로교통부와 경찰에 신고해 대응 시간을 놀랍도록 짧게 줄인다.[16]

3. 2016년 오바마 행정부에서 실시한 '스마트시티 공모전'의 우승 도시는 오하이오의 주도(州都) 콜럼버스였다. 이 도시는 배송용 트럭과 협력해 완전히 새로운 교통 전략을 세웠다. 시의 교통 정책관은 도시 곳곳에 설치된 IoT 감지기와 일부 차량에 부착된 감지기 등을 통해 광범위한 교통 데이터를 확보해 배송용 트럭의 시내 배송 일정을 실시간으로 조정했다. 그 대신

도시 주변의 주간 고속도로를 달리는 장거리 주행 트럭과 연계해 '군집 주행 (platooning)'을 실시함으로써 배송에 소요되는 시간을 유지할 수 있었다.[17]

다국적 시민 조직 '사물네트워크Things Network'는 스마트시티 운동 단체 중에서도 무척 흥미로운 곳이다. 이 단체의 목표가 도시의 공공 서비스 개선뿐 아니라, 도시 전체를 커다란 IoT 실험실로 바꾸는 것 이기 때문이다. 그들은 도시의 모든 공공기관과 기업과 시민과 방문 자가 IoT를 매개로 삼아 무료로 소통하며 상호 이익을 얻게 될 날을 꿈꾼다. 그리고 그 꿈은 실제로 실현되고 있다.

사물네트워크는 정부의 위임이나 지원을 받지 않는 대담한 첨단 기술 활동가 열 명이 2015년 7월에 암스테르담에서 설립했다. 설립 한 지 채 한 달도 지나지 않았을 때, 그들은 1만 달러도 안 되는 비용 으로 도시 곳곳에 'LoRaWAN(Long Range Wide Area Network, 저전력 장거리 무선 통신망)'[18] 게이트웨이 열 기를 설치했다. 그들은 LoRaWAN 을 이용해 도시 전체를 아우르는 무료 IoT 데이터망을 구축했다. 그 러자 다른 주민들이 데이터망을 발 빠르게 활용해 기발한 IoT 프로 그램을 내놓았다. 운하 도시 암스테르담에 특화된 한 아이디어는 이 렇다. 운하를 항행하는 선체에 감지기를 부착해 수위가 높아지면 비 상경보를 발동하는 시스템으로, 비가 많이 오거나 운하가 범람해 배 에 물이 차면 선주에게 자동으로 알림 메시지가 간다.

사물네트워크는 이어 두 번째 목표를 세우고 실천했다. 그들의 다음 목표는 LoRaWAN 네트워크를 전 세계에 구축하는 것이었다. 그러기 위해서는 LoRaWAN 게이트웨이를 아주 싸게 만들어낼 수 있는 방법을 찾아야 했다. 대당 300유로로 제조할 수 있는 방법을 찾아낸 그들은 전 세계에 비슷한 통신망을 퍼뜨리는 운동을 시작했다. 2018년 여름 기준으로, 전 세계 크고 작은 도시 수백 곳에서 사물네트워크를 비롯한 관련 단체들이 LoRaWAN을 구축하려고 애쓰고 있다. 지금 우리가 맞이하고 있는 거대한 변화의 조짐, 즉 초연결의 흐름을 이보다 더 명징하게 드러내는 사례가 또 있을까?

이번에는 기업의 내부로 눈을 돌려보자. IoT 데이터를 온전히 활용하고자 '공유'에 관심을 갖게 되었다면, **이제 사내 임직원 사이에서 그 데이터를 어떻게 공유할 것인지에 대한 방침을 정해야 한다.** 예전에야 기기의 작동 데이터를 수집할 수 있는 방법이 없었고, 모은다고 할지라도 그 데이터를 동시에 공유하는 일도 어려웠다. 그때는 고위 경영진이 판단해, 적합한 때에 적합한 부서에 데이터를 나눠주는 것이 전부였다. 정보를 순차적으로 전달할 수밖에 없었기 때문에 한 부서가 데이터를 살펴본 뒤 수정 및 추가 사항을 덧붙인 뒤에 다시 다음 부서에 건넸다.

하지만 거의 모든 자료가 측정한 지 한참 지난 데이터를 기반으로 작성되었으므로, 제작 공정을 최적화하거나 기기 작동 효율을 높이는 데에는 아무런 쓸모가 없었다. 우리가 할 수 있는 것은 그저 수치를 확인하고 감시하는 것뿐이었다. 게다가 말단 직원이 몇 안 되는 전기

기계 측정기의 눈금을 정해진 때에 기록하는 게 전부였다. 수집한 데이터 양이 터무니없이 적었고, 감독자는 측정 수치가 허용 범위를 눈에 띄게 벗어날 때에만 조치를 취했다. 계기판의 손잡이를 돌려 기기 가동을 미세하게 조정하는 일도 불가능했다.

이와 달리 오늘날에는 IoT 덕분에 조립 라인뿐 아니라 공급망, 유통망, 더 나아가 제품을 사용하는 고객에게서도 실시간 데이터를 바로 수집해 공유할 수 있다. 독일 암베르크에 있는 지멘스 '미래 공장'은 이러한 IoT의 잠재력에 힘입어, 현실에선 거의 불가능에 가까운 99.99885퍼센트의 양품률(제품의 수익성 및 생산성을 결정짓는 개념으로 불량률의 반대말이다-옮긴이)을 달성해냈다.

마냥 부러워할 때가 아니다. 직급과 직무에 상관없이 데이터가 필요한 모든 사람이 누구든 실시간으로 데이터에 접근할 수 있다면 얼마든지 가능한 일이다. 이를 승인할 권한 역시 그리 대단한 것도 아니다. 그러니 선택은 이제 당신 몫이다.

데이터를 끊임없이 순환시켜라

필수 원칙 3

완성된 세탁기가 조립 라인을 빠져나와 곧장 트럭에 실린다. 담배를 피우다 만 트럭 기사가 허둥지둥 차에 시동을 건다. 이제 세탁기가 가득 실린 트레일러의 문이 닫히면, 그것으로 세탁기 제조사와 최종 구매자의 모든 소통은 단절된다. 이것이 지금까지의 생산자와 사용자의 관계였다. 물론 예외도 있다. 구매자가 다시 새 세탁기를 사거나, 부품이 고장 나 클레임을 신청하는 경우 말이다.

설사 기업이 고객으로부터 제품에 대한 의견을 받더라도, 그 양이 극히 적기 때문에 경영진으로서는 그것이 고객 전반을 대표하는 의견인지 아니면 유별나게 불만이 많은 소수의 문제 제기인지 알 길이 없었다. 아마도 이들은 제품을 정말 좋아하거나 제품을 극도로 싫어하는 사람들일 것이다.

SNS가 전례 없이 확산된 지금도 기업과 고객의 소통에는 늘 어려움이 있다. 고객으로부터 받을 수 있는 의견이 부족한 탓에 경영진의 인식이 왜곡되는 경우도 있다. 그나마도 경영진이 받은 제한된 정보는 제품의 정확한 작동 상황을 알려주는 구체적인 데이터가 아니라 객관적인 검증이 어려운 개인 경험일 뿐이다.

지금까지의 기업과 고객 간의 의사소통은 지나치게 일방적이고 선형으로 흘렀다. 제조사에서 유통사로, 유통사에서 시장으로, 시장에서 고객으로, 이 구조를 거스르는 일은 불가능했다. 기업과 고객 사이뿐만이 아니다. 같은 공장 안에서도 정보가 공유되지 않아 심각한 문제가 발생하기도 했다. 관료적이고 경직된 산업 구조 안에서 이 문제를 근본적으로 해결하기란 거의 불가능에 가까웠다. 사물이 서로 '연결'되기 전까지는 말이다.

이러한 답답함을 해소하기 위해서는 IoT 솔루션을 운영할 때 모든 데이터가 멈추지 않고 '순환'하도록 신경 써야 한다. 이는 두 번째 필수 원칙(공유)과도 밀접하게 관련이 있다. 더 나은 결정을 내리거나 업무를 더 효율적으로 수행하려면, 데이터가 필요한 모든 사람과 데이터를 공유하는 것은 물론이거니와, 데이터가 멈추지 않고 계속 흐르도록 업무 방침과 절차를 바꿔야 한다. **그렇다. 우리는 데이터를 끊임없이 '순환'시켜야 한다.**

데이터가 순환하기 시작하면 우리의 제품이 현장에서 실제로 어떻게 작동하는지를 빠르고 정확하게 알 수 있다. 이는 사람이 개입할 필요가 없는 M2M 기술 등을 활용해 기기가 자동으로 데이터를 순환시킴으로써 구현이 가능하다. 일방적으로 위에서 아래로, 앞에서 뒤로 제품을 찍어내던 전통 산업 경제 시대의 공정 방식과는 완전히 다른 방식이다. 이러한 구시대적 공정 방식의 특징을 압축해서 보여주는 사례가 있다. 바로 자동차 왕 헨리 포드Henry Ford가 디어본Dearborn에 건설한 초대규모 자동차 생산 단지 '리버루지 공장'이다. 공장의 한쪽 입구에 철광석이 들어가면, 다른 쪽 끝에서 완성된 차가 나온다. 이 공장에서는 중요 부품이 제때 공급되지 않아 전체 공정이 중단되는 일이 숱했다. 생산 과정의 한쪽 끝에 있는 작업자는 다른 쪽 끝에 있는 작업자가 무엇을 하는지 도통 알지 못했다.[19]

그렇다면 이번에는 반대 사례를 살펴보자. GE가 뉴욕 스키넥터디Schenectady에 세운 듀라톤 배터리 공장의 기술자들은 (그룬드포스가 펌프에 감지기를 장착한 것과 비슷하게) 배터리 안에 감지기를 집어넣었다. 이로써 배터리가 현장에서 어떻게 작동하는지를 관찰했다. 이 육중한 배터리는 사람이 접근하기 힘든 벽지의 기지국에 사용되었는데, 이 기지국들은 아프리카의 펌프만큼이나 서로 멀리 떨어져 있었다. 만약 배터리가 고장 날 경우 수리 기사가 도착하기까지 며칠이 걸리므로 문제가 일어날 낌새를 되도록 빨리 알아차리는 게 중요했다.

GE는 감지기를 제품 생산 마무리 단계 때 부착하지 않고, 아예 처음부터 제품 안에 '내장'했다. 배터리가 실제로 사용될 때의 작동 데이터만 감지기로 수집한 게 아니라, 공장에서 배터리를 생산할 때 일어나는 복잡한 화학 반응 데이터까지 수집한 것이다. 실시간 데이터를 얻을 수 없었던 이전까지만 해도 수박 겉 핥기 식으로 진행했던 제품 검사(이를테면 조립 라인에서 임의의 제품을 뽑아 검사하는 방식) 대신, GE는 전체 생산 공정 내내 감지기로 배터리를 하나도 빠짐없이 지켜보다가 불량품을 폐기할 수 있었다.

GE는 2016년에 배터리 사업을 접으면서 이 공장을 폐쇄했다. 이 사건은 기업에 도입된 IoT 솔루션이 미처 관련 기술이 성숙하기도 전에, 즉 시작 단계에서 허무하게 실패할 수도 있다는 사실을 일깨워 주었다. 그럼에도 GE의 듀라톤 배터리 공장이 여전히 중요한 까닭은, 이 공장이 IoT를 기반으로 개척한 혁신의 가장 대표적인 사례이기 때문이다. 그리고 이들의 방식은 굳이 배터리뿐만 아니라, 모든 산업 분야에서 참고할 수 있다. GE의 공장은 문을 닫았지만, 교훈은 여전히 남아 있다.

멈추지 않고 순환하는 데이터의 흐름은 우리가 제품을 설계하는 방식, 제조하는 방식, 제공하는 방식 그리고 홍보하는 방식까지 모조리 바꾸고 있다. 우리는 이제 데이터 순환을 통한 초연결로 여러 이익을 실현할 수 있다.

데이터 순환으로 얻을 수 있는 첫 번째 이익은 GE의 IoT 정책에 대한《뉴욕타임스New York Times》의 평가에서 찾을 수 있다.

"GE는 필수 기능만 갖춘 제품을 빠르게 출시해 사용 현황을 관찰한 뒤, 고객이 제품을 어떻게 사용하느냐에 따라 발 빠르게 설계를 바꿰나가는 방식을 채택하고 있다. 이러한 접근법은 소프트웨어 중심의 여러 인터넷 회사가 쓰고 있는 '린 스타트업Lean Startup**' 방식을 떠오르게 한다."

이에 대해 GE 글로벌 연구센터 소프트웨어 담당 부사장 윌리엄 루는 이렇게 설명한다.

"GE는 3개월, 6개월, 9개월 안에 그런 제품을 내놓는다. 이전에는 3년이나 걸렸던 일인데 말이다."[20]

중장비를 만드는 제조사 캐터필러 또한 데이터 설계를 통해 설비 설계 과정을 정교하게 다듬었다. 이제 그들은 자사의 육중한 설비가 현장에서 실제로 어떻게 쓰이는지 알 수 있게 되었고, 그 데이터를 구체적인 설계 공정에 반영하기 시작했다.[21]

두 번째 이익은 데이터 순환이 제조의 정밀도를 극단적으로 높인다는 것이다. 지멘스가 '미래 공장'에서 말도 안 되는 양품률을 달성한 비결은 무엇일까? 지멘스는 자신들의 공장과 똑같은 공장을 디지털 쌍둥이로 복제했다. 이렇게 디지털로 복제된 일명 '스마트팩토리'를 최첨단 감지기, SCADA(Supervisory Control And Data Acquisition, 원격 감시 제어 및 데이터 수집 시스템), PLC(Programmable Logic Controller, 논리 연산 제어 장치)를 포함한 여러 자동화기기를 통해 지멘스의 고유

....

** 단기간에 핵심 기능만 갖춘 제품을 만들어 출시한 뒤 고객 반응에 따라 제품을 개선해나가는 방식.

소프트웨어와 데이터 저장소에 실시간으로 연동시킨다. 복잡하고 난해한 개념이 등장하지만 핵심은 이것이다. 실물 세계에는 하나밖에 존재하지 않는 공장을 디지털 세계에 그대로 복제해 와, 생산 공정에서 일어나는 모든 일을 기록한다는 것이다. 그중에서 중요한 정보는 곧장 클라우드를 거쳐 수집해 실시간으로 분석하고, 만약 조금이라도 문제가 될 소지가 있는 것들을 따로 추린다. 이런 식으로 지멘스는 사방팔방으로 데이터를 끊임없이 순환시킴으로써, 디지털 세계에서 이리저리 충분히 시행착오를 겪은 뒤에야 비로소 실물 세계에서 제품을 생산한다. 따라서 불량품이 나오려야 나올 수가 없다. 이것이 지멘스의 PLM 시스템이다.[22]

마지막으로, 우리가 그동안 말로만 떠들었던 '예측 유지보수'를 진짜로 실현할 수 있다. 과거에는 정해진 일정에 따라 기계를 보수했다. 일주일에 한 번, 한 달에 두 번, 1년에 네 번 등으로 정해놓고 보수하는 식이었다. 이 실행 간격은 구체적인 경험과 엔지니어의 어림짐작이 뒤섞여 만들어졌지만, 그 주기가 얼마나 정확하고 적당한지에 대해서는 아무도 설명하지 못했다. 숙련된 정비공이 기계를 이리저리 살펴보고는 "아무래도 이대론 안 되겠어. 당장 기계를 멈춰야 해!"라고 말한다면 당신은 어떻게 하겠는가? 그의 경륜과 감만 믿고 시간당 수천만 원의 가치를 생산하는 기계를 멈출 수 있겠는가? 문제를 진단하는 데에 얼마나 많은 시간과 검사가 필요할지도 모르면서?

하지만 IoT를 각종 설비나 기기에 도입해 관리한다면 막연한 추측이 아니라 제품의 실제 상태에 따라 유지보수 여부를 결정할 수 있다. 가장 적절한 수리 일정은 문제를 알리는 신호가 처음 나타날 때, 즉 문제가 심각해지기 전이다. 기기가 실제로 작동되며 끊임없이 실시간 데이터를 제공해주기 때문에, 이제 정비공은 무엇이 문제인지를 미리 알 수 있고 사전에 대처할 수 있다. 게다가 데이터 공유와 순환에 동의한 고객들은 자신의 장비가 최소의 비용으로 최대의 효율을 발휘할 수 있는 가동법을 기업으로부터 꾸준히 배울 수 있다.

기업은 머지않아 실시간 데이터를 자사의 생산 설비, 유통망, 소비자와 계속해서 순환시키는 것이 과거의 불필요한 비용 누수를 막는 지름길이라는 것을 깨닫게 될 것이다.

혁명

제품을 보는 관점을
송두리째 바꿔라
필수 원칙 4

모든 기술의 혁신과 그로 인한 변혁은 '거부'에서 촉발됐다. 기존의 사고방식과 비즈니스의 룰을 거부하면서 새로운 가능성을 발견해냈다. 그리고 지금이 바로 그런 시기다.

이제 소프트웨어는 제품의 핵심 요소가 되었다. 특히 소프트웨어는 해당 제품의 성능을 계속해서 개선하며 오류를 잡아내는 데에 결정적인 역할을 한다. 수년 전, 테슬라는 자사 차량의 서스펜션(충격을 흡수하는 자동차 구조 장치 중 하나─옮긴이) 문제로 차량 대량 리콜 사태가 벌어졌을 때, 모두의 예상을 깨고 아주 간단하게 문제를 해결했다.[23] 《와이어드》에 실린 기사를 살펴보자.

테슬라는 차주에게 이렇게 알렸다. "걱정하지 않으셔도 됩니다." 그러고는

소프트웨어를 업데이트해 차량 2만 9222대의 수리를 완료했다. 더 주목할 점이 있다. 테슬라가 이런 업데이트를 이용해 차량의 성능을 높인 것은 이번이 처음이 아니다. 지난 2013년 테슬라는 일부 충돌 사고에서 드러난 문제를 개선하고자, 고속 주행 시 차체의 지상고(땅 위의 높이—옮긴이)가 저절로 높아지도록 서스펜션 설정을 바꿨다. 정비를 받으러 운전자가 시간을 쪼개 테슬라 정비소에 갈 필요도, 테슬라가 막대한 자금을 동원해 출장 정비사를 파견할 필요도 없었다. 그저 차체에 설치된 소프트웨어를 업데이트한 것이 전부였다. 더군다나 소프트웨어 업데이트는 고객이 자동차 판매점에 갈 필요도 없이, 한밤중에 자동으로 진행되었다.[24]

항공용 제트엔진이 믿기지 않을 정도로 많은 데이터를 지상으로 보내게 되자, 엔진 제조사는 대담하게도 마케팅 전략을 완전히 새롭게 바꿨다. GE는 '온포인트On Point' 프로그램을 이용해, 엔진을 팔지 않고 임대한다. 그리고 항공사는 엔진을 가동한 출력량에 따라 비용을 낸다. 달리 말해 엔진이 수리를 하고 있으면 수익을 내지 못한다는 뜻이므로, 제조사는 엔진이 되도록 고장 나지 않도록 철저히 관리해야 하고, 어쩔 수 없이 망가진다면 최대한 빠르게 저비용으로 수리해주어야 한다. 항공사로서는 엔진을 쓸 때만 비용을 지불하니 합리적이고, 제조사는 스스로를 채찍질해 엔진의 내구성을 향상시키게 되므로 역시 이득을 본다. 게다가 앞에서도 이야기했듯이 엔진 제조사는 새로운 수입원을 얻었고, 추가 요금을 낸 항공사는 방대한 비행 데이터를 활용해 비행 효율을 최대로 높일 수 있다.

이제, 제품을 보는 관점을 완전히 바꾸길 권한다. 얼마 전까지만 해도 상상하지 못했던 흥미진진한 돌파구가 열리고 있다. 책의 서두에서 다룬 빅벨리솔라 쓰레기통 사례를 떠올려보라. 또한 한때 심전도 측정기는 비싼 데다 크기도 워낙 커서 한곳에 영구히 설치되어야 했지만, 총명한 설계자가 IoT 기술을 통해 '혁신적 파괴'를 시도한 덕분에 주머니에 쏙 들어갈 만큼 크기가 줄고 일반 사용자가 살 수 있을 만큼 값도 내려갔다.

19세기 산업혁명 시대로부터 물려받은 오래된 관념을 하루아침에 벗어던지기란 쉽지 않다. 우리의 무의식 속에 아주 깊이 뿌리박혀 있기 때문이다. **그런 관념이 우리의 생각에 얼마나 많은 영향을 끼치는지, 대안을 생각할 시야와 능력을 어떻게 가로막는지조차 우리는 깨닫지 못하고 있다.** 하지만 생산의 정밀도를 높이고, 새로운 수익원을 창출하며, 고객의 숨은 욕구를 이해하는 데에 IoT의 잠재력을 활용하고자 한다면, 우리는 반드시 그런 낡은 사고방식을 버려야 한다. 그리고 새로운 사고방식, 즉 이 네 가지 필수 원칙을 받아들여야 한다.

자 가 진 단

Self-Assessment

---

1. 당신의 기업에 보안 책임자나 보안 담당자가 있는가? 그에게 회사의 정책을 결정할 권한이 있는가, 아니면 주로 규정에만 적혀 있는 형식적인 역할만 맡고 있는가?

2. 당신의 기업이 보유한 개인 정보와 수많은 데이터를 관리하는 보안 시스템이 계속 개정되는가, 아니면 어쩌다 가끔 개정되는가?

3. 이미 IoT 제품이나 서비스를 만들고 있다면, 초기 설계 단계부터 개인 정보 보호와 데이터 보안을 염두에 두고 있는가?

4. 당신의 기업이 공신된 정보 보호 및 보안 단체에 가입되어 있는가? 또는 관련 활동에 적극적으로 참가하고 있는가?

5. 고위 경영진이 회사의 데이터를 깐깐하게 통제하는가? 권한이 없는 직원은

언제 데이터에 접근할 수 있는가?

6. 데이터를 공유함으로써 누가 이득을 보게 될지 알고 있는가?

7. 당신의 기업이 IoT 기기를 만들고 있다면, 기기의 API를 이프트와 공유해 가치를 높이려고 시도하고 있는가?

8. IoT를 바탕으로 추진되고 있는 민관 협력 스마트시티 정책에 참가하는가?

9. 당신의 기업은 정기적으로 업무 프로세스를 확인하는가? 감지기로 채집한 실시간 데이터를 이용해 프로세스를 미세 조정하거나, M2M으로 자유롭게 제어할 수 있는가?

10. 제품이나 서비스의 현장 사용 실황을 사무실에서 거울처럼 들여다볼 수 있는가? 제품 성능을 향상하거나 제품을 미리 유지보수하는 데에 이런 데이터를 어떻게 이용했는가?

11. IoT 기술을 이용해 '제품'이 아닌 '서비스'를 팔아 새 수입원을 만들 방법을 꾸준히 연구하고 있는가?

선구자들

CONNECTED

디지털 기업이 되든가,
망하든가

EVERYTHING

초연결 혁명을
이끄는 쌍두마차

생각해보세요.
비행기 부품이 수리가 필요할 때 알아서 신호를 보내고,
풍력 터빈이 더 많은 전기를 생산할 수 있게
서로 긴밀히 소통하는 세상을.
바로 이것이 우리 모두에게 가슴 뛰는 영향을 미칠 미래의 모습입니다.
/

마르코 안눈치아타(전 GE 수석 경제학자)

IoT 산업의
최상위 포식자

지멘스

　2부에서는 전 세계적으로 IoT 혁신의 선두에 서 있는 기업들이 실제로 어떠한 '초연결 전략'을 수립하고 실행하고 있는지 자세히 살펴볼 것이다. 이미 앞에서도 몇 차례 소개했지만, 이 분야를 선도하는 기업은 독일과 미국의 디지털 산업 기업 '지멘스'와 'GE'다. 이들은 그 어떤 기업보다도 가장 발 빠르게 IoT 기술을 자신들의 산업에 접목시켜 업계와 시장을 선점하고 있다. 오랜 역사를 지닌 이 두 기업은 여전히 산업혁명을 일으킨 기관차를 제조하면서도, IoT 혁신에 힘을 더할 21세기형 소프트웨어를 개발하고 있다.

　두 기업의 전략이 기존의 산업을 넘어 신산업 분야에서도 통하는 결정적인 이유는, 다른 기업이 쓸 IoT 소프트웨어를 설계하는 데에 그치지 않고, 자사의 IoT 소프트웨어를 이용해 일상적인 업무는 물론 제품의 설계 및 제조 방식까지 완전히 변화시키고 있기 때문이다. IoT의 가치를 아직 깨닫지 못했거나 상황을 저울질하고 있다면, 지금부터 이 두 회사를 주목하기 바란다.

두 회사가 시장에 내놓고 있는 제품과 서비스는 전혀 다르지만, 한 가지 중요한 공통점이 있다. 지멘스와 GE 모두 '초연결'에 조직의 모든 역량을 집중해 회사와 제품, 서비스를 밑바탕부터 완전히 다시 뜯어고치고 있다는 것이다. 물론 그렇다고 해서 디지털 세계에 집중하느라 실물 세계의 다양한 가치를 등한시하고 있는 것은 아니다. 그들은 여전히 의료용 장비나 기차처럼 우리가 살아가는 세상에 반드시 필요한 제품을 계속해서 생산하고 있다.

두 회사 모두 IoT를 그저 시험만 하는 게 아니다. 지멘스와 GE는 새로운 기술의 변화를 받아들여 실제로 시장에서 성과를 내고 있다. 이들은 1부에서 살펴본 IoT 기업의 특징을 거의 다 갖추고 있다.

첫째, 생산 공정이 정교해졌고 불량률이 줄었다.

둘째, 제품의 유지보수에 들어가는 비용이 줄었다.

셋째, 제품과 서비스에 대한 고객의 만족도가 올랐다.

넷째, 경영진의 의사결정 과정이 개선됐다.

다섯째, 새로운 사업 모델과 수입원이 창출됐다.

그렇다고 해서 두 기업을 IoT 기업이 도달해야 할 종착역으로 평가하기에는 아직 이르다. 그들 역시 초연결 혁명의 종착지인 '순환 기업'에는 아직 이르지 못했기 때문이다. 하지만 그들은 조만간 전혀 다른 형태의 조직 경영 방식을 우리에게 보여줄 것이다.

이번 장에서 내가 말하고자 하는 요점은 바로 이것이다. **초기 산업 시대의 유물이라고 할 만한 두 기업이 IoT 기업으로 탈바꿈했는데, 당신의 회사라고 그렇게 되지 못할 이유가 어디 있겠는가?**

***

뮌헨 지멘스 소프트웨어 센터에 근무하는 엔지니어들은 실리콘밸리의 엔지니어들과는 달리 반드시 지켜야 할 복장 규칙이 있다. 실리콘밸리에서는 편안하게 샌들을 신겠지만, 이곳의 엔지니어들은 무더운 여름에도 안전화를 신어야 한다. 근무지가 공장이 아니라 사무실인데도 말이다.

지멘스 소프트웨어 센터 사무실은 19세기에 지은 기관차 제조 공장의 한쪽 구석에 있다. 지멘스는 지금도 이 공장을 가동해 전기기관차 '벡트론Vectron'(최고 시속 160킬로미터에 7000마력을 낼 수 있는 최첨단 기차-옮긴이)을 제조한다. 무려 200년 전에 지어진 낡은 건물에서 첨단 기술이 덕지덕지 조합된 강철 덩어리가 뛰쳐나오는 것이다. 지멘스 소프트웨어 엔지니어들은 자신들이 구상한 혁신 기술을 현장에서 시험하고 싶을 때에는, 언제든지 옆에 붙어 있는 기관차 설계 엔지니어를 찾아가기만 하면 된다. 물론 안전화는 필수다.

지멘스는 창립된 지 170년이 넘는 기업이다. 창업주 에른스트 베르너 폰 지멘스Ernst Werner von Siemens가 발명한 '다이얼 전신기'로 사업을 시작했고, 1866년에 출시한 발전기 '다이나모Dynamo'로 명성을 얻었다. 기계 에너지를 전기 에너지로 바꾸는 이 발전기를 기점으로 본격적인 '전기 에너지 시대'가 열렸다. 이 밖에도 지멘스는 1879년에 최초의 전기기관차를, 1896년에 유럽 대륙에 처음 도입한 지하철을 만들었다. 이뿐만 아니라 초창기 의료 산업의 거의 모든 기술에 영향을 미치고 산업 전체를 이끌었던 지멘스는 1896년 최초의 의료 산업용 'X선관X-ray Tube'을 제작했다. 1953년에는 심장 검사에 초음파를 최초로 적용했고, 이어 1983년에는 MRI 장비를 선보였다.

하지만 여기까지는 시작에 불과했다. 지멘스가 마침내 IoT 산업의 강자로 부상할 것임을 알린 가장 중요한 혁신은 1958년에 트랜지스터 회로로 구성된 전기 제어 및 계측 시스템, '시매틱Simatic'을 도입한 일이다. 이에 따라 트랜지스터 회로가 기존의 재래식 설비(계전기, 접촉기, 전자관 등)를 대체하면서, "논리적 연결, 안전한 저장, 유기적 집계, 컴퓨터 처리"가 가능해졌다.[1] 사실 이것만으로도 지멘스는 이미 인터넷 혁명에 버금가는 기술 혁신을 주도했다. 각 산업 현장과 업무 환경에 맞게 개선을 거듭하고 있는 지멘스의 시매틱은 한국을 포함한 세계의 수많은 산업 현장에서 사용되고 있다. 그리고 통신 기술의 발달과 함께 꾸준히 진화하고 있다.

실물과 디지털의 최대 격전지, 미래 공장

산업 자동화에서 지멘스의 혁신은 이제 '디지털 공장'이라는 개념으로 이어진다.

> 지멘스는 이미 1996년에 전체 생산 설비를 디지털로 자동화하기로 방향을 잡았다. 그 전초 작업으로 TIA(Totally Integrated Automation, 완전 통합 자동화) 포털을 개발했고, 이에 힘입어 지멘스를 비롯한 관련 기업들은 생산 활동의 모든 요소를 하나로 통합했다. 비로소 하드웨어와 소프트웨어를 연동시킬 수 있게 된 것이다.[2]

지멘스는 최근 몇 년 동안 실물 제품을 디지털로 제어하기 시작하면서, 독일 정부가 공식적으로 내놓은 신산업 정책 '인더스트리 4.0'(IoT를 이용해 전체 생산 공정을 최적화하겠다는 독일의 국가적 4차 산업혁명 프로젝트-옮긴이)의 가장 큰 혜택을 받았다.[3] 인더스트리 4.0이라는 용어는 2011년 하노버산업박람회에서 처음 등장했고, 그때부터 독일 뿐 아니라 유럽 전체에 널리 퍼진 전략적 목표가 되었다. 독일 연방교육 연구부와 에너지부에서 기금을 지원하는 이 정책은 제조업에서 가상 실물 제어 시스템을 이용해 실물 세계와 디지털 세계를 융합하는 데에 초점을 맞춘다. 독일과 달리 미국 정부는 특정 경제 정책에 개입하는 것을 꺼려 하므로, 이 개념은 상대적으로 유럽에서 더 발전했고, 실제로도 계속해 수익성이 증명되면서 명성을 얻고 있다.[4]

독일의 이 신정책에서 가장 빛나는 사례는 앞에서도 언급한 지멘스의 암베르크 '미래 공장'이다. 지난 30여년간 꾸준히 디지털 설비를 늘린 이곳은 이제 실물 세계와 디지털 세계가 가장 극적으로 융합하는 거대한 실험장이 되었다. 이곳의 양품률(99.99885퍼센트)은 그 어떤 잣대를 갖다 대도 놀랍지만, 더 놀라운 점은 이 공장이 날마다 같은 제품을 반복해서 대량 생산하는 일반적인 공장이 아니라는 사실이다.

암베르크 공장은 단순한 공장이 아니라 'PLC 시매틱'을 만드는 곳이다. 시매틱은 지멘스의 산업 생산량을 책임지는 심장이라고 할 수 있다. 세계 곳곳에서 돌아가는 무수한 조립 라인을 M2M으로 자체 제어하는 이 핵심 기술은, 6만 군데가 넘는 글로벌 고객사의 서로 다른 수요에 맞춰 총 1000가지가 넘는 버전으로 끊임없이 갱신되며 개발되고 있다. 따라서 암베르크에서는 이러한 갱신 현황을 반영해 시매틱 생산 라인을 계속해서 재조정해야 한다. 이 고도로 복잡한 작업을 완벽하게 통제할 수 있는 공정 시스템은 흥미롭게도 지멘스가 개발한 시매틱뿐이다. 지멘스는 시매틱 장비를 생산하는 조립 라인에 자사의 시매틱 장비 1000개를 이용해 전체 공정을 제어한다. 암베르크 공장의 시매틱 총생산량은 연간 1200만 개로, 쉽게 말해 2.6초마다 한 개씩 제품을 생산하는 셈이다.[5]

암베르크 공장의 IoT 시스템이 성취한 효율 뒤편에는, 자동화에 밀려 조립 라인의 일자리가 점점 사라진다는 민감한 문제가 놓여 있다.

그나마 유일하게 제품에 사람의 손길이 닿는 일은 조립 라인에 '빈 회로 기판Circuit board'(전기 부품을 설치되고 전자 회로가 형성되는 평평한 판-옮긴이)을 넣을 때뿐이다. 1100명에 이르는 나머지 인력은 컴퓨터에서 일어난 문제를 해결하고 조립 라인을 종합 감독하는 일에 집중한다. 그럼에도 지멘스는 앞으로 공장에서 노동자가 완전히 사라질 것이라고 생각하지 않는다.

암베르크 미래 공장의 공장장 카를하인츠 뷔트너Karl-Heinz Büttner는 "노동자 없는 공장을 만들 계획이 없다"라고 단언했다. 기계의 효율이 아무리 높아질지라도, 기계가 시스템을 개선할 아이디어를 내놓지는 못할 것이기 때문이다. 뷔트너는 연간 향상되는 생산량 중 약 40퍼센트가 직원들이 내놓은 개선 의견에서 나왔다고 덧붙였다. 나머지 약 60퍼센트는 '신규 조립 라인 매입'과 '물류 설비의 혁신적인 개선' 같은 기반 시설 투자에서 나왔다. 공장장의 이러한 낙관의 바탕에는 '현장의 생산 활동에서 무엇이 효과가 있고 효과가 없는지, 공정을 어떻게 최적화할 수 있는지를 판단하는 데에는 경영진보다 직원들이 훨씬 더 뛰어나다'는 확고한 믿음이 깔려 있다.

2013년에 암베르크 미래 공장은 직원들의 공정 개선 아이디어 1만 3000건을 실제로 현장에 적용했고, 그에 따른 보상금으로 약 100만 유로(약 13억 원-옮긴이)를 직원들에게 지급했다.[6]

최근 좀 더 개선된 산업용 IoT 소프트웨어를 새로 개발한 지멘스는 이 소프트웨어를 미래 공장에 설치해 시매틱을 제어하고 있다. 이로써 좀 더 강력해진 지멘스 시매틱은 날마다 5000만 건 넘게 생성되는 공정 데이터를 분석할 수 있게 되었으며, 또 직원들은 조립 라인에서 이렇게 실시간으로 파악한 내용을 활용해 생산 활동을 미세하게 조정하고 있다.

여기서 잠시 암베르크 공장은 물론이고 지멘스의 모든 구성원이 사용하고 있는 협업 도구 '팀센터Teamcenter'를 설명해야겠다. 지멘스는 자사의 모든 프로그램을 이 팀센터로 연결한다. 그들은 "누구나 쉽게 접근할 수 있고 재사용할 수 있는 개방형 프레임워크Framework"라고 불리는 이 도구를 활용해, 사내에서 데이터가 필요한 모든 사람이 실시간 데이터에 접근할 수 있는 토대를 마련했다. 이는 앞에서 내가 강조한 IoT 혁신의 두 번째 필수 원칙 '공유'의 가장 성공적인 사례라고 할 수 있다.

오 차 범 위 0.0004%

철도 레일과 강철을 만들던 회사가 어쩌다 스스로 실험 대상이 되어 IoT를 받아들이게 되었을까? 지멘스는 비용을 줄이면서도 고객의 만족도를 높이기 위해 구체적으로 어떻게 IoT를 이용하고 있을까? 이 질문에 대한 가장 적절한 답변이 있다. 지금 지멘스가 실천하고 있는 'IoT 사고'를 여실히 보여주는 사례이자, 오래된 기업이 어떻게 과거의 경험과 미래의 기술을 융합하는지 설명하는 훌륭한 모범이기도 하다.

지멘스의 지능형 철도 IoT 시스템 '레일리전트_{Railigent}'는 자사의 IoT 플랫폼 '마인드스피어'와 결합해 이런 성과를 올리고 있다.

하나, 철도망 운영비를 10퍼센트까지 줄였다.

둘, 지멘스가 유지보수를 맡고 있는 고속 열차 벨라로(Velaro)는 '시냘리틱스 (Sinalytics)'를 적용한 뒤로 단 한 번도 고장 난 적이 없다. 그중 스페인에서 운행하는 벨라로는 2300회에 이르는 운행 가운데 딱 한 번 15분 늦게 출발 했을 뿐이다. 지연율을 따지면 겨우 0.0004퍼센트다.[7]

셋, 사전에 문제를 감지해 선제적으로 철로와 기체를 정비함으로써 가동률 99퍼센트를 보장한다. 런던에서 출발하는 영국 서해안 간선 열차의 신뢰도 는 99.7퍼센트다. 극심한 추위로 가득 찬 러시아의 벨라로가 기록하고 있는 신뢰도는 99.9퍼센트다.[8]

넷, 지멘스가 추구하는 최종 목표는 100퍼센트다.

이러한 성과는 단순히 새로운 기술을 산업에 적용해 얻은 결과가 아니다. 지멘스가 오랫동안 기관차를 만들고 운영했던 경험이 디지털 세상에서 다시 한번 열매를 거둔 것이다. 지멘스가 어떻게 고객들의 불만을 잠재우고 철도 교통의 양과 질을 동시에 잡았는지 자세히 알 아보자.

지멘스의 철도차량 사업부는 전 세계 50곳이 넘는 지역에서 철도 및 운송 프로그램의 유지보수를 책임진다. 지멘스의 철도차량 사업에서 가장 중요한 첫 번째 핵심 기술은 '시널리틱스'다. 시널리틱스는 철도차량뿐만 아니라, 의료 장비부터 풍력발전 단지까지 다양한 산업의 데이터 분석에 사용할 수 있는 IoT 플랫폼이다. 현재 30만 개 이상의 기기가 이 플랫폼에 실시간 데이터를 보낸다. 지멘스는 이렇게 모은 결과를 빅데이터가 아니라 '스마트데이터Smart Data'라고 부른다. 시널리틱스는 수집한 데이터를 날씨 정보와 결합해 기차의 운행 일정을 실시간으로 조정한다.

지멘스의 기차에는 엔진과 변속기에 감지기가 달려 있다. 통근 열차의 선로 양쪽에 설치한 마이크에도 진동 감지기를 달아, 차축 베어링에서 나는 모든 소리를 측정한다. 감지기는 바퀴에서 나는 소리만으로도 엔진오일이 얼마나 소진되었는지 실시간으로 확인할 수 있어, 열차 엔지니어는 임의로 정한 교체 일정이 아니라 꼭 교체해야 할 때 엔진오일을 교체할 수 있다. **기차에 달린 수많은 감지기가 수집한 방대한 데이터는 특정 알고리즘에 의해 분석되어 계속해서 엔지니어에게 시급히 대응해야 할 과업을 순차적으로 알려준다.**

레일리전트에 소속된 모든 기차는 '예측 유지보수'를 통해 관리된다. 이것이 지멘스의 두 번째 핵심 기술이다. 예컨대, 중앙 관제소 모니터에 '엔진 온도 이상'이라는 경고 창이 떴다고 가정해보자. 지멘스 철도차량 사업부 고객 지원 부문 부사장 헤르베르트 파딩거Herbert Padinger는 이렇게 설명한다.

"이럴 때는 상황을 굉장히 신중하게 분석해야 한다. 그런 다음 어떻게 행동할지 판단해야 한다. 우리는 이것을 'RCA(Root Cause Analysis, 근본 원인 분석)'라고 부른다. 우선 해당 차량의 운행 내력을 살펴보고, 우리 회사의 모든 기관차에서 나온 데이터를 동원해 비교 분석한다."

경고 창을 클릭하면, 지난 석 달 동안의 기체 온도 변화를 패턴으로 보여주는 도표가 뜬다. 레일리전트 시스템은 이 패턴을 차근차근 추적해 비정상적으로 온도가 높아진 부분을 찾아낸다. 이렇게 하면 문제를 일으킨 조립 부품이 무엇인지 정확히 확인할 수 있다. 초동 조치를 마친 뒤에는 지멘스의 전문가들이 고객사와 상의해 가장 먼저 무엇을 긴급 조치해야 할지 정한 다음, 즉시 행동으로 옮긴다. 변속 장치에서 나오는 온도 및 진동 데이터를 분석하는 것만으로도, 지멘스는 적어도 사흘 전에 고장을 미리 알 수 있다. 사흘이면 충분히 기체를 정비하고 부품을 교체할 수 있다. '예측 유지보수'는 이제 지멘스에서는 매우 흔한 일이라서, 전체 수리 건의 약 70~80퍼센트를 이러한 방식으로 해결한다.[9]

무려 30년이 넘도록 기관차를 운영해온 지멘스가 어떻게 장비 노후화를 극복하고 아무런 사고 없이 열차를 운행할 수 있었던 걸까? 약 5년 전부터 '3D 프린터 기술'을 사업에 도입한 지멘스는 이 기술을 통해 낡은 기차를 새 것처럼 운행한다고 말한다. 지멘스는 자신들의 세 번째 핵심 기술인 3D 프린터가 철도 사업에 어떤 도움을 줄지 일찌감치 간파했다.

가장 먼저, 그동안 자리만 잔뜩 차지하고 있던 재고 부품의 양이 획기적으로 줄었다. 또 창고 구석에 처박혀 있어 찾기 어려웠던 부품도 현장에서 곧바로 제작해 교체할 수 있게 됐다. 더 나아가, 현장에서 부품이 실제로 어떻게 사용되는지 관찰해 얻은 데이터를 통해 기존 부품의 기능과 내구성을 개선했다. 원래는 따로따로 생산하던 구성품 서너 개를 3D 프린터를 이용해 간편하게 하나로 통합했다.

지멘스의 마지막 핵심 기술은 '보안'과 관련이 있다. 하루에도 수많은 승객이 몰리는 철도 교통에서 보안은 매우 중요하다. 따라서 지멘스는 기차에 설치된 카메라는 물론이고, 위기 대응 시스템인 '시트레일DSITRAIL-D'를 이용해 비디오로 발차 및 정거장 상황을 감독한다. 이 시스템은 물리적 공격부터 사이버 공격까지 모든 상황에 대비할 수 있으며, 개인 정보 보호를 위해 녹화된 비디오 데이터는 일반적인 유선 통신망이 아니라 디지털로 변환해 무선으로 공유한다.[10]

지멘스는 소프트웨어와 감지기가 극단적으로 발전해 열차 품질이 이전에는 꿈도 꾸지 못한 수준에 이르게 될 때, 완전히 새로운 교통 서비스가 등장하리라 예상하고 있다. 열차의 가동률과 성능에 따라 유동적으로 고객에게 비용을 청구하는 새로운 사업 모델이 바로 그것이다. 이미 여러 기업이 이런 사업 모델을 적용하고 있고, 다음에 소개할 GE도 그런 기업 중 하나다.

선구자들

모든 생산 공정의 디지털화

마지막으로 다른 회사들이 어떻게 지멘스의 소프트웨어를 활용해 완전히 새로운 제품을 설계하는지 살펴보자. 여기서 예로 들 사례는 최고 속도가 시속 265킬로미터에 이르는 매끈하게 잘 빠진 자동차 마세라티 '기블리Ghibli'다.

지멘스는 마세라티의 자동차 설계용 소프트웨어 프로그램을 개발해 공급하고 있다. 지멘스는 'NX CAD 소프트웨어'라고 불리는 이 소프트웨어의 안내서에서 '디지털화'의 중요성에 관해 모든 제조업자에게 이렇게 경고한다.

> 디지털은 갈수록 사업에 더 큰 영향을 미치고 있다. 이제 고객은 인터넷을 통해 '무엇'을 '언제' 원하는지 제조사에 곧장 요청할 수 있다. 고객이 손쉽게 찾을 수 있는 대안이 숱하므로, 이런 요청에 조금이라도 머뭇거렸다간 사업의 기회가 순식간에 사라질 것이다. … 이런 난관을 해결하려면 제조사는 첫째 제품의 출시 기간을 최대한 앞당겨야 하고, 둘째 소비자의 개별 요구를 반영한 대량 생산 체제를 구축해야 한다. 제조의 유연성을 어마어마하게 높여야 한다는 뜻이다. 그것도 에너지와 자원 소비를 최소화하면서 말이다. 이 난관을 풀 해법이 'IoT'와 '인더스트리 4.0'에 담겨 있다. … 디지털화를 제조 공정에만 집중해서는 이러한 고객의 요구 사항을 충족시키지 못한다. 우리는 이제 모든 업무 흐름을 디지털화해야 한다. 그것이 이 산업에서 오랫동안 경쟁력을 유지할 수 있는 유일한 길이다.[11]

지멘스는 제조 공정을 단순히 디지털화하는 것만으로는 충분하지 않다고 강조한다. 설계부터 공급, 제조, 유통, 서비스에 이르기까지 모든 과정을 끊임없이 이어지는 디지털망으로 연결해야 한다. 이때 전체 가치 사슬에서 얻은 경험을 다시 설계 및 개발 과정에 반영하면, 유익한 순환이 일어난다.[12]

"우리의 최종 목표는 물리적 가치 사슬 전체를 디지털로 완벽하게 재현하는 것입니다."[13]

'NX CAD 소프트웨어'를 도입한 마세라티는 이제 차량의 실물 모형을 제작하는 기존의 방식에서 벗어나, 가상으로 차를 만들어 시뮬레이션을 해본다. 신차 개발 속도가 획기적으로 빨라졌고, 더 이상 값비싼 시제품을 만들 필요도 없어졌다. 마세라티는 신차의 설계 기간을 30퍼센트까지 줄였다. '사막의 폭풍'이라 불리는 기블리는 설계부터 출시까지 16개월밖에 걸리지 않았다. 참고로 자동차 업계의 평균 신차 개발 기간은 3년이다. 마세라티에서 근무하는 한 개발자는 이렇게 말했다.

"우리는 불과 몇 년 전까지만 해도 신차를 출시하기 전에 시제품을 만들어 성능을 시험해야만 했습니다. 하지만 이제는 이 모든 것을 가상으로 실행할 수 있게 되었습니다."[14]

마세라티는 디지털화를 구현하고자 기존의 공장을 거의 새로 짓다시피 해 뜯어고쳤다.[15]

마세라티는 이 모든 업무에 디지털을 도입하는 과정에서 인간의 노동을 무시하지 않았다. 사업 분석가인 앤드루 휴스Andrew Hughes는 개발 보고서에서 이 점을 짚는다.

> 모든 시험을 마치고 생산에 들어간 뒤에도 마세라티는 조립 공정을 끊임없이 개선했다. 그리고 이 과정에서 특히 조립 작업자 당사자의 제안을 적극적으로 받아들였다. 마세라티의 모든 자동차 공장에서는 작업자 1인당 연평균 15회꼴로 소규모 공정 개선을 건의하는데, 대부분 현장에 반영되고 있다.[16]

그리고 한 가지 더 중요한 사실이 있다. 마세라티가 NX CAD 소프트웨어를 지멘스의 협업 도구 '팀센터'와 결합한 것이다. 이로써 마세라티는 여러 곳에 떨어져 있는 인력의 신차 개발 프로젝트를 실시간으로 관리하고 감독할 수 있게 되었다.

지멘스는 자사의 디지털 순환을 완성하는 데에 또 다른 소프트웨어를 활용한다. '디지털 기업용 소프트웨어 제품군Digital Enterprise Software Suite'이라고 이름을 붙인 이 상품에는 앞에서 지멘스가 자사의 제조 공정에 적용 중이라고 소개한 여러 프로그램이 포함되어 있다. 지멘스는 이 제품군을 이용해 전체 사업 프로세스를 A부터 Z까지 하나로 통합해, 거대한 '디지털 모델'로 뽑아낼 수 있다고 확신한다. 이것이 바로 우리가 이 책 8장에서 다룰 완전한 '순환 기업'으로 나아가는 핵심 단계다.

스스로를 파괴해
변화에 맞선 거인
GE

인정할 건 인정하자. 지멘스에 비하면 GE는 아직 애송이에 지나지 않는다. 토머스 에디슨Thomas Edison이 자신의 여러 발명 아이디어를 상업화하고자 어찌어찌 GE를 세운 때가 겨우 1892년이니 말이다. 하지만 GE는 일류로 도약하고자 갖은 노력을 다했다. 그리고 실제로 전기 모터, 의료 진단 장비, 기관차 등 지멘스와 겹치는 분야 여러 곳에 발을 들여 성과를 올렸다.

안타깝게도 1990년대와 2000년대에 GE는 집중하던 사업 분야가 아닌 다른 곳으로 눈길을 돌렸다. 연예 엔터테인먼트 사업과 금융업 등에 지나친 관심을 보인 까닭에 꼴사나운 대기업이 되고 말았다. 지난 10년 동안 수익이 뚝뚝 떨어지는 와중에 최고경영자 제프리 이멀트Jeffrey Immelt는 지멘스의 경영진과 매우 비슷한 결론에 이르렀다.

'디지털 기업이 되든가, 아니면 망하든가.'

한 기업이 미디어 사업, 보험업, 항공용 제트엔진 제조업 등을 동시에 잘하기는 어렵다고 판단한 이멀트는 제조업 이외의 모든 주요 사업 부문을 처분했다. 그리고 '산업용 IoT'라는 개념을 최초로 제안하며 제조업과 중공업의 첨단화에 집중했고, 동시에 세계화 전략을 본격적으로 추진했다.[17]

변 혁 을   위 한   각 오

만약 당신이 조심스러운 사람인지라, 자사의 IoT 전략이 정말 효과가 있는지 확인하려고 발가락만 슬쩍 담글 셈이라면, 이멀트가 남긴 충고를 진지하게 검토해보기 바란다. 이멀트는 2017년 중반, 불만에 찬 투자자들의 압력에 떠밀려 회사를 떠나면서 **'이제는 변화에 전념해야 할 시기'**라고 호소했다.

> 변혁을 실험으로만 여겨서는 안 된다. 우리는 여느 산업체나 소비재 회사와는 전혀 다른 방식으로 디지털에 접근했다. 기업의 총수들은 이렇게 말한다. "디지털 신생 기업의 지분을 인수하려고 한다. 그것이 바로 우리의 전략이다." 내 생각에 그런 접근은 그저 디지털 기업을 시늉만 내는 일이다. 나는 변혁의 규모를 빠르게 키워 그 안에서 GE가 중요한 위치를 선점하기 바랐다. IoT 기술을 도입해 승리하는 모든 기업만큼이나 GE에도 승산이 크다고 봤다. 우리가 맨 밑바닥에서 시작하는 게 아니었기 때문이다. 우리에게는

수많은 고객사로부터 받아야 할 미수 계약금 2억 4000만 달러와 어마어마한 수주 잔액, 게다가 자금 조달 능력까지 있었다. 따라서 기존의 강점을 기반으로 한층 더 발전할 수 있었다. 그래서 우리는 모든 사업 영역에 디지털을 도입하기로 했다. GE의 모든 제품에 감지기를 내장했고, 감지기가 생성한 데이터를 고객이 직접 활용해 정보를 얻을 수 있는 시스템을 구축하는 데에 굉장한 노력을 기울였다. 처음에는 사용자가 GE의 서비스를 좀 더 손쉽게 이용할 수 있도록 힘썼다. 이를테면 IoT 기술을 통해 우리가 판매하는 항공용 제트엔진의 가동 시간, 즉 운항 시간을 늘리고 정비에 드는 시간을 줄이는 시도 말이다. 그다음에는 우리가 수집한 데이터를 기존 고객사에게 판매해 그들이 우리와 마찬가지로 데이터를 분석해 활용하는 것을 도왔다. 우리가 제일 마지막에 한 일은 산업용 IoT에 최적화된 운용 시스템을 만드는 일이었다. 그 결과 우리는 '프레딕스' 플랫폼을 구축하게 되었다.[18]

GE는 기존의 IoT 플랫폼들을 살펴본 끝에 그 어떤 것도 산업 디지털화가 요구하는 광범위한 조건에 맞아떨어지지 않는다고 판단했다. 결국 그들은 스스로 플랫폼을 만들었다. 그것이 바로 클라우드 기반 플랫폼 '프레딕스'다. 프레딕스는 생산 현장과 제품에서 나오는 데이터의 끊임없는 순환을 바탕으로 계속 진화한다. GE는 프레딕스를 자사의 디지털 플랫폼으로 쓰는 한편, 다른 기업들에는 클라우드 기반 서비스 플랫폼으로 홍보하며 판매를 시도하고 있다. 2016년에는 프레딕스를 '에지 컴퓨팅'으로 확장해 '프레딕스 에지 시스템'을 구축했다. 이에 따라 프레딕스는 클라우드 기반 시스템이라기보다 분산 운영체제에 가깝게 되어, 그 용도가 훨씬 더 넓어졌다. 2장에서 설명한 '에지 컴퓨팅'은 데이터를 수집한 감지기가 그 자리에서 즉시 또는 감지기와 아주 가까운 곳에서 데이터를 분석하는 시스템을 통칭한다. 데이터가 클라우드까지 넘어가 분석되는 것과 현장에서 즉시 분석되는 것의 차이는 생각보다 크다. 감지와 거의 동시에 설비를 조정할 수 있다면 문제를 해결할 확률은 기하급수적으로 높아진다. IT 분야 미디어 조사 기업 IDG는 이 차이를 아주 적절하게 묘사했다.

> 누수가 생겼을 때 송유관을 정지시키는 신호는 클라우드(데이터 저장소)가 아니라 누수 감지기에서 즉시 발동되어야 한다. 그래야 명령어가 누수 현장에 다다를 때까지 지연이 없을 것이기 때문이다. 그런데 만약 굳이 신호를 데이터 저장소까지 보내 처리하겠다면, 이는 학교에서 큰일을 보고 밑을 닦지 않은 채 집에 가서 닦겠다는 것과 똑같다. 데이터가 저장소까지 넘어가 분석되는 동안, 문제가 발생한 송유관에는 아마 밑을 닦지 않은 사람의 엉덩이에서 벌어질 일처럼 난감하고 끔찍한 일이 벌어지게 될 것이다.[19]

1%의 효율이 불러올 기적

이멀트가 제시한 '산업용 IoT로 일으킬 변혁'의 가장 큰 목표는 겉보기에는 진부하지만, 성공한다면 실제로 세계 경제의 비용과 지속 가능성에 어마어마한 영향을 미칠 수 있는 대담한 목표였다. 그는 흥미로운 소셜미디어 애플리케이션 몇 개가 아니라 실제로 경제에 엄청난 영향을 미쳐 패러다임을 전환시킬 '무언가'를 만들고자 했다. 이멀트와 GE는 산업혁명 이후 오랜 시간 인류가 감수해온 사물의 '운영 비효율'을 줄이는 데에 사명감을 갖고 뛰어들었다. **이멀트가 이끄는 GE의 구체적인 목표는 '1퍼센트'였다.** 쉽게 말해, 설비의 비가동 시간을 단축하고 불필요한 에너지 소비를 절감하고 제품의 불량률을 제로화함으로써, 전 세계 산업의 효율을 적어도 1퍼센트만이라도 올릴 수 있다면 그 경제적 이익이 수천 억 달러에 이를 것이라고 판단했다. 그리고 그 결과는 실제로 훨씬 더 놀라웠다. 그와 GE가 역점을 둔 산업 현장 곳곳에서 평균적으로 생산율이 20퍼센트 남짓 올랐다.

지멘스와 비슷하게, GE가 IoT에 몰두한 뒤 거둔 성공은 대부분 내부에서 나왔다. GE는 스스로 'IoT 실험실'을 자처했다. 이를 두고 IDG를 비롯한 수많은 매체가 'GE가 자사에서 거둔 성공의 사례 그 자체가 바로 GE의 중요한 마케팅 도구'라고 평가했다. 시장조사 기관 IDC의 제조업체 평가 채널 'IDC 마켓스케이프IDC MarketScape'는 GE를 구시대의 전통 산업에서 디지털 산업으로 탈바꿈한 가장 성공적인 사례로 인정했다.[20]

스스로 생각하는 공장

GE의 산업용 IoT 전략에서 빼놓을 수 없는 사례가 있다. 바로 '생각하는 공장Brilliant Factories'이다. GE의 내부 평가에 따르면, 세계 곳곳의 500개 넘는 GE 공장 가운데 약 100개가 '생각하는 공장'으로 분류된다. 이들은 생산성과 이윤을 최대로 끌어올리고자 '린Lean 생산 방식'(기존의 수공업적 생산 방식이 지닌 원가 상승의 문제를 해결하고자 도요타가 도입한 적정량의 제품을 생산하는 작업 공정 혁신-옮긴이)과 '3D 프린터', 그리고 '전면적인 디지털화 전략'을 결합했다. GE는 이제 자사에서 거둔 성공을 바탕으로 다른 기업들에게 생각하는 공장을 '상품'으로 내놓고 있다.

생각하는 공장의 실현을 밑받침한 것은 GE가 개발한 소프트웨어 '브릴리언트 매뉴팩처링Brilliant Manufacturing'이다. 이 소프트웨어는 제조의 모든 측면을 하나로 연결한다. 모든 공정 과정에 설치한 감지기에서 데이터가 나오면, 소프트웨어가 그 데이터를 분석하여 제품과 공정을 알아서 개선한다. 그로브시티Grove City에 있는 GE의 공장에서는 감지기에서 나온 실시간 데이터로 유지보수 관리 시스템을 개선해 예상치 못한 비가동 시간을 10~20퍼센트 줄였다. GE의 소프트웨어를 도입한 한 화학약품 기업은 핵심 제품군의 생산 역량을 20퍼센트 회복해, 신규 생산 라인 투자에 들어갈 막대한 비용을 절감했다. 그 밖에도 GE와 거래하는 세계 곳곳의 유통사들은 재고를 20퍼센트나 줄였다.[21]

B2C를 B2B로

GE가 IoT 기업으로 탈바꿈할 수 있었던 성공 요인은 다음과 같다.

우선 주요 소프트웨어 개발실을 캘리포니아의 교외 도시 샌라몬San Ramon에 설치했고, 네트워크 장비 기업 시스코의 노련한 전문가 윌리엄 루를 개발실 담당자로 고용했다. 또한 거대 인터넷 기업 여러 곳과 협업했고, 소비자에 초점을 맞춘 인터넷 기업들의 성공이 뜻하는 바도 꼼꼼히 살폈다. 하지만 가장 중요한 건 이것이다. GE의 콜린 패리스는 이렇게 전한다.

> 구글, 아마존, 애플과 같은 거대 인터넷 기업들이 창출하는 가치는 '인간의 통찰력'에서 나온다. 애플리케이션을 만드는 사람, 관심이 가는 항목이나 주제를 검색하는 사람, 사고 싶은 물건을 온라인에서 찾는 사람, 아니면 그저 장바구니에 담아두는 사람. 이런 평범한 사람들의 순수한 통찰력에서 모든 가능성이 출발한다. 이들은 인간이 공유하는 모든 지식을 디지털화해 새로운 비즈니스 플랫폼을 구축했다. 애플은 '앱스토어'를 만들었고, 구글은 '검색' 사업을 '광고' 사업으로 바꿨고, 아마존은 '온라인 소매 제국'을 세웠다.[22]

처음 소비자 시장에서 이른바 '앱App' 열풍이 불자 GE는 이를 산업적으로 사용할 수 없을지 고심했다. 그 결과 기기를 원격 조종하도록 설계한 소프트웨어를 개발했고, 이를 산업용 애플리케이션Industrial Apps'이라 이름 붙였다. GE에서 수석 경제학자로 일했던 마르코 안눈치아타Marco Annunziata는 이렇게 예측한다.

산업용 애플리케이션은 경제 곳곳에서 효율을 폭발적으로 끌어올린다. 그 결과는 이렇다. 에너지 산업은 더 많은 자원을 재활용해 생산력이 크게 증가할 것이다. 의료 산업 분야에서는 고급 장비가 지속적으로 개선되어 더 많은 사람이 더 쉽게 의료 혜택을 누릴 것이다. 병원과 공항에서는 불필요하게 발생하는 지연이 줄어들 것이다. 새로운 생산 기술과 결합해 새로운 곳에서 제조 활동이 벌어질 것이며 이로써 신흥국에 무수한 일자리를 만들고 성장 속도를 높일 것이다. 이처럼 산업용 애플리케이션은 소비자용 애플리케이션에 비해 쉽게 눈에 띄지는 않지만, 우리 삶에 훨씬 더 강력한 영향을 미칠 것이 분명하다.[23]

GE는 이렇게 완전히 통합된 산업용 애플리케이션 방식을 여러 분야에 도입함으로써 진정한 '예측 유지보수' 시스템을 구축했다. 산업 현장에서 새롭게 떠오르고 있는 포괄적 IoT 전략인 'APM(Asset Performance Management, 자산 성능 관리)'이 바로 그것이다. APM 전략의 궁극적인 목표는 공장, 설비, 시설과 같은 기업의 운영 자산을 유지보수하는 비용과 긴급 수리하는 횟수를 줄이고, 자산의 가동성과 공장 전체의 운용 효율을 최대로 높여 자산 관리를 최적화하는 것이다. 앞에서도 언급했듯이, 이러한 과정에서 지금까지와는 완전히 새로운 제품 전략이 나오기도 한다. 항공용 제트엔진을 팔지 않고 대여하는 방식이 그 대표적인 사례다.

이번에 GE는 세계로 눈길을 돌렸다. 이멀트가 꼽은 핵심 사항 중

하나가 미국 이외에서 벌어들이는 해외 수익의 규모를 큰 폭으로 늘리는 것이었다. 이멀트는 2011년에 이른바 '글로벌 성장 조직Global Growth Organization'을 꾸려, 신흥 시장에서 GE의 존재를 크게 확장하는 일을 맡겼다. 그때부터 2016년까지 GE의 국외 수익이 670억 달러(약 76조 원-옮긴이)까지 늘어났고, 이는 기업 총수익의 59퍼센트를 차지한다.[24] **GE는 점차 해외로 사업 영역을 확장하면서, 하나의 산업에서 얻은 IoT 경험을 다른 산업에도 적용할 수 있다는 사실을 깨달았다.** 안눈치아타는 소비자용 애플리케이션이 세계 곳곳으로 뻗어 갔듯이, IoT 플랫폼 역시 세계 곳곳에 흩어져 사는 수많은 사람의 두뇌, 즉 '연결 지능'을 하나로 모아 활용할 가능성을 상상했다.[25]

GE는 이 상상을 즉시 실행에 옮겼다. 자신들이 IoT 정책으로 거둔 성과를 회사 전체에 공유하기로 하고 'GE 스토어GE Store'를 만들었다. GE 스토어는 세계 곳곳의 GE 인력들이 수평적으로 지식을 교환하는 가상의 공간으로, 여러 사람의 데이터와 경험을 활용해 자기 분야에서 비슷한 혁신을 일굴 수 있게 한다. 이렇게 누구나 데이터에 자유롭게 접근하도록 허용하는 정책을 통해 GE는 서로 다른 전문 기술과 경험을 지닌 인력들이 같은 데이터에서 완전히 다른 교훈을 얻어 가길 바라고 있다.

GE는 IoT 기업 중에서도 산업용 IoT를 누구보다 빠르게 도입해 그 시장을 선점한 선구자로 인정받고 있다. 하지만 이러한 전환이 누구에게나 쉽다는 뜻은 아니다. 또 그에 따른 수익 향상이 투자자를 항상 만족시켰다는 뜻도 아니다. 이멀트는 임기 종료일보다 한참 앞선 2017년 중반에 GE를 떠났다. 월스트리트가 그의 경영 방식과 성에 차지 않는 성과에 쌍심지를 켰기 때문이다.[26] 그럼에도 후임자였던 존 플래너리John Flannery는 계속해서 산업용 IoT에 전념했다.*

> 우리는 디지털이 산업에 일으킨 변혁을 완전히 받아들였고, 이 변혁에 세상을 바꿀 잠재력이 있다고 믿는다. 디지털은 세계 곳곳의 고객에게 차원이 다른 혁신과 생산성을 안기고 있다. 고객은 실제로 눈에 보이는 성과를 경험하고 있다. 이런 일이 GE의 모든 사업 분야에서 일어나고 있다. 이 성과를 이용해, 우리가 배운 것을 곧장 고객에게 전달할 것이다.[27]

***

지멘스와 GE 모두 100년이 넘은 기업인데도 쟁쟁한 벤처 기업들보다 오히려 더 적극적으로 스스로를 **파괴**하고 **재건**하면서 변화에 맞서고 있다. '초연결'이라는 화두 속에서 실물 세계와 디지털 세계의 융합이 피할 수 없는 현상이라는 사실을 미리 알아보고 변화에 전념했기 때문이다.

....

* 2018년 10월, GE는 존 플래너리를 경질하고, 산업 및 의료기기 업체로 유명한 다너허(Danaher)의 최고경영자 로런스 컬프(H. Lawrence Culp)를 새 최고경영자로 선임했다.

두 회사가 지난 10여 년간 구축한 IoT 서비스의 질과 신뢰도는 스스로를 기꺼이 '거대한 실험실'로 이용함으로써 얻은 성과들이다. 만약 지금 이 책을 읽고 있는 사람 중에서 지멘스나 GE보다 더 역사가 오래된 기업에 종사하는 사람이 있다면, 두 기업의 사례를 귀담아듣지 않아도 괜찮다(이미 IoT 솔루션을 도입했을 테니 말이다). 하지만 그것이 아니라면 지금이라도 당장 새로운 IoT 솔루션을 도입해 변화를 모색하기 바란다. 다음 장에서는 IoT가 B2B 시장, 그리고 더 나아가 B2C 시장을 어떻게 변화시키고 있는지 자세히 살펴보겠다.

자 가 진 단

Self-Assessment

---

1. 당신은 전혀 다른 두 부서 간의 상호 작용을 촉진시키고자 어떤 일을 하고 있는가? 그리고 그 일을 지속할 수 있는가?

2. GE는 플랫폼을 통해 고객사에 제공할 수 있는 서비스를 찾아냈다. 당신은 당신의 회사가 중심이 되는 새로운 플랫폼을 설계해, 전에 없던 비즈니스 모델 수립을 진지하게 고민한 적이 있는가? 그렇다면 그 결과는 무엇인가?

3. 지멘스와 GE 모두 IoT 서비스를 출시하기 전에 자사의 생산 활동에 먼저 도입해 시험했다. 그리고 결국은 성공적으로 상업화해 다른 기업에 판매했다. 당신이라면 그런 모험을 감수할 수 있겠는가?

4. 지멘스와 GE 모두 일찌감치 IoT에 전념했다. 초연결 혁명이 곧 시작될 것이라 확신했기에 그저 발가락만 담그지 않았다. 당신 역시 이와 비슷한 결정을 내렸는가? 그렇지 않다면 아직도 머뭇거리는 이유는 무엇인가?

거인들이 미래를
선점하는 방법

우리의 임무는 전 세계의 정보를 연결해
모든 사람이 자유롭게 접근하고 사용하도록 만드는 것이다.

/

래리 페이지(알파벳 최고경영자, 구글 공동 창업자)

그들은 어떻게 비범한 연결로 제국을 이루었는가

업력이 엄청나게 오래된 기업이 아니라면, 또는 아직 IoT 소프트웨어 업계에서 탄탄한 입지를 다지지 못했다면, 지멘스나 GE가 이룩한 초연결 혁신에 동질감을 느끼기 어려울 것이다. 왜 안 그렇겠는가? 하지만 규모와 역사에 상관없이 세계의 모든 경제 분야에서 주류를 차지하고 있는 기업과 정부 기관은 이미 적극적으로 IoT를 도입해 가시적인 이익을 얻고 있다. 이런 사실을 알게 된다면 더 이상 엉덩이를 붙이고 가만히 앉아 있지 못할 것이다. 따라서 이번 장에서는 IoT를 기반으로 사업 전략을 새롭게 세울 때 결정적인 단초가 될 다양한 사례를 소개하고자 한다.

하지만 그 전에 당신이 꼭 기억해야 할 사실이 있다. **IoT를 '한꺼번에 전면적으로' 적용하지 않아도 괜찮다는 것이다.** 특히 기존의 설비를 스마트 설비로 개조할 계획이라면, IoT 기술을 서서히 도입해 점차 확대해나가는 전략이 더 효과적일 수 있다. 물론 아예 처음부터 스마트 기기로만 공정을 설계할 수 있다면, 가장 적은 비용으로 가장 높은 이익을 단기간에 실현할 수 있을 테지만 말이다.

단기간에 과거의 전통과 관습을 폐기하고 밑바탕부터 다시 시작하기란 거의 불가능에 가까울 만큼 어려운 일이다. 그러니 우리는 충분한 시간을 투자해 감지기를 장비에 설치하고, 꾸준히 데이터를 모으고, 정밀도와 생산성을 향상시켜 결과적으로는 고객사과 소비자를 만족시켜야 한다.

저마다 다른 환경에 처해 있을 기업들이 다음의 사례들을 통해 초연결 혁신에 대한 통찰을 얻기 바란다.

일단 감지기부터 설치하라

: ABB, 다임러, 인텔

IoT라는 세계로 들어서기에 가장 무난한 첫 단계는 기존의 제조 설비에 '감지기'를 설치해 작동 상황을 실시간으로 살펴보는 것이다. **초기 비용이 가장 적게 들면서도 가장 빨리 이익을 얻을 수 있기 때문이다.** 물론 최근에는 제조 단계에서 이미 감지기를 내장해 만드는 기기가 점점 많아지고 있다. 하지만 수명이 긴 기존 장비에 이미 상당액을 투자한 기업이라면, 기존의 설비를 어떻게 '개선'해야 할지 깊이 고민해야 할 것이다.

스웨덴의 제조 기업인 ABB는 자사의 디지털 솔루션 'ABB 어빌리티ABB Ability'와 연계한 스마트 감지기를 통해 안정적으로 IoT를 도입하는 데에 성공했다. ABB는 한 번 설치하면 수십 년은 써야 하는 저전압 유도 전동기에 순차적으로 감지기를 붙이고 있다. 예전에는 전동기가 고장 날 경우 그 원인을 사전에 알려줄 수단이 전무했으나, 지금은 감지기 덕분에 전동기가 고장 날 때 일어나는 2차 피해를 사전에 막을뿐더러, 수리비와 비가동 비용을 획기적으로 줄이고 있다. 이로써 ABB는 전체 전동기 고장 원인 중 75퍼센트가량을 해결했고, 비가동 시간을 70퍼센트나 단축했다.

중요한 사실은 ABB의 스마트 감지기에는 따로 배선이 필요하지 않다는 것이다. 따라서 개조가 쉽고 개조 비용도 매우 저렴하다. 감지기로 수집한 전동기 작동 데이터를 보안 서버(저장소)에 보내는 일도 스마트폰 하나만 있으면 간편하게 처리할 수 있다. ABB는 어림잡아 채 1년이 안 되는 기간 동안 모든 투자 비용을 회수했다.[1]

포틀랜드에 있는 트럭 제조사 다임러Daimler는 '프라이트라이너 트럭'과 '토머스빌트 버스'와 같은 다양하고 값비싼 대형 차량을 만드는 기업이다. 이곳에서 최고 정보 책임자로 일했던 디터 하반Dieter Haban 은 이렇게 말한다.

다임러의 공장에서는 인상을 찌푸리거나 언성을 높이는 상황이 잘 벌어지지 않는다. 본사의 경영진이나 직원이 공장에 찾아와 사사건건 개입하지 않기 때문이다. 우리는 공정 전체에 어마어마한 양의 감지기를 설치해 데이터를 수집한다. 이 데이터를 통해 트럭 조립 공정이 전체 공정 중에서 어디까지 진행되었는지 파악하고, 경영진은 아이패드나 태블릿 PC를 통해 정보를 주고받는다. 단 한 번의 보고나 회의를 위해 의미 없이 공정 현황을 문서로 작성하고 정리할 일은 애초에 벌어지지 않는다. 그들은 오직 감지기를 통해 수집된 객관적인 데이터만을 신뢰한다. 따라서 의사소통 과정에서 불필요한 잡음이 생겨날 리 없다.[2]

기업들은 이제 공장 전체에서 생성하는 수많은 데이터를 분석하여 얻는 이익이 생산 현장뿐만 아니라, 조직 내부의 의사결정에까지 영향을 미친다는 사실을 깨닫고 있다. 더 나아가 데이터를 제대로 활용하는 것만으로도 미래를 예측할 수 있다고 내다본다.

인텔Intel은 말레이시아 공장 곳곳에 있는 감지기로부터 얻은 빅데이터를 적절히 결합해 생산 공정에서 900만 달러(약 100억 원-옮긴이)를 절감하는 데에 성공했다. 인텔의 공식적인 설명에 따르면, 이러한 성공의 뒤에는 조립 라인을 관찰하면서 생성한 빅데이터를 '창의적으로' 다루는 방법에 있었다. 인텔에서 IoT 도입을 총괄한 프랭크 존스Frank Jones는 이렇게 말한다.

IoT의 진짜 기회는 데이터를 얼마나 남다르게 결합하느냐에 달렸다. 데이터를 제대로 결합한다면, 마침내 공장이 어떻게 돌아가는지 한눈에 들여다볼 수 있다. 하지만 여기까지는 누구나 할 수 있다. 이제 우리는 공장이 1분 후, 1시간 후, 1일 후, 1개월 후 어떻게 돌아갈지도 예측할 수 있다.[3]

실시간으로 불필요한 낭비를 막아라
: 세넷, 페덱스

석유 난방 방식이 흔한 미국 동북부 지역에서는 주택가 도로에서 길을 잃고 헤매는 커다란 유조 트럭을 자주 목격할 수 있다(특히 눈길에 밀려 울타리를 침범한 트럭을 끌어내느라 몇 시간을 고생해본 사람이라면 더 그렇다). 이처럼 기름을 운송하는 일은 매우 힘들고 까다로운 작업이지만, 오랜 시간 사람들에게 별 볼일 없는 분야로 평가받아왔다.

제품(기름)의 특성상 뼈가 시리게 추운 겨울밤에 더 많은 운송 소요가 발생하므로, 운송 작업자들은 기름이 떨어져 화가 치솟은 고객들을 상대하는 데에 늘 익숙해져야만 했다. 현장의 작업자들은 아무리 수요가 적은 지역일지라도 빠짐없이 기름을 운송했다. 그 이유는 어쩌다 한 번 깜빡하고 방문하지 못해 기름이 뚝 떨어진 고객의 거센 항의를 종종 받았기 때문이다. 결국 그들은 아무리 수요가 적은 지역일지라도 정기적으로 방문해 기름이 떨어졌는지 안 떨어졌는지를 현장에서 확인하는 게 (자신들의 업무 효율을 높이는 데에) 더 낫다고 판단했고, 그 결과 미국의 석유 운송 기업들은 해마다 무의미하고 막대한 비용을 감당하게 되었다.

하지만 IoT가 모든 상황을 바꿔놓았다. 기업들은 이제 더 이상 불필요한 배송에 시간과 돈을 투자하지 않아도 된다. 미국 뉴햄프셔에 기반을 둔 'NaaS(Network as a Service, 서비스형 네트워크)' 기업 세넷Senet은 가정과 고객사에 저전력 장거리 무선 통신망 'LoRaWAN'에 사용되는 전용 감지기 2만 개를 설치해 프로판 가스통과 기름통의 남은 연료량을 꾸준히 확인한다. 감지기는 한 시간마다 남은 연료량, 측정기 및 감지기 상태, 감지기 재측정 기록을 포함한 데이터를 수집한 뒤 연료 공급자에게 안전하게 전송한다. 이때 세넷은 데이터 수집과 전송 작업을 원활하게 처리하고 다른 응용프로그램과 긴밀하게 연계하기 위해 감지기와 함께 IBM 소프트웨어를 설치했다. 이 특수 감지기는 최소한의 전력만 있어도 작동하기 때문에 혹한기에도 걱정이 없다. 세넷은 이렇게 구축한 유류 상태 감지 시스템을 유류 업체를 대상으로 판매했다.

석유 운송 기업 프루오일앤드프로판Proulx Oil and Propane의 최고경영자 제임스 프루James Proulx는 고객 한 명당 불필요한 배달 횟수가 연간 3회 가까이 줄었다고 설명한다. 실시간 데이터 덕분에 한 번 차량이 지역을 돌 때마다 기름을 더 많이 배달할 수 있어 운송비도 줄었다고 한다.

그의 설명에 따르면, IoT 혁신의 두 번째 필수 원칙 덕분에 기대하지 않았던 '고객 만족'도 덤으로 얻었다고 한다. 이제 고객도 실시간으로 데이터에 접속할 수 있으므로 지하실에 내려가 기름통에 둥둥 떠 있는 낡은 부표형 측정기를 읽지 않아도 기름이 얼마나 남았는지를 알 수 있게 되었기 때문이다.

"연료통마다 연료가 얼마나 남았는지를 언제든 원격으로 알 수 있습니다. 이제 우리는 고객과 더 친해졌죠."4

결과적으로 그들은 고객과 '완전히 연결'되었다. 그 덕분에 이제야 비로소 줄줄 새는 돈을 차단하기 시작했다.

돌파구를 열 해법을 찾기 위한 가장 좋은 전략은 무엇일까? 조직의 존폐를 걸고 치열하게 고민하는 다른 기업의 내부를 들여다보는 것이다. 절박한 조직일수록 더 과감하게 틀에서 벗어나 사고할 것이다. 도무지 파악되지 않는 영역에서 기름이 새듯 막대한 비용을 유출시키던 석유 회사들은 이제 네트워크 업체의 힘을 빌려 고객의 기름 수요를 실시간으로 확인한다.

이번에는 기름보다 좀 더 까다로운 물건이다. 혹시 자사의 유통망에 문제가 있다고 생각하는가? 그렇다면 그 문제의 원인이 누군가의 목숨을 살릴 이식용 장기를 제때에, 그것도 이식에 적합한 상태로 온전하게 수송하는 일만큼 까다롭기 때문이라고 생각하는가? 그렇다면 페덱스FedEx의 혁신적인 운송 시스템 '센스어웨어Sense Aware'를 주목하기 바란다.

전 세계의 수많은 병원이 페덱스의 프리미엄 배송 서비스 센스어웨어를 신뢰한다. 고객이 이 서비스를 선택하면, 페덱스의 포장 직원은 배송물이 살아 있는 심장이든 값을 헤아릴 수 없는 작품이든 상관없이 수많은 스마트 태그를 부착해 상자에 집어넣는다. 이 스마트 태그는 빛의 노출 정도와 상자 안의 온도 변화를 민감하게 감지해 발송자와 수령자에게 실시간으로 데이터를 전송한다. 빛에 노출되고 있다는 것은 포장이 뜯어졌다는 뜻이므로, 만약 빛 노출 정도를 뜻하는 수치가 점점 높아지고 있다면 배송물의 변질을 막기 위해 신속하게 대처해야 한다. 병원은 이 실시간 정보를 바탕으로 장기 이식자의 수술을 준비하고 수술 팀을 꾸릴 수 있다.

제품이 아닌 서비스를 판매하라

: 빈터할터, 존디어

기업이 자사의 제품 사용 실태를 고객으로부터 완전히 수집할 수 있는 때가 오면, 지금껏 우리가 이해하고 있던 제품의 개념이 송두리째 바뀔 것이다. 하지만 여전히 우리는 초기 상태에 머물러 있다. **제품에 대한 개념이 바뀌기 위해서는 제품의 상태를 정확히 파악할 실시간 데이터를 얻는 시스템이 구현되어야 한다.** 이 단계가 마무리되면, 기업은 비로소 자사의 제품을 전과 다르게 판매할 대안(서비스)을 얻게 될 것이다. 또한 전에는 접근할 길이 아예 없던, 정확하고 완벽한 '수명주기 비용Life Cycle Cost'도 얻게 될 것이다.

IoT 혁명에 힘입어 자사의 판매 방식을 완전히 다시 생각한 회사가 있다. 독일의 업소용 식기세척기 분야의 선두 주자인 '빈터할터Winterhalter'다. 빈터할터는 고객들에게 '설거지한 만큼만 비용을 받는 서비스'를 내놓고 있다. 그들의 홍보 문구에는 이러한 전략이 고스란히 드러난다.

> 설거지한 만큼만 내세요! 투자비가 안 듭니다. 위험도 없고요. 빈터할터가
> 여러분이 운영하는 식당의 그릇을 더 깨끗하고 저렴하게 관리해드립니다.
> 실제로 쓴 만큼만 돈을 내는 최초의 식기세척기! 이제 어느 누구든 당장 예
> 산이 없어도 편하고 빠르고 완벽하게 그릇을 닦을 수 있습니다.

이것이 바로 '서비타이제이션Servitization'(모든 제품의 서비스화)이라는
신개념이다. 빈터할터는 단순히 식기세척기라는 '제품'을 파는 게 아
니라, 설거지와 관련한 모든 '서비스'를 판매한다. 고객은 온라인 결
제 시스템에 접속해 얼마나 자주 설거지를 할지 선택한 뒤 신용카드
로 결제한다. 항공사가 GE의 항공용 제트엔진을 이용하는 방식과 마
찬가지로, 빈터할터의 고객들은 식기세척기가 멈춰 있을 때를 빼고
쓴 만큼만 돈을 낸다.

이런 방식은 모든 이해 당사자에게 이득이다. 첫째, **제조사**는 수입
의 흐름을 예측할 수 있다. 게다가 제품을 팔고 나서도 고객과의 관
계가 이어지므로, 고객의 충성도가 올라가고 고객을 잃을 가능성은
줄어든다. 고객은 자신의 요구가 계속 충족될수록 다른 상품에 눈을
덜 돌리기 때문이다. 둘째, **고객**은 자신의 식기세척기가 예측 유지보
수를 통해 관리되므로 수년이 지난 뒤 거금을 들여 식기세척기를 바
꿀 필요가 없다. 목돈이 들어가는 초기 자본 투자가 필요 없고, 제품

의 성능이 하드웨어뿐 아니라 소프트웨어 업그레이드와 같은 혁신을 통해 지속적으로 이루어지므로, 장기적으로는 분명 이득이다. 게다가 제품을 사용할 때만 돈을 내므로 월간 비용을 미리 알 수 있어 비싼 청구서에 놀랄 일이 거의 없다. 셋째, **지구**에도 버려진 제품이 줄어들 것이다. 제품을 폐기하는 대신 지속적으로 개선할 것이기 때문이다. 또 사용한 만큼 비용을 지불하므로 제품을 더 효율적으로 사용할 것이고, 그만큼 자원을 낭비하지 않아 지구 온난화도 방지할 것이다.[5]

농기계 및 중장비 제조회사 존디어는 가장 오래된 산업인 농업에서 빈터할터와 유사한 일을 하고 있다. 지구 온난화로 가장 큰 위기를 겪고 있는 분야가 어디일까? 아마 농업일 것이다. 갈수록 날씨가 사나워지는 기후 변화 탓에, 앞으로 어떤 일이 일어날지 예측조차 할 수 없다. 전 지구에 물 공급이 줄어들면서 정확히 언제 어디에 얼마나 물을 대야 할지 파악하기도 어려운 실정이다.

존디어는 미국 농기계 시장을 어림잡아 60퍼센트나 주름잡고 있지만, 최근 몇 년간 농기계 판매 감소로 인해 수익이 급감하는 어려움을 겪었다. 하지만 존디어는 자신들의 제품을 새 시장의 수요에 맞춰 유연하게 바꿈으로써 위기에 현명하게 대처하고 있다. 그들은 이제 농기계를 파는 데에 주력하는 대신, 농부들에게 가치 있는 실시간 데이터를 제공하는 데에 집중하고 있다. 그로써 그동안 감소한 수익을 데이터 판매 수익으로 메운다. 여기서 더 나아가 고객의 농장에서 나온 데이터를 기상국의 날씨 데이터와 결합해 물과 비료가 가장 적절하게 공급될 시기를 예측한다. 존디어의 최고경영자 새뮤얼 앨런Samuel Allen은 회사가 세운 전략의 핵심을 이렇게 말한다.

> 당신이 농부라면 어떻게 하겠는가? 농기계는 해마다 새로 살 필요가 전혀 없지만, 데이터는 해마다 새로 사야 한다. 우리가 제공하는 데이터의 이점을 한번 경험해본 고객은 반드시 우리를 다시 이용할 수밖에 없다. 그렇게 하지 않으면 수익을 낼 수 없기 때문이다. 그러므로 농기계를 만들어 파는 것보다 데이터를 판매하는 비즈니스 모델이 훨씬 더 실속 있다.

이제 존디어의 서비스에 가입한 농부들은 전용 애플리케이션 '시드스타모바일Seed-star Mobile'을 이용해 자기네 농장의 파종 현황과 씨앗을 심은 위치를 언제 어디서든 확인할 수 있다.

전 세계에 분포된 20만 대 넘는 존디어의 장비가 무선망으로 작물 데이터를 중앙 서버에 전송하면, 서버는 그 데이터를 분류하고 통합한다. 그리고 다시 역으로 들판 한복판에 서 있는 농기계에 분석 데이터를 전송한다. 농부들은 다양한 장비에 이 데이터를 적절히 입력해 최적의 농사를 짓기만 하면 된다.[6] 물론 존디어 역시 그들이 데이터를 사용할 때마다 수익을 얻는다.

극한의 정밀도로 생산성을 극대화하라

: 리벨리움, 일드

IoT 혁신으로 얻는 수많은 이익이 대기업에만 집중되어 있다고 생각하는가? 어쩌면 당신은 중소기업이 IoT로 얻을 이익이라고 해봤자 막대한 투자 비용을 넘어설 수 없을 것이라고 미심쩍어할 것이다. 특히 어떤 기술이 초기 단계에 머물러 있을 때는 더욱 그렇다. 그렇다면 중소기업은 IoT 기술이 무르익어 제반 비용이 낮아질 때(대략 5년 후쯤이라고 예상된다)까지 기다려야 할까? 내 대답은 하나다. 절대로 그렇지 않다.

이미 모든 것이 연결되고 있다. IoT 기술의 범용성은 이미 확산될 대로 확산되었다. 전 세계적으로 대규모 전쟁이 발발하거나 IoT 기술이 더 이상 쓸모없어지지 않는 한 가격이 더 내려갈 일도 없을 것이다. 그때가 되어서야 IoT 시장에 뛰어들 것인가? 당신이라면 물이 다 빠진 텅 빈 수영장에 다이빙을 할 텐가? 가만히 지켜만 보다가는 모든 것이 물거품처럼 사라질 것이다. 지금 시점에서 내가 볼 때 '기다리는 것'이 '기다리지 않는 것'보다 치러야 할 대가가 훨씬 더 크다. IoT로 얻는 이익이 어마어마하기 때문이다. **그 이익을 얻지 못한 기업은 가까운 미래에 그 '착오'에 대한 대가를 톡톡히 치러야 할 것이다.** 그러니 이제는 가만히 기다리는 것보다 IoT를 적용하는 것이 더 신중한 전략이다.

중소기업의 IoT 기술 도입 사례 중 첫 번째 성공 사례는 '포도밭'에서 출발한다. 포도는 대단히 까다로운 작물이다. 농사에서 가장 중요한 문제인 관개 시설뿐만 아니라, 다른 여러 가지 작용을 세심하게 신경 써야 한다. 예컨대, 와인이 여러 해에 걸쳐 깊이 있게 숙성하려면 포도의 타닌과 안토시아닌 색소[*] 함량, 그리고 산도가 상당히 높아야 한다. 그리고 여기에 영향을 주는 요소가 습도와 이산화탄소다.

포도주 양조장 샤토 케프라야Château Kefraya는 아마도 세계에서 가장 오래된 와인 생산지인 레바논의 해발 1000미터 지역에 있다. IoT 기업 리벨리움은 시스템 통합 업체 리바텔Libatel과 손잡고, 토양과 기후 정보를 수집하는 무선 감지기를 이용해 토양과 기후 같은 생육 조건을 살펴 이 조건들이 포도에 어떤 영향을 미치는지 관찰한다. 리벨리움은 이 프로젝트를 '정밀 포도 재배Precision Viticulture'라고 부른다. 앞에서 언급한 다른 IoT 사례와 마찬가지로, 이 프로젝트의 가장 핵심적인 요소가 바로 '정밀도'다. 습도와 일조량이 조금만 변해도 포도의 상품성에 지대한 영향을 미치므로, 생산성과 효율을 극대화하기 위해서는 지구 온난화를 포함한 외부 변화에 대단히 정교하고 능동적으로 대처해야 한다. 전에는 이런 상황을 모두 사람이 손수 파악해야 했다. 막대한 시간과 돈은 둘째 치고, 그렇게 한다고 해서 대단히 정밀한 재배가 가능한 것도 아니었다.

....

[*] 포도주의 독특한 빛깔을 빚어내는 요소.

하지만 이제는 리벨리움이 개발한 IoT 플랫폼 '와스프모트'**의 감지기 노드 여덟 개가 알아서 그 일을 도맡는다. 그 가운데 여섯 개는 포도 열매가 열리는 높이인 나무 몸통쯤에 설치된다. 이 감지기들이 포도 재배에 아주 중요한 핵심 변수인 토양의 습도와 온도, 일사량과 광도, 기압과 공기 질 따위를 모두 수집해 보고한다. 다른 하나는 포도밭 바로 옆에 설치되어 포도밭 바깥의 날씨를 포도밭의 기후와 비교하고, 마지막 하나는 시험용으로 쓴다.[7] 이 장비들 덕분에 우리는 포도 재배가 끝날 여름즈음이 되면 전보다 훨씬 더 그윽하고 감미로운 포도주를 마실 수 있다.

다음은 '굴 양식장'이다. 어업 역시 농업과 마찬가지로 지구 온난화에 심각한 영향을 받는 분야다. 굴 양식도 포도 재배만큼이나 쉽지 않은 1차 산업이다. 따라서 굴 양식에도 실시간 데이터가 특히 더 필요하다. 게다가 굴은 '여과 섭식 동물'이라서 사람에게 심각한 질환을 일으킬 수 있는 오염 물질도 먹는다. 정부 기관은 끊임없이 까다로운 검사를 실시하고, 만약 이 테스트를 통과하지 못하면 굴 양식장을 폐쇄하기까지 한다.

대개 이런 불미스러운 일은 비가 온 뒤에 일어난다. 비가 내리면 굴을 오염시킬 만한 화학 비료나 각종 오수가 양식장으로 흘러들기 때

** 이 IoT 소프트웨어의 실제 이름은 'Waspmote Plug and Sense! Smart Agriculture PRO'로, 조금 긴 이름을 갖고 있다.

문이다. 그래서 굴 양식장을 일구는 사람들은 늘 기상 예보에 민감하다. 하지만 거의 언제나 그렇듯 기상청의 날씨 데이터는 믿을 것이 못 된다(특히 기후가 변화무쌍한 해안 지역에서는 더욱 그렇다). 그런데 만약 걸핏하면 어긋나는 기상 정보가 아닌, 현지에서 측정한 실시간 데이터를 통해 해당 지역의 정확한 날씨 정보를 정밀하게 예측할 수 있다면 어떻게 될까?

자동차 부품 기업 보쉬Bosch는 오스트레일리아 태즈메이니아섬에 위치한 신생 기업 일드Yield에 큰돈을 투자했다. 이 회사는 굴 양식을 포함한 농수산업 분야의 IoT 응용프로그램을 개발하는 곳이다. 일드는 굴 양식장에 즉시 측정 시설을 설치했다. 하드웨어부터 소프트웨어에 이르기까지 거의 모든 실시간 데이터를 관리할 수 있는 보쉬의 기술을 충분히 이용해, 수심과 염도, 온도와 기압 등을 측정하고 그 데이터를 알고리즘으로 해석했다. 이제 어부들은 스마트폰만 확인하면 정확히 언제 자신의 굴 양식장에 비가 내리고 천둥이 칠지 내다볼 수 있고, 결과적으로 가장 적절한 굴 수확 시기를 가늠할 수 있다.

이 영리한 중소기업은 자신들이 수집한 정보를 고객(굴 양식장)에게만 공유하지 않고 정부의 해양 관련 기관과도 공유했다. IoT 혁신의 두 번째 필수 원칙을 제대로 실천한 것이다. 정부는 이제 실시간으로 굴 양식장의 데이터를 확인할 수 있으므로, 비가 내렸다고 해서 무조건 양식장을 폐쇄하거나 인력을 파견해 시설물을 점검할 필요가 없어졌다. 그 결과 불필요한 폐쇄 조치가 30퍼센트 감소했고, 그러면서도 양식장의 위생은 더 철저하게 관리됐다. 이들의 아이디어는 양식업과 정부 모두에게 이로운 해법이다. 아니, 고쳐 말해야겠다. 굴에 생기는 병을 연구하는 학자들과도 실시간 데이터를 공유하므로, 양식업과 정부와 학계에 모두 이로운 해법이다.

새롭게 떠오르는 IoT 승자들

: 얼라이브코어, 버터플라이

어쩌면 몸짓이 비대한 대기업보다, 기민하고 유연한 신생 벤처기업이 IoT 전략을 훨씬 더 풍부하고 유기적으로 활용할 수 있다. 이들은 기존 기업이 엉성하게나마 새로운 기술을 받아들이는 데에 급급해하는 동안, 완전히 처음부터 새롭게 시작함으로써 불필요한 전환 비용을 최소화하고 이익을 극대화할 수 있다.

이를 잘 보여주는 기업이 있다. 심전도 측정기 '카디아'를 만든 의료기기 제조사 얼라이브코어Alivecor다. 이들은 스마트폰 뒷면에 붙이는 소형 장비를 여러 해 동안 판매했다. FDA 승인을 받은 이 장비는 두 측정판에 손가락을 하나씩 대고 애플리케이션을 작동하는 것만으로도 정확히 30초 안에 심전도를 측정한다. 환자들이 일상생활을 하며 심전도를 측정한다는 점에서 카디아는 1만 달러를 들여 병원에 입원해 받는 심전도 검사보다도 더 정확도가 높다. 사용자는 '운동을 갓 끝낸 뒤'나 '명상 뒤' 같은 단서를 붙여 해당 데이터를 무선으로 담당 의사와 공유할 수 있다. 그 덕분에 의사는 환자가 일상생활에서 몸을

움직일 때 심장이 어떻게 기능하는지 쉽게 이해할 수 있다.[8]

카디아는 IoT의 최고 역량을 보여주는 훌륭한 사례다. 크기, 속도, 비용도 놀랍거니와 의사와 환자의 관계를 IoT 이전에는 아예 불가능했던 방식으로 확장했기 때문이다. 얼라이브코어의 수석 개발자이자 최고경영자인 데이비드 앨버트David Albert 박사는 자신들의 목표를 아주 명료하게 설명한다.

"사람들을 의사와 바로 연결하자는 거다. 가장 확실한 연결은 직접 연결이다."[9]

최근 얼라이브코어는 IoT에 인공지능 요소를 더할 때 제품 성능이 얼마나 개선될 수 있을지 보여주는 놀라운 제품을 출시했다. 바로 애플워치Apple Watch의 시곗줄에 장착하는 '카디아밴드Kardia Band'와 여기에 연동된 분석 시스템 '스마트리듬Smart Rhythm'이다. 카디아에 인공지능 모형을 결합한 이 제품은 심장 박동 감지기와 가속도계로, 애플워치가 수집한 심장 박동 수와 활동 데이터를 해석한다. 얼라이브코어의 스마트리듬 개발 담당자는 자사의 제품을 이렇게 소개한다.

> 스마트리듬은 사용자의 심장 박동 수를 기본 데이터로 삼아, 시간이 지나면서 바뀌는 심장 박동 현황을 사용자의 분 단위 활동을 근거로 예상한 박동과 다시 비교한다. 그리고 사용자의 심장 박동이 인공지능이 예측한 범위에서 어디쯤 해당하는지를 그래프로 보여준다. 스마트리듬이 인공지능의 예측을 벗어나는 심장 박동 활동을 감지하면, 사용자에게 카디아밴드로 심전도

를 측정하라고 알린다.[10]

앨버트 박사는 이렇게 다짐한다.

"얼라이브코어는 앞으로 사용자가 침습 검사를 하지 않고도 아주 편리하고 매우 믿을 만하게 심장 부정맥을 감지할 수 있도록 끊임없이 기술을 발전시킬 것입니다."[11]

이에 맞서는 신생 업체 '버터플라이Butterfly'는 휴대용 초음파 기기 '버터플라이 IQButterfly IQ'를 출시했다(2019년 4월 기준으로 한국에서는 의료 관계자만 구입할 수 있다-옮긴이). 버터플라이의 이 흥미로운 도전은 상상력 넘치는 외부인이 IoT 기술, 제조 기술, 인공지능 기술을 결합해 제품을 어떻게 뜯어고칠 수 있는지를 잘 보여준다(실제로 이 기기는 의료 장비 산업과 전혀 무관한 내과 의사가 개발했다). 스마트폰에 부착하는 이 기기는 별도 영상 장치 없이 휴대폰 화면을 그대로 활용해 사용자에게 자신의 신체 내부를 보여준다. 크기도 딱 바지 주머니만 하다. FDA는 이미 열세 가지 진단 항목을 통해 버터플라이 IQ를 정식 승인했다.

버터플라이는 디지털과는 담을 쌓은 회사가 얼마나 혁신적인 변화를 일으킬 수 있는지를 그대로 보여준다. 기존 초음파 기기는 탐촉자(초음파 검사에서 피검사물에 접촉시켜서 초음파를 송수신하는 말단 장치-옮긴이)가 세 개이지만 버터플라이 IQ는 탐촉자 하나만으로도 살갗 바로 아래부터 몸속 깊은 곳까지의 상태를 확인할 수 있다. 덩치가 훨씬 큰 시중의 초음파 장비와 동일한 기능을 지닌 이 휴대용 초음파 장비는 스마트폰 같은 소비재를 생산하는 데에 쓰는 반도체 장비를 이용해, 웨이퍼(반도체의 기판이 되는 실리콘 판-옮긴이) 한 장으로 100개가 넘는 초음파 시스템을 찍어낼 수 있다.

실제로 버터플라이 IQ를 개발한 내과 의사는 이 기기를 이용해 자신의 암을 진단했고, 제때에 암 수술을 받을 수 있었다. 버터플라이 IQ의 성공을 뒷받침하는 근거는 홍보 문구 그대로다.

'검진비는 단돈 2000달러입니다.'

만약 기존의 장비로 전신 초음파 검사를 한다면, 평균 약 12만 달러가 넘게 든다. 이 휴대용 기기는 생사가 엇갈리는 상황에서 바로 이용할 수 있고, 전문가가 아닌 사람도 작동시킬 수 있다. 버터플라이 IQ를 사용해본 한 의사는 이렇게 말했다.

"모든 초음파 기기의 경쟁을 헛수고로 만들었다."[12]

버터플라이 IQ는 미국을 포함한 전 세계에 큰 파장을 미칠 것이다. 게다가 아직 초음파 장비가 제대로 보급되지 않은 개발도상국에 이 휴대용 초음파 기기가 도입된다면, 그 잠재력이 얼마나 클지 생각해보라. 기존의 디바이스인 아이폰을 활용해 시너지를 극대화한 이 휴대용 기기는 IoT 기술이 새롭게 떠오르는 유관 기술과 매우 손쉽게 접목한다는 사실을 고스란히 보여준다. 버터플라이 IQ의 인공지능 안내만 따라가면, 아무리 경험이 없는 사람이라도 겨우 몇 초 안에 고화질 영상으로 초음파 검사를 할 수 있다.[13]

모든 것이 연결된 도시, 스마트시티

: 바르셀로나, 함부르크

기업 못지않게 정부도 IoT 혁신을 진지하게 받아들이고 있다. 가장 대표적인 도시는 스페인의 바르셀로나Barcelona다. 앞에서 이야기했 듯이, 기업은 '현명한 사익 추구'를 위해 이런 스마트시티 활동에 적 극적으로 참여해야 한다. 무엇보다도 스마트시티 정책이 교통 혼잡을 줄여, 배송과 물류 개선 같은 기업이 가장 민감하게 반응하는 주요 도 시 이슈에 엄청나게 큰 파장을 미칠 것이기 때문이다.

스마트시티는 '데이터 공유'의 원칙을 가장 상징적으로 보여주는 거대한 사례다. 그리고 이를 가장 잘 보여주는 곳이 바르셀로나다. 바 르셀로나는 전임 시장인 사비에르 트리우스Xavier Trius 시절에 IoT 정 책에 착수했다. 트리우스는 IoT를 이용해 도시의 기반 시설을 놀랍도 록 개선했다. 한 예가 포블레노우Poblenou 중앙공원의 물 사용량을 획 기적으로 줄인 성과다.[14] 바르셀로나의 첫 여성 시장 아다 콜라우Ada Colau도 트리우스와 마찬가지로 IoT가 시민의 삶을 얼마나 크게 개 선할 수 있는지를 강조한다. 바르셀로나의 수석 기술 담당자이자 디 지털 위원인 프란체스카 브리아Francesca Bria는 자신의 임무를 이렇게 설명한다.

"스마트시티를 밑바닥부터 다시 생각하는 것, 그러니까 기술에 맞 춰 계획을 추진하기보다는 사람들에게 어떤 도움을 줄지 다시 생각 하는 것, 이것이 나의 유일한 임무다."

이 말은 콜라우 시장이 늘 강조하는, 시민에게 초점을 맞추는 참여 민주주의를 대변한다.

시는 새로이 추진하는 '기술 주권으로 가는 로드맵'에서, 소스를 공개하는 공용 데이터 기반 시스템을 개발하겠다고 천명했다. 그들의 표현을 빌리자면 "공통 표준이 있고, 시가 관리하는 컴퓨터 플랫폼에 연결되는 오픈 소스 감지기 통신망"을 구축하겠다는 것이다. 이를 가능케 할 열쇠가 바로 데이터 공유다.

바르셀로나는 자체 통신망, 플랫폼, 데이터를 계속 유지할 것이다. 시민들의 데이터를 보호하면서도 공공 영역에 속하는 정보에는 시민과 기업이 접근할 수 있도록 보장할 것이다.[15]

바르셀로나의 스마트시티 정책 초창기 때, 나는 워싱턴 D.C.의 스마트시티 사업에 참여하고 있었다. 나는 수석 기술 담당자 비벡 쿤드라Vivek Kundra와 당시 워싱턴 D.C. 시장 에이드리언 펜티Adrian Fenty와 함께 40개가 넘는 시의 중요 데이터베이스를 개방해 시민들이 실시간으로 서버에 접속할 수 있는 스마트시티 정책을 설계했다. 그런 다음, 누구나 참가할 수 있는 '민주주의를 위한 애플리케이션Apps for Democracy' 공모전을 열었다. 도시의 데이터를 가장 잘 활용할 수 있는 애플리케이션을 개발하는 것이 우리의 목표였다. 이러한 워싱턴 D.C.의 스마트시티 정책에 고무된 여러 도시에서 '정부 데이터 공개

운동'이 벌어지기도 했다.[16]

바르셀로나의 스마트시티 정책은 (워싱턴 D.C.와 마찬가지로) IoT에 기반을 둔 다양한 프로젝트가 단순히 결과뿐만 아니라 그 과정도 중요하게 다뤄야 한다는 교훈을 남겼다. 시의 접근법은 유명한 미래학자 존 나이스비트John Naisbitt가 주창한 디지털 운동 '첨단 기술, 큰 감동 High Tech, High Touch'에 가까웠다. 당시 도시의 정책 실무자들은 시민과 얼굴을 맞대고 계획을 짜는 각종 간담회와 공청회, 심지어 온라인 회의까지 모두 활용해 대화를 이끌어냈다.

> 바르셀로나 정부는 계속해서 투명성을 높이고 있다. 시민에게 시의 모든 정책을 온라인상으로 공유하고, 조금이라도 부패의 기미가 보이면 알려달라고 요청한다. 서민에게 양질의 주택을 공급하기 위해 도시의 빈 건물과 임대 주택의 현황을 알려주는 온라인 지도를 개발하고 꾸준히 업데이트하고 있다. 또 바르셀로나 지역의 중소기업들이 시의 통신망과 데이터를 이용해 IoT 시스템을 구축하고, 새로운 상품과 서비스를 개발하도록 장려한다.[17]

바르셀로나의 사례는 책의 맨 앞 장에서 다룬 빅벨리솔라 쓰레기통 이야기와 맞물린다. 바르셀로나 정부는 도시의 기반 시설 중에서도 가장 오래되고 단순한 시설물인 가로등을 스마트시티의 핵심 축으로 재설계하고 있다. 먼저 등을 LED로 교체해 전력 소비를 줄였다. 보행자가 가까이 다가오면 이를 감지한 감지기가 등의 밝기를 높여

보행자의 안전을 지킨다. 그리고 가장 중요한 마지막 기능이 가로등 기둥에 숨어 있다. 이 기둥에는 첫째, 와이파이 기능이 있어서 바르셀로나 전 지역에 무료 인터넷을 제공한다. 둘째, 감지기로 미세먼지 등 공기의 질과 관련된 데이터를 수집해 시 당국과 시민에게 실시간으로 알려준다.[18]

이 영민한 도시는 국제 단체 '시티프로토콜City Protocol'과 손잡고 '데이터 공유 공통 표준'을 세우고 있다. 물론 앞으로도 도시들은 신규 사업체와 유입 인구를 유치하고자 치열하게 경쟁할 것이다. **바르셀로나의 사례는 지금 성장의 한계에 직면한 전 세계의 거대 도시들이 앞으로 어떤 방향으로 나아가야 할지 알려주는 훌륭한 모범 사례가 될 것이다.**

스마트시티 정책을 효과적으로 구현하고 있는 두 번째 도시는 항구 도시 함부르크다. 이 도시는 IoT 기술을 활용해 항구의 고질적인 교통난을 해소했다.

때로는 사물이 있는 위치를 정확히 아는 것 자체만으로도 충분할 때가 있다. 선박이 북적이기로 세계에서 손꼽히는 곳이자 독일에서 가장 큰 항구인 함부르크가 바로 그런 곳이다. 해마다 이 항구를 거쳐 이동하는 화물이 1억 4000만 톤에 달한다. 날마다 이 항구를 오가는 트럭이 4만 대이며, 항구가 직간접으로 제공하는 일자리가 26만 개다. 이곳의 가장 큰 난제는 제한된 공간에 최대한의 화물량을 확보하는 것이다. 더 이상 확장이 불가능한 함부르크 항구를 떠받치는 무수한 철도와 부두를 가장 원활하게 운영함으로써 화물량을 늘리는 사업이 시급하다.

따라서 실물 세계의 한계에 다다른 함부르크 항구 관계자들은 이제 디지털 세계의 힘을 빌려 위기를 돌파하기로 마음먹었다. 그들은 우선 클라우드와 실시간 교통 관리를 결합한 '스마트 항구'를 여럿 만들어 컨테이너를 원활하게 이동시킴으로써 최소한의 교통 편익을 달성하기로 했다. 이들이 자체적으로 개발한 IoT 물류 플랫폼 '스마트 포트Smart PORT'는 SAP의 IoT 플랫폼 '네트워크드 로지스틱스 허브 Networked Logistics Hub'를 바탕으로 돌아간다. 네트워크드 로지스틱스 허브는 다시 SAP의 'HANA 클라우드 플랫폼'에서 데이터를 얻는다. 과정은 조금 복잡했지만, 결과적으로 항구에 있는 모든 컨테이너, 선박, 트럭과 관련된 통합 데이터가 항구에서 일하는 모든 운송 관계자에게 공유된다.[19] 그 결과, 세계에서 가장 복잡하고 변수가 많은 이 항구에 처음 방문한 그 어떤 운전자도 목적지로 향하는 최적의 경로를 실시간으로 찾을 수 있게 되었고, 도개교가 위로 열리고 있는 잠깐의 시간 동안 걸어서 다녀올 수 있는 가까운 커피 가게의 위치 정보와 할인 쿠폰까지 스마트폰으로 받을 수 있게 되었다.

더 깐깐하고 스마트한 소비자가 온다

      IoT 기술이 몰고 온 파장이 가장 적나라하게 드러나는 분야는 역시 B2C 시장, 즉 개인 소비자 영역이다. 나는 앞 장에서 기업과 기업 간의 IoT 활용에 집중했다. 그 이유는 IoT가 산업 전반에 가져다줄 이익 가운데 70퍼센트 이상이 B2B 시장에서 발생한다고 추정되기 때문이다.[20] 그렇다고 해도 개인 소비자 시장은 그 자체로 중요하거니와, B2B 시장에 큰 영향을 미치므로 간과해서는 안 된다. 이를테면 여러 산업 분야의 주요 관계자들은 (사적인 용도로) 개인용 IoT 기기를 구매해 사용하면서 IoT를 경험할 것이다. 1990년대에 고위 간부였던 사람들이 아마존에서 추수감사절 선물을 고르면서 아마존이 촉발한 전자상거래 혁명을 미리 경험했던 것처럼 말이다. 이들은 이러한 경험을 바탕으로 자사에서 IoT를 실험할 용기를 얻을 것이다.

제품과 생산 공정을 IoT 기반으로 완전히 혁신하겠다고 해놓고서, 정작 자신은 전과 똑같은 구닥다리 제품을 소비한다면 우스꽝스럽지 않을까?

기존의 제품과 서비스를 IoT에 맞춰 재설계하고, 새로이 제품과 서비스를 만드는 것은 쉬운 일이 아니다. **지금껏 우리에게는 실물과 디지털을 통합한 역사가 없기 때문이다.** 그러므로 새로운 마음가짐과 새로운 기술적 역량이 필요하다. 실물과 디지털을 하나로 매끄럽게 통합할 창조적인 길을 찾고, 소비자가 실물 제품만 이용했을 때보다 더 만족스러운 혜택을 경험하도록 만들어야 한다.

이 주제를 연구하는 전문가 중 한 명인 MIT 미디어랩MIT Media Labs의 거장 데이비드 로즈David Rose는 매력과 통찰이 넘치는 책 『마술에 걸린 물건: 설계, 인간의 욕망, IoTEnchanted Objects: Design, Human Desire, and the Internet of Things』를 썼다. 괴짜 발명가이기도 한 로즈는 수고로운 일을 마다하지 않았는데, 약 먹을 시간을 알려주는 IoT 약통 '바이탈리티 글로캡Vitality GlowCap'을 개발하기도 했다.

이 책에서 로즈는 IoT를 활용하고 싶은 회사라면 고객이 시시하게 여길 만한 물건은 멀리하라고 주장한다(이 대목에서 나는 스마트 빗[21]이 생각난다. 이게 과연 필요한 물건일까?).

"제조사는 제품의 본질을 '인간의 본능과 가장 가까운 욕망'에서 찾아야 한다. 그래야 세상에 의미 있고 바람직한 영향을 미칠 만한 제품을 만드는 데에 집중할 수 있다."[22]

초연결시대 소비자의 6가지 욕망

로즈는 이 기준을 충족할 욕망의 범주, 즉 소비자용 IoT 기기의 의미와 가치를 평가할 수 있는 여섯 가지 표준을 자세히 설명한다. 어쩌면 이 여섯 가지 욕망은 모든 것이 이어진 초연결시대에서 문명을 관통하는 본질일지도 모른다. 나는 지금껏 인류에 직간접적인 영향을 미친 수많은 신제품(예를 들어 아이폰이나 구글의 검색 기능, 테슬라의 전기자동차 등)이 이 여섯 가지 욕망에 정확히 부합한다고 생각한다. 따라서 모든 기업이 소비자를 대상으로 IoT 신제품을 출시할 때, 이 여섯 가지 욕망을 제품의 표준으로 삼기를 권장한다.

1. 박학다식: 인간의 지식욕은 무척이나 왕성해 되도록이면 많은 것을 알고 싶어 하며, 심지어는 사실과 정보를 넘어서는 사물의 본질까지도 들여다보고 싶어 한다.

2. 텔레파시: 인간은 남의 생각과 감정을 늘 궁금해 한다. 또한 남과 손쉽고 투명하고 풍성하게 교류하고 싶어 하는 강렬한 욕망을 갖고 있다.

3. 안전: 인간은 편안하고 아늑하며, 근심과 걱정이 없기를 바란다.

4. 불멸: 인간은 삶의 마지막 순간까지 활기가 넘치기를 원하며, 무병장수하기를 꿈꾼다.

5. 순간이동: 인간은 물리적 한계나 경계에 제약 받지 않고 싶어 한다.

6. 표출: 인간은 누구나 자신을 여러 형태로 여러 매체에 고스란히 드러내 발산하고 싶어 한다.[23]

로즈는 인간의 마음 깊숙한 곳, 즉 내밀한 욕망을 충족시키는 '마술에 걸린 물건'은 전구에서 칫솔까지 우리가 당연하게 여기는 평범한 물건에서 처음 출현해 이내 진화해왔다고 말한다.

"평범한 사물들은 새로이 떠오르는 기술인 감지기와 구동장치, 무선 연결 기능, 내장형 데이터 처리 기술 등을 이용해 증강되고 향상된 끝에, 마침내 비범해질 것이다. 그리고 결국 이 모든 것은 연결될 것이다."[24]

소비자용 IoT 기기를 설계할 때 꼭 기억해야 할 것이 하나 더 있다. **사람들이 이런 제품을 사고, 쓰고, 흔히 사랑하기까지 하는 까닭은 이 제품들이 프라이버시를 보장해주기 때문이다.** 사람들은 IoT 기기를 믿고, 자신의 삶과 관련된 개인 데이터를 맡긴다. 당연히 제조사는 무거운 책임감을 느껴야 한다(첫 번째 필수 원칙을 벌써 잊은 건 아니겠지?) 정보 보안에 구멍이 뚫려 대중의 믿음을 잃은 뒤에는 신뢰와 호감을 되찾기 매우 어려울 것이다.

지난 2018년, 달리기 애플리케이션 '스트라바Strava'에서 바로 그런 구멍이 발견되었다. 세계 곳곳에 있는 미군의 비밀 군사 기지에서 군인들이 이 애플리케이션을 사용하면 기지의 위치가 드러날 수 있다는 의혹이 제기된 것이다. 스트라바의 고객 중에는 물론 달리기를 좋아하는 군인도 다수 포함되어 있었다. 이 애플리케이션은 사용자의 이동 경로 데이터를 수집해 지도로 보여주기 때문에, 오랜 시간 베일에 싸여 있던 미군의 비밀 기지 위치가 드러났다.[25] 참고로 나는 그런 기지 중 한 곳에서 복무하는 미군 장교를 아들로 둔 사람이다. 그러니 내가 얼마나 두려웠을지는 당신도 짐작이 가리라.

아마도 스트라바는 개인의 데이터를 익명 처리함으로써 정보를 충분히 보호했다고 생각한 것 같다. 사용자가 어디를 얼마나 어떻게 뛰든 이름만 가리면 개인 정보가 드러날 일이 없으니 안심했을 것이다. 하지만 사용자의 이름을 가리든 안 가리든 그 경로만으로도 심각한 정보 유출이 예상되는 데이터도 있는 법이다. 스트라바는 사용자가 수동으로 거부 의사를 밝힐 때에만 이동 경로 정보를 수집하지 않았다. 굳이 거부 의사를 밝히지 않으면 모든 정보를 수집해 공개했다. 이건 명백하게 잘못된 정보 수집 방식이었다. 공유 애플리케이션이라면, 사전에 사용자로부터 데이터 제공에 대한 동의를 얻는 절차를 표준으로 삼아야 한다.

스트라바 사태는 보안이 얼마나 까다로운 문제인지를 정확히 보여주었다. 이 문제가 폭로되기 전까지 그런 희한한 문제가 발생하리라고 누군들 생각이나 했겠는가? 스트라바 사태는 유구한 연좌제 원칙에 따라 다른 모든 IoT 기기 제조사를 위태롭게 했다. 그렇다면 반대로, 이렇게 끝없는 '정보 보안' 싸움에 맞서며 끊임없이 소비자의 여섯 가지 욕망에 응답하는 혁신적인 기업들(아마존, 구글, 애플, 필립스)은 어떤 IoT 소비재를 내놓고 있을까?

아마존의 선제 공격

: Amazon Echo

소비자용 IoT 기기 중 어떠한 것을 논하든, 시작은 마땅히 이 경이로운 기기여야 한다. 아마존 에코Echo와 거기에 딸린 인공지능 비서 '알렉사' 말이다.

에코와 에코스팟Echo-spot을 비롯한 소형 자매품은 2014년에 처음 출시되었다. 그리고 2016년에 인기 상품으로 발돋움해 판매량이 500만 대를 넘어섰고, 2017년에는 무려 네 배가 뛰어 2000만 대를 팔아치웠다.[26] 물론 이 기간 동안 에코의 능력은 갈수록 더 향상되었다. 기술이 발전했을 뿐만 아니라, 아마존이 IoT 혁신의 두 번째 필수 원칙인 '공유'를 실제로 받아들였기 때문이다.

아마존의 이러한 행보는 당시 업계에서 무척이나 파격적인 조치였다. **귀하디귀한 데이터를 모든 사람에게 무료로 공개하다니!** 수많은 외부 개발자가 알렉사의 다양한 능력을 응용해 '스킬Skill[***]'을 폭발적으로 많이 내놓았다. 아마존은 다른 회사가 알렉사의 음성 서비스 개발 프로그램을 활용해 관련 스마트홈 기기를 만드는 것을 허용했다. 물론 지금도 그 기조는 변함이 없다. 그래서 새로운 기기가 하나 생길 때마다 '네트워크 효과' 현상이 일어나, 다른 기기들의 가치가 덩달아 올라간다.

....

[***] 아마존의 스마트홈 스킬 API를 이용해 개발한 애플리케이션을 총칭하는 용어.

아마존 회장 제프 베조스Jeff Bezos는 2017년 4분기 실적 발표에서 이렇게 말했다.

"외부 개발자들이 만든 스킬이 현재 3만 개가 넘는다. 고객들은 약 1200개의 브랜드가 내놓은 4000개 이상의 스마트홈 기기를 알렉사로 제어할 수 있다. 그리고 제조사를 겨냥해 새로 내놓은 원거리 음성 개발 프로그램이 강렬한 반응을 얻고 있다."[27]

에코를 사용하는 사람이라면 누구든, 알렉사의 가장 큰 매력을 '명령 언어'라고 생각할 것이다. 즉, 가장 흔하고 간단한 입력 수단인 인간의 목소리로 명령할 수 있다는 점 말이다. 더불어 그 명령을 알렉사가 거의 오류 없이 이해하고 대응하는 데에 놀라움을 금치 못할 것이다. 사용자는 기기를 찾아 애플리케이션을 열 필요 없이, 그저 말만 하면 된다. 게다가 사용자가 더 자주 알렉사에게 말을 걸수록 이 똑똑한 IoT 기기는 사용자의 말투와 단어, 취향을 기억해 스스로 가장 적절한 대응을 찾아낸다. 물론 한편으로는 에코가 사용자의 목소리를 빠짐없이 녹음해 사생활을 침해할지도 모른다는 우려 섞인 지적도 있다. 하지만 지금까지 그런 일은 일어나지 않았다.

나는 다른 글에서 내가 꿈꾸는 똑똑하게 나이 들기, 즉 '스마트에이징Smart Aging'의 열쇠가 바로 이 에코일지도 모른다고 적었다. 내가 생각하는 스마트에이징이란 노인들이 더 건강하게 지내도록 돕는 스마트 건강 기기와 집을 더 쉽게 관리하도록 돕는 스마트홈 기기를 결합하는 것이다. 그리고 궁극적인 목표는 노인들이 더 오래 건강을 유지해 시설에서 지내는 시간을 줄이는 것이다. 에코는 간단하게 목소리만으로도 기기에 명령을 전할 수 있기 때문에, 기기를 프로그래밍하는 법을 처음부터 다시 배울 필요가 없다. 따라서 첨단 기술을 못마땅하게 여기는 노인들조차도 에코를 비롯한 IoT 기기의 편리함에 금세 익숙해질 것이다.[28]

추격하는 구글

: Google NEST

지난날 가정집은 우리의 삶에서 마지막까지 디지털화되기를 거부했던 영역이었다. 우리가 집에서 사용하던 모든 기기와 가전제품은 그저 딱딱하고 무거운 '기계'에 불과했다. 직접 수동으로 조정해야 했고, 기계의 내부 작동 원리를 꿰뚫어 볼 방법도 없었다. 이를테면 퇴근 후 깜깜한 집에 들어가기 싫다면 출근할 때 불을 켜두고 나가 돈과 전기를 낭비하거나, 돈과 전기를 아끼는 대신 밤에 어두컴컴한 집으로 퇴근을 하는 수밖에 없었다. 무더운 여름이 되면 시민들이 너나없이 에어컨을 24시간 내내 가동하는 바람에, 정부는 에너지 과부하를 막기 위해 어쩔 수 없이 오염 물질을 많이 내뿜는 비상용 발전 설비를 돌려야만 했다.

하지만 이제 우리의 일상을 새로이 바꿔줄 '스마트홈' 기기는 가정의 기기들을 원격으로 조종할 수 있을 뿐만 아니라, 단 한 번의 '터치'로도 여러 기기를 동시에 조종할 수 있다. 예를 들어 애플의 '홈키트Homekit'

에 '잘 시간이야'라고 명령하면, 그 즉시 필립스의 '휴Hue' 전등이 꺼지고, '에코비Ecobee'의 온도 조절 장치가 취침에 알맞게 온도를 조정하며, '슐라게Schlage'의 자물쇠가 알아서 잠긴다.

판매량으로 따지면 에코와 비교가 안 되지만, 스마트홈 기기 개발사 네스트가 2011년에 출시한 스마트 온도 조절 장치 '네스트'는 IoT 시대 초창기의 가장 빛나는 제품이다. 네스트는 모바일 전용 애플리케이션과 연동할 수 있기 때문에 사용자가 집 밖에 있을 때 집 안의 온도를 미리 확인하거나, 예정보다 빨리 퇴근할 때 집 안의 온도를 올리는 일 등을 애플리케이션으로 제어할 수 있다. 하지만 대개는 네스트가 직접 감지기를 통해 알아서 온도를 조절한다. 장치를 설치한 뒤 몇 주간 네스트의 감지기가 사용자의 일상을 관찰해 성향을 파악한 다음, 인공지능으로 기기의 작동 일정을 짜고 거기에 따라 온도를 제어하는 것이다.

2014년 구글은 네스트를 32억 달러(약 3조 6000억 원-옮긴이)에 인수했다. 그리고 2018년 초에 다시 하드웨어 사업부 산하로 네스트를 합병하면서 본격적으로 IoT 스마트홈 시장에 뛰어들었다. 구글은 머신러닝과 인공지능 영역에서 지닌 주도권을 이용해, '구글홈Google Home'과 같은 하드웨어 프로젝트와 네스트의 시너지를 최대한 높이기 위해 개발을 거듭했다.[29]

이 노력의 결과는 믿기 어려울 정도다. 구글의 기술력이 추가된 네스트가 미국 전역의 가정집에 도입되자, 전국적으로 수십 억 킬로와트의 전력이 절약되는 효과를 보였다. 기존과 비교해 난방비의 10~12퍼센트, 냉방비의 15퍼센트를 줄였다.[30] 구글은 계속해서 조금 투박하지만 더 저렴해진 신제품을 선보였다. 그리고 전력 회사, 정부 기관, 비영리 단체와 협력해 신제품 100만 개를 저소득층 가정에 설치하고 있다. 이는 '연료 빈곤'이라는 전 지구적 문제에 대처하려는 글로벌 기업의 실천적 노력이다. 연료 빈곤 문제는 단열이 부족하고 난방 장치의 효율이 낮은 주택에 거주하는 빈곤층에게 특히 더 심각한 영향을 미친다. 더 자세히 말하자면, 같은 지역에 살더라도 고소득층 가정은 연료비로 소득의 평균 2.3퍼센트를 부담하지만, 저소득 가정은 7.2퍼센트를 부담한다.[31] 네스트의 구상은 (뒤이어 설명할 '초연결시대 IoT 설계 선언문' 중에서 다루겠지만) 모든 이해 관계자가 이익을 얻는다는 목표를 보여주는 가장 멋진 사례다.

네스트는 온도 조절 장치와 연동하는 화재 감지 카메라 및 화재경보기 같은 보완 기기들을 차례대로 자체 개발해 제품을 다각화했다. 그에 따라 제품 하나하나의 가치가 올라갔다. 이를테면 화재경보기인 '넥스트프로텍트Next Protect'는 네스트의 온도 조절 장치와 연결되어, 연기를 감지하면 난방 장치를 꺼서 문제가 커지지 않게 한다. 또 사용자의 동의하에 네스트는 기기에서 나온 데이터를 익명 처리해 협력 회사에 제공함으로써 또 다른 형태의 부가가치를 창출한다. 예를 들어 화재경보 데이터를 제공하는 데에 동의한 집주인은 그 대가로 주택 보험료를 할인받을 수 있다.

이들은 좀 더 높은 차원의 협력 사업도 추진하고 있다. 사용자가 전기 회사나 가스 회사에 에너지 사용 데이터를 제공하면, '스마트그리드' 활동에 참여할 수도 있다. 만약 전력 수요가 절정일 때, 네스트의 전력 소비 집중 시간대 보상 프로그램인 '러시아워 리워드Rush Hour Rewards'를 이용해 전력 사용을 줄이면, 사용자는 추후에 좀 더 저렴하게 전력을 사용할 수 있다. 반대로 전력 회사 역시 낡고 효율이 낮으며 오염 물질을 많이 내뿜는 비상 발전기를 돌리지 않아도 되니 좋다. 또 누가 이익을 볼까? 바로 '지구 환경'이다. 이러한 프로그램이 지구 온난화를 줄이기 때문이다.[32]

네스트는 스마트홈 기기 시장을 선도하는 가장 혁신적인 IoT 제품이다. 그리고 기업이 어떻게 IoT를 이용해 집 안의 온도를 조절하고 전등의 밝기를 통제해 낭비를 없애고 편리함을 키우는지 보여주는 대표적인 사례다.

새 시장을 개척한 애플

: Apple Watch

GE의 윌리엄 루는 '언젠가 모든 인간에게 태어날 때부터 건강관리를 도와줄 디지털 쌍둥이가 생겨서 우리 몸의 상태를 예측해 관리할 수 있으리라'고 내다봤다. 앞에서 언급했던 아이폰에 부착하는 카디아밴드야말로 이러한 진보의 방향으로 나아가는 첫걸음이다. 하지만 모름지기 신체의 건강을 통제하고 제어하는 IoT 기술의 핵심은 '웨어러블 기기'에서 출발해야 할 것이다.

현재 전 세계에서 가장 잘 팔리는 웨어러블 기기인 애플워치[33]는 건강과 운동 관리 기능뿐 아니라, 개인의 활동량과 즐길 거리까지 결합하고 있다. 그러니 많은 사람이 애플의 뛰어난 제품들 중 가장 '내밀한 제품'이 애플워치라고 말하는 것도 지극히 당연하다.

애플워치가 지닌 다재다능함의 열쇠는 시계 뒷면에 있는 네 개의 정교한 감지기다. 이 감지기들 덕분에 아주 정확한 알고리즘을 만들어, 사용자의 모든 변화무쌍하고 왕성한 움직임(예를 들어, 달리기나 걷기, 노를 젓는 운동, 실내에서 자전거 타기 등)까지 스무 가지가 넘는 운동을 탐지할 수 있다. 여기서도 애플은 IoT 혁신의 두 번째 필수 원칙을 적극적으로 받아들인다. **애플은 애플워치를 최초로 선보일 때부터 제3의 독립 개발자들에게 모든 소스를 공개했다.** 이로써 그들이 애플워치에서 나오는 수많은 데이터를 마음껏 활용하도록 장려했다. 그 결과 애플워치에서 사용할 수 있는 수많은 애플리케이션이 만들어졌는데, 여기에는 스탠퍼드대학병원 같은 명망 높은 의료 기관도 참여했다.

여러 다른 IoT 기기에서 그렇듯, 애플워치에서도 데이터가 끊임없이 실시간으로 흐르므로 사용자(또는 사용자의 담당 의사)가 몸의 중요한 변화를 알리는 정보를 제때 파악하고 대처할 수 있도록 도와줄 애플리케이션을 직접 설계할 수 있다. 애플워치가 둥그런 디스플레이 패널에서 '움직이기', '운동하기', '일어서기'로 나뉜 사용자의 하루 활동량을 원형 그래프로 보여주는 것도 이 때문이다. 애플워치가 출시된 지 얼마 지나지 않아 매우 인상적인 일이 일어났다. 보스턴 외곽의 한 고등학교 미식축구 선수가 연습 중 몸에 이상을 느꼈는데, 마침 차고 있던 애플워치가 맥박이 비정상으로 빠르다는 경고를 보낸 것이다. 그 덕분에 학생은 늦지 않게 응급조치를 받을 수 있었다. 알고 보니 그 학생은 희귀 질환을 앓고 있어서 심장, 간, 신장이 제 기능을 못하고 있었다고 한다.[34]

당뇨병은 일찍 발견할수록 의료진이 더 빨리 개입할 수 있으므로 조기 검진이 가장 중요하다(항공용 제트엔진의 예측 유지보수를 생각하면 이해가 빠를 것이다).[35] 2018년 초 '카디오그램Cardiogram'이라는 개발사가 캘리포니아대학과 함께 개발한 애플리케이션을 발표했다. 딥러닝 네트워크 '딥하트Deep Heart'와 연동하는 이 애플리케이션은 사용자의 당뇨병을 매우 정확히 진단했다(정확도가 무려 85퍼센트에 달했다). 이 발표가 중요한 까닭은 사용자가 웨어러블 기기가 보내주는 신체 데이터를 분석해, 전에는 알지 못한 병의 증상과 원인의 연관성을 밝히는 것이 가능함을 증명했기 때문이다. 굳이 병원에 가서 의사와 마주앉아 당뇨병 검진을 받지 않더라도, 내 몸에서 나오는 신체 정보를 실시간으로 의료 기관에 제공해 당뇨병을 관리하는 편이 훨씬 더 간편하고 저렴하고 정확하다는 것이 공식적으로 입증된 것이다.

애플은 일찌감치 카디오그램과 협력해 당뇨병을 조기에 발견할 수 있는 IoT 기술 개발에 전념하고 있다. 애플과 카디오그램은 감지기를 이용해 실험 참가자 1만 4011명이 일상생활을 할 때의 '심장 박동 변동성'을 2억 회 이상 측정했다. 웨어러블 기기가 출현하기 전에는 이렇게 방대한 양의 데이터를 수집하고 분석하는 일이 아예 불가능했다.

글로벌 당뇨병 시장의 경제 규모는 2020년에 이르러 무려 850억 달러(약 96조 원-옮긴이)까지 치솟을 전망이다. 애플은 애플워치라는 매우 강력한 IoT 소비재를 통해 이 거대한 시장을 독식할 야심을 차근차근 행동으로 옮기고 있다.

공유를 통해 소비자를 사로잡은 필립스

: Phillips Hue

초기 스마트홈 기기 가운데 네스트의 온도 조절 장치와 함께 주류가 된 제품이 또 있다. 바로 필립스가 2012년에 선보인 '휴 LED 조명'이다. 휴는 무려 1600만 가지의 색 조합이 가능하다. 또 '지그비Zigbee'라는 무선 통신 프로토콜을 이용해 다른 전구와 통신할 수 있으며, 신형 모델은 애플의 홈키트 플랫폼으로도 제어할 수 있다.

필립스는 휴를 처음 선보이며 '제어에 쓴 API를 공개하겠다'고 선언했다. 그리고 실제로 2013년 초에 이를 공개했다. 시스템 설계자인 조지 야니George Yianni는 이렇게 말했다.

> 필립스는 이 API를 이용하는 외부 개발자들을 돕고 키우고 북돋을 것이다. 또 그들에게 적합한 설명서와 도구를 제공할 계획도 있다. 이는 앞으로도 영

원히 유효한 약속이며, 어느 날 갑자기 일방적으로 API를 변경하지 않겠다고도 약속한다.[36]

이 API를 이용해, 휴는 앞에서 언급한 '이프트' 사이트에서 가장 인기가 많은 기기가 되었다. 사용자가 이프트에 '공부에 집중하기 좋은 불빛'이나 '밸런타인데이 장밋빛 조명'이나 '새벽에 잠 깨기 좋은 조명' 같은 수많은 조명 사용법을 레시피로 만들었기 때문이다.[37] **이러한 소비 확산이 제품 판매 증가로 이어졌음은 당연하다.**

하지만 필립스가 API를 공개함으로써 감수해야 했던 위험도 없지는 않았다. 2016년 캐나다인과 이스라엘인으로 구성된 윤리적 해커들이 도심에서 시스템을 장악해 의도적인 혼란을 일으켰다. 이는 휴가 연결되어 있는 무선 통신망 지그비가 얼마나 손쉽게 해킹되는지, 그리고 도시 전체가 얼마나 손쉽게 '벽돌화Bricking**** 사태'에 빠지는지를 증명한 사건이었다. 당시 필립스는 대변인 성명을 통해 자사의 신속한 보안 업데이트 조치로 모든 우려를 해소했다고 사용자를 안심시켰다.[38]

시중에 출시된 소비자용 IoT 기기는 에코부터 휴까지 매우 다양하지만, 우리가 앞서 살펴봤던 산업용 IoT 기기와 놀랍도록 비슷한 모습을 보인다. 첫째, 데이터를 공유함으로써 '네트워크 효과'를 일으킨

....

**** 소프트웨어가 업데이트된 후 한동안 기기가 먹통이 되는 현상.

다. 둘째, '집단 실명'을 극복해 실시간 데이터를 수집하고 분석할 수 있게 한다. 셋째, 문제가 생기려고 할 때마다 그 낌새를 예측해 미리 예방 조치를 취함으로써 피해를 최소화한다.

중요한 것은 이것이다. IoT를 보다 완벽하게 만들어주는 주변 기술(증강현실, 3D 프린터, 인공지능 등)이 갈수록 진화하고 저렴해지겠지만, 기업에 IoT 기술을 도입할 전략의 요체는 이미 다 나와 있다.

> **IoT를 이용해 공정의 정밀도를 높이고,**
>
> **그렇게 얻은 이득을 다시 투입해**
>
> **조직의 모든 측면을 더 근본적으로 디지털화하라.**

이를 위해 우리는 '새로운 IoT 선언'을 공유하고 실천해야 한다. 책 말미에 부록으로 소개한 '초연결시대 IoT 설계 선언문IoT Design Manifesto 1.0'이 바로 그것이다. B2B 시장에서든 B2C 시장에서든 IoT를 비즈니스 모델로 새롭게 도입하고자 한다면, 이 선언을 자신이 속한 기업의 언어로 새롭게 재구성한 뒤 뛰어들기 바란다.

자 가 진 단
Self-Assessment

1. 이번 장에서 제시한 사례가 당신의 기업이 IoT로 전환하는 첫걸음을 내딛는 데에 도움이 되었는가?

2. 현재 기업의 업무 분야에서 실시간 데이터가 없어 문제에 대응하는 데에 제약을 받고 비용이 올라가는 부문이 어디인가? 그런 요인과 관련된 실시간 데이터가 어떻게 정밀도를 높이고 비용을 줄일 수 있는지 고민해본 적 있는가?

3. IoT를 기반으로 시작한 신생 기업의 모범 사례를 통해, IoT를 이용해 제품을 얼마나 근본적으로 재설계할 수 있을지 깨달았는가? 만약 제품을 그렇게 전환하지 않는다면 당신의 기업은 앞으로 어떤 위험에 부닥치겠는가?

3부

혁명이
끝난 뒤

CONNECTED

연결될 것인가,
고립될 것인가

EVERYTHING

우리가 마주할
초연결 혁신의
모든 것

미래는 이미 우리 앞에 와 있다.
다만 널리 퍼져 있지 않을 뿐이다.

/

윌리엄 깁슨('사이버 펑크'라는 새 SF 장르를 개척한 미국의 소설가)

작업 효율과 정밀도가
완벽에 가까워진다

제조 혁신

수많은 글로벌 기업이 IoT 기술을 통해 상당한 이익을 거두고 있지만, 이는 아직 시작 단계에 불과하다. 지금까지 일어난 일은 앞으로 펼쳐질 변혁의 한 자락만을 살짝 보여줬을 뿐이다. 그때가 되면 내가 1부에서 제시한 IoT 혁신의 필수 원칙이 디지털 세계의 당연한 표준이 될 것이다. 감지기와 플랫폼 같은 핵심 구성 요소가 더 탄탄해지고, 그와 동시에 누구나 감당할 수 있는 합리적인 가격으로 시장에 제공될 것이다. IoT를 통한 네트워크 효과가 사회와 경제를 견인하고, 실물 세계의 모든 기기가 디지털로 엮일 것이다.

7장에서는 이러한 융합이 완전히 실현될 때 무슨 일이 벌어질지를 설명하려 한다. 그리고 벌써 상당한 변혁을 이룬 회사들의 전략을 살펴볼 것이다. 이들 중에는 '집단 실명'에 발목이 잡히지 않은 채 혁신을 거듭하고 있는 신생 기업도 있고, 불과 몇 년 전까지만 해도 변화를 따라가지 못해 고객으로부터 외면을 당했던 기업도 있다.

IoT를 통한 초연결 혁명은 구체적으로 어떻게 설계되고, 제조되고, 유통되고, 사용되고, 유지되고, 판매될까? 예상했겠지만 이 모든 과정은 하나로 연결되어 있다. 가까운 미래에 진정한 IoT 기업이 보여줄 가장 혁신적인 특징은 이러한 과정들이 한 요소에서 다음 요소로 깔끔하게 선형으로 진행되지 않고, 여러 방향으로 순환한다는 점이다. 그리고 기업들은 굳이 이런 과정마다 개별적인 전략을 수립할 필요도 없다. 실물과 디지털이 매끄럽게 융합하듯 모든 단계가 밀접하게 하나로 이어질 것이고, 이 막힘없는 활주로를 데이터가 끝없이 순환할 것이다.

나는 이러한 미래의 모습을 '거대한 눈덩이'에 비유하곤 한다. 언덕을 굴러 내려갈수록 계속 커지는 눈덩이 말이다. **IoT 세계에서는 무엇이 하나 추가될 때마다 이익의 크기도 눈덩이처럼 커진다.** 이익이 확장되는 속도는 혁신의 눈덩이가 구르는 가속도와 비례한다. 이것이 바로 초연결의 본질이다.

***

이번 장에서 내가 가장 먼저 강조하고 싶은 IoT의 이익은 '정밀도'다. 지멘스의 '미래 공장'이 보여주는 양품률 99.99885퍼센트가 그

상징적인 사례다. 전 세계 모든 공장에서 이 정도의 양품률을 유지할 경우 경제와 사회에 어떤 영향을 미칠지 상상해보라. 수익 기반 형성의 가장 첫 단계는 '제조'다. 지멘스와 GE가 왜 이 분야의 선구자가 되었는지 잘 생각해보기 바란다(두 기업 모두 제조업에 뿌리를 둔 한 세기 이상 된 기업들이다). 제조 효율과 정밀도만 충분히 높여도 수익률은 금세 개선될 것이다. 그리고 이렇게 얻은 추가 수익을 설계 부문과 유지보수 부문에 재투자할 수 있다.

2012년에 오토바이 제조사 '할리데이비슨Harley-Davidson'은 IoT 통신 기술과 스마트 조립 라인 설비를 공장에 도입하고자 기존의 자사 설비 시설을 완전히 뜯어고쳤다. 한때 41채나 있던 펜실베이니아의 할리데이비슨 공장은 이 과정에서 39채가 사라졌고, 스마트 설비로 도배된 남은 2채는 《인더스트리위크Industry Week》로부터 2013년 '우수공장상'을 받았다.[1]

무선 통신망으로 연동되는 공장 건물에는 여러 변화가 생겼다. 우선 자동으로 움직이는 카트가 조립 구역을 돌아다니며 부품을 나른다. IoT 기술을 적극적으로 도입하면서 그와 밀접한 기술인 인공지능 로봇까지 제조 과정에 투입됐다. 로봇이 부품을 용접하면서 자연히 근로자 수도 줄었다. 그럼에도 한 조당 오토바이 펜더 생산량이 과거보다 20퍼센트나 늘었다.

물론 이러한 변화가 누구에게나 행복한 것은 아니었다. 공장을 개선하기 전인 2009년 펜실베이니아 공장의 고용자 수는 2000명이 넘었다. 하지만 임금 동결 등 노조의 양보에도 현재 남은 고용자는 겨우 800명뿐이다.[2] 할리데이비슨 경영진은 노조가 개선을 받아들이지 않으면 공장을 아예 폐쇄하고 생산 기지를 해외로 이전하겠다고 협박했다. 노조가 그 제안마저 거절했다면 어떻게 됐을까? 고용은 유지했을지 몰라도 적절한 시기에 스마트 제조로 탈바꿈할 기회는 영영 놓쳤을 수도 있다.

앞에서 잠시 언급한 트럭 제조사 다임러도 한때 급격히 낮아지는 양품률 때문에 골머리를 앓았다. 정밀도가 붕괴된 원인은 갈수록 커지는 공장의 설비를 기존의 빈약한 무선 통신망으로는 더 이상 감당할 수 없기 때문이었다. 그렇다고 해서 설비 확장을 중단할 수도 없는 노릇이었다. 시간이 흐를수록 불량률은 올라갔고, 제조 공정의 정밀도는 떨어졌다. 빈약한 통신 설비, 비효율적인 조립 공정, 무선 네트워크 시스템 부재 등 처리해야 할 문제가 한두 가지가 아니었다.

하지만 IoT 통신망을 도입한 뒤부터는 공장 전체가 하나의 시스템으로 연결됐다. 이제 다임러는 갖가지 다양한 고객 데이터를 수집해 소비자가 원하는 맞춤 차량을 제조한다. 차축의 종류, 앞뒤 차축의 거리, 페인트 도색 방식, 공기 청정기 설치 여부 등 각양각색의 취향을 반영해 제품을 생산하는 것이다. 이 거대한 연결의 비밀은 공장 전체를 관통하는 '와이파이'다. 관리자는 부품 재고를 아이패드에서 실시간으로 확인할 수 있고, 작업자들도 트럭마다 딸린 고객의 개별 주문 사양에 실시간으로 접속할 수 있다.

이와 비슷하게 SAP가 내놓은 '디지털 제조 신속 전개 솔루션Digital Manufacturing rapid-deployment solution'은 현장에서 정보를 제공하고, 제품 하나짜리 공정을 가능케 하고, 설계 및 공정 개발에서 제조로 제품을 이전하는 과정을 지원하고, 최신 생산 방식을 책임진다.[3]

제조 부문의 혁신에서 내가 가장 눈여겨보는 사례는 '로컬모터스 Local Motors'다. 로컬모터스는 IoT를 '3D 프린터', '초소량 제조 기술 Micro-manufacturing' 같은 또 다른 혁신과 결합했다. 그들은 3D 프린터로 출력한 최초의 차량을 만들었고, 제조 산업의 궁극적 미래 목표인 디지털 직접 제조Direct Digital Manufacturing를 선도하고 있다.[4] 로컬모터스가 차량을 제조하는 공장은 '초소형 공장Microfactory'이라고 불린다. 이곳은 빠른 시제품 개발, 모듈 실험, 소량 제조에 최적화해 설계되었다. 나는 로컬모터스의 여러 산업적 도전을 꼼꼼히 살펴보는 것만으로도 IoT 제조 혁신의 유의미한 지점을 여럿 발견할 수 있다고 생각한다. 또한 IoT와 결합한 이곳의 디지털 직접 제조 방식이 앞으로 산업계를 수십 년 이상 지배할 방식이라고 확신한다.

'우리는 다양한 초소형 공장과 서비스형 소프트웨어 플랫폼을 이용해 차량 설계 소스를 공개하는 소량 제조에 집중한다.'

이는 로컬모터스의 슬로건이다. 그 옛날 대량 생산 시대를 이끌던 GM과는 아주 딴판이다. 로컬모터스가 내놓은 첫 차량은 자율주행 버스 '올리Olli'로, IBM의 인공지능 컴퓨터 '왓슨'과 기술 제휴를 맺어 생산되었다. 그들은 자신들의 근원이 기업과 사용자의 협업, 즉 '공동 창작Co-creation'에 있다고 못 박는다. 로컬모터스는 이 말을 행동으로 옮겼다. 노약자와 장애인의 요구 사항을 충족하게끔 올리를 개선할 아이디어를 모으는 공모전을 연 것이다. 이렇게 수집한 아이디어는 실제로 올리의 다음 버전에 반영되었다.

제조를 밑바탕부터 다시 생각하는 회사는 로컬모터스만이 아니다. 3D 프린터와 관련해서는 특히 그렇다. GE는 이미 이 분야에 발 벗고 나섰고, 휴렛팩커드(Hewlett Packard, HP)는 컨설팅 기업 딜로이트Deloitte와 '적층 제조Additive Manufacturing'(모든 제조 공정에 3D 프린터를 도입해 제품을 생산하는 기술-옮긴이) 제휴를 맺어 3D 프린터 시장을 선점하고 있다.[5]

설계 단계부터
사용자의 마음을 반영한다

설계 혁신

제조 공정에 IoT 시스템을 안정적으로 도입한 뒤에는 무엇을 해야 할까? 지금까지와는 다른 사물, 즉 '연결된 스마트 기기'를 설계해야 한다. 설계자는 실물과 하나로 얽힌 디지털 요소를 나중이 아니라 아예 처음부터 반영해야 한다.

이에 대한 아주 적절한 예는 앞에서 다룬 초음파 진단기 '버터플라이 IQ'다. 이 기기의 설계는 가히 '혁신적 파괴'라 할 만하다. 이 기기 덕분에 무겁고 복잡한 실물 제품이 필요했던 과거의 진단 시스템이 주머니에 쏙 들어갈 만큼 작은 반도체 칩으로 줄어들었다. 이 칩에는 9000개가 넘는 자그마한 '드럼'이 들어 있는데, 이것들이 진동하며 초음파를 발생시킨 다음, 사람의 몸에서 나오는 반응을 감지해 분석한다. 드럼은 기존의 초음파 검사 기계에서 동일한 역할을 수행하던 압전변환기에 견주면, 한낱 쪼가리에 지나지 않을 크기다. 또 기존의 기계에서는 탐촉자가 세 개나 필요했지만, 버터플라이 IQ는 탐촉자 하나만으로도 초음파 진단이 가능하다. 그저 반도체 칩 하나만 있으면 작동하는 버터플라이 IQ는 이런 장점이 있다.

1. 제품에 들어가는 반도체 칩은 기계로 간편하게 찍어낼 수 있으므로 추가 설비가 필요 없다. 따라서 가격이 엄청나게 저렴하다.
2. 기존의 초음파 검사 기계에 쓰이던 압전변환기보다 대역폭이 훨씬 넓다.
3. 반도체 칩에 신호 처리 기능과 계산 기능이 들어 있어, 검사 결과를 따로 계산할 외부 장비가 필요 없다.
4. 입이 떡 벌어질 만큼 비싸고 거대한 기계로나 할 수 있었던 초음파 검사를 언제 어디서든 간편하게 할 수 있다.

훨씬 더 영리한 점은 이것이다. 버터플라이 IQ는 영상 장치 개발의 필요성을 아예 없애버렸다. 누구나 주머니에 아주 뛰어난 영상 장치를 하나씩 갖고 다니기 때문이다. 바로 스마트폰 말이다. 버터플라이 웹사이트에는 이 장비의 설계자가 자신이 구상하는 '상승효과'에 대해 간략하게 표현한 문장이 적혀 있다.

"우리의 꿈은 반도체 공학과 인공지능, 클라우드가 교차하는 곳에서 현실이 된다. IoT 기술을 설계할 때 우리는 제품의 크기, 용도, 소재, 비용에 관한 고정 값을 다시 원점으로 되돌려 생각해야 한다."

혁명이 끝난 뒤

초연결시대에는 누구나 이런 질문을 던져야 한다. '그 값을 누가 정했는가?', '시대가 이렇게나 발달했는데 왜 나는 아직도 내 보험료의 정확한 액수를 알지 못하는가?', '초연결을 통해 막대한 이익을 얻고 있으면서 왜 통신사는 사용자에게 이토록 많은 데이터 요금을 부과하는가?'

실물 세계와 디지털 세계의 융합은 설계자들에게 큰 숙제를 내줬다. 기업에 제품을 만들어 팔면 소비자가 그것을 구입해 그대로 사용하던 시대에서, 이제는 반대로 기업이 사용자 경험을 모아 제품을 업그레이드하고 소비자로부터 다시 평가를 받는 시대가 된 것이다. 일단 다양한 기능을 집어넣어 설계한 후, 최종 선택은 사용자의 취향과 편리에 맡겨야 한다. 예전처럼 한 가지 공통분모가 있는 여러 사용자를 상정해 제품을 설계하면 안 된다. 사실 이런 설계는 그 누구의 입맛에도 정확히 맞아떨어지지 않을 것이다. 예컨대 존디어는 트랙터용 엔진을 여러 사양으로 번거롭게 제작하는 대신, 이제는 표준 엔진 하나만을 생산한 후 몇 마력짜리 사양을 사용할지 사용자가 직접 선택하게 한다. 물론 소프트웨어 프로그램으로 말이다.[6] 이처럼 앞으로는 최종 사용자가 IoT 제품과 어떻게 상호 작용하게 할지를 고려하는 것이 기업에게 가장 중요한 숙제가 될 것이다.

그러므로 모든 제품의 설계는 사용자와 마음을 털어놓고 공감을 쌓는 수준까지 나아가야 한다.[7] 사용자의 의중을 도무지 이해하지 못하는 음성 인식 비서를 단 한 번이라도 상대해본 사람이라면 누구나 이런 요청을 지지할 것이다. 하지만 상상해보라. 감정을 나누는 일과 씨름해야 할 필요가 없었던 과거의 엔지니어라면 이런 설계, 즉 정량화가 무척 힘겨울 것이다. 물론 앞으로도 제품은 여전히 실물로 존재할 것이다. 하지만 실제 사용은 결국 디지털 세계에서 진행될 것이다. 따라서 앞으로는 디지털의 활용 역량이 제품의 가치를 결정할 것이다.

지난날에는 외부와 단절된 작업실에서만 제품 설계가 진행되었다. 따라서 현실과 동떨어져 고객이 실제로 제품을 어떻게 사용하는지 전혀 알지 못했다. 기껏해야 고객이 무엇을 원하는지 알아보려고 특정 소비자 집단을 인터뷰하고 설문하는 것이 전부였다. 그나마 최근 몇 년 사이에는 여기에 소셜미디어를 추가했을 뿐이다.

컨설팅 업체 'A. T. 카니A.T. Kearney'의 대표 에릭 거벳Eric Gervet은 다음과 같은 기업의 무지에 대해 이렇게 충고한다.

"제품 설계를 바라보는 인식 체계가 IoT의 영향을 받고 있다. 소비자가 실제로 제품을 이용하는 방식을 기업이 연구하지 않으면 아무도 쓰지 않는 '동떨어진 제품'을 만들게 될 것이다."

이제 우리는 고객이 무엇을 원하는지, 제품을 통해 충분히 알 수 있는 시대에 살고 있다. 하지만 아직까지도 많은 이가 무지에서 벗어나지 못하고 있다. 거벳은 이렇게 주장한다.

"이제는 경험이 곧 제품이다. 그리고 경험은 제품과 사용자가 함께 만드는 것이다. 당신의 경험을 만드는 사람은 바로 당신이다."[8]

그렇다면 생산성을 가장 크게 높이는 설계 전략은 무엇일까? 회사가 가장 높은 수익성을 얻도록 '설계 프로세스를 끊임없이 변화시키는 전략'일 것이다. A. T. 카니의 연구위원 수케두 간디Suketu Gandhi는 제품 가격에 대한 새로운 의견을 내놓았다.

"오늘날에는 초기 비용을 바탕으로 가격을 책정하지만, 앞으로는 제품의 생애가치를 평가해 책정할 것이다."[9]

만약 소비자가 하드웨어 제품을 한 번 구입한 뒤, 소프트웨어 업데이트를 통해 사후 서비스를 받는다고 생각해보자. 기업으로서는 신제품 판매가 줄어들 테니, 더 많은 소프트웨어 서비스를 개발하는 것이 수익을 창출하는 유일한 방법이 될 것이다. **따라서 제품의 가격은 단순히 하드웨어의 가치만으로 평가될 수 없다.** 앞으로는 훨씬 더 다양한 변수가 기업과 고객 사이에 들어찰 것이다.

이렇게 실물과 디지털이 뒤섞인 새로운 제품을 만들려면, 제품 엔지니어와 소프트웨어 디자이너가 모두 제품 설계 첫 단계부터 머리를 맞대고 협력해야 한다. 전문가들은 앞으로 제조사의 설계 부서에 기계를 다루는 엔지니어보다 전기를 다루는 엔지니어가 늘 것이라고 예측한다.[10]

또한 미래에는 제품 설계자의 역할이 다음과 같은 세 가지로 진화할 것이라고 전망한다. 첫째, **제품 설계 책임자**Product Officer로서 혁신적인 제품을 설계하는 데에 집중하는 것이고 둘째, **사용자 경험 책임자**Experience Officer로서 혁신적인 사용자 경험을 설계하는 데에 집중하는 것이며 셋째, **데이터 판매 책임자**Data Equity Officer로서 데이터를

이용해 돈을 버는 데에 집중하는 것이다.[11]

아직 IoT 기술이 충분히 무르익지 않았던 2003년에, 오늘날 가장 혁신적인 디자인 기업 중 하나로 평가받는 IDEO의 대표 데이비드 M. 켈리David M. Kelly는 이른바 '디자인 사고Design Thinking' 전략을 발표했다. 이 방법론은 지난 10여 년간 미국에서 끊임없이 회자되었고, 이후 IDEO를 대표하는 디자인 철학으로 자리매김했다. 그런데 이 디자인 사고의 원칙들이 희한하게도 IoT 기반의 제품 및 서비스를 설계할 때 염두에 두어야 할 원칙들과 매우 비슷하다. 나는 이 원칙들을 그대로 'IoT 설계 원칙'으로 삼아도 무방하다고 생각한다. 켈리가 제시한 디자인 사고는 다음과 같다.

1. 통합하라. 성공적인 디자인 설계는 각 분야가 함께 시스템을 통째로 완성하는 통합 솔루션에서 나온다. 분야마다 따로따로 설계한 뒤 하나로 모아서는 성공하지 못한다.

2. 다가가라. 멀찍이 떨어져 관찰하던 관행을 뛰어넘어, 현재 사용자나 잠재 사용자에게 더 가까이 다가가야 한다. 관찰자가 아닌 사용자의 시각으로 보아야 가장 매력적인 디자인을 설계할 수 있는 기회가 생기기 때문이다.

3. 감정을 이용하라. 감정 이입은 신경 말단을 열어젖혀 남의 처지가 어떤지를 느낄 수 있게 한다. 고객을 디자인 깊숙이 끌어들이기 위해서는 그들의 감정을 이입시키고 자극하는 것이 필수다. 설계자가 실제 사용자처럼 불만과 불편을 느낄 때, 고객이 왜 불평하는지 더 깊이 이해할 수 있다.

4. 팀을 구성하라. 좋은 디자인을 설계하는 방법은 아주 단순하다. 여러 분야의 전문가를 한데 모아 팀을 구성하면 된다.

5. 모호함을 포용하라. 자로 잰듯 디자인을 설계하면 추상이 주는 다양한 영감을 놓칠 수 있다. 모호함을 포용할 때 기발한 생각을 할 수 있고, 기존에 없던 새로움을 창조하는 문이 열린다.

6. 자꾸 실패하라. 다시 일어서려면 여러 번 넘어져야 한다. 고객의 비판을 겸허하게 받아들이고 늘 열린 자세로 상대의 말에 귀를 기울여야 한다. 시제품을 신속하게 제작하는 능력을 길러 계속해서 시장의 평가를 받아야 한다. 실제 사용자가 의견을 제시하도록 북돋고 그 의견을 반영해야 한다.[12]

미래의 수요를 예측해
미리 대응한다

유통 혁신

MIT 경영대학원 교수 피터 센게Peter Senge는 기업의 다양한 업무 분야가 제각각 따로 일할 때 곪아 터지는 문제를 학생들에게 생생히 보여주고자 수업 시간에 모의 실습을 진행했다. 센게 교수는 참가자들을 업무에 따라 팀으로 나눈 뒤, 다른 팀이 하는 일을 거의 알려주지 않은 채 팀마다 따로따로 업무 계획을 짜게 했다. 이때 한 모의 실습에서 제조 부서를 맡은 학생들이 섣불리 시장의 호황을 예측하고 생산량을 최대 규모로 늘렸다. 그런데 시장 상황이 바뀌는 바람에 목표 판매량의 절반도 채우지 못했고, 결국 창고에는 팔리지 않은 제품이 가득 차고 말았다.

시장 상황을 고려하지 않거나 자사의 유통 역량을 배제한 채 오로지 생산에만 집중한다면, 아무리 좋은 제품을 신속하고 저렴하게 만들어도 기대하는 수익을 낼 수 없을 것이다. 하지만 많은 기업이 이를 제대로 신경 쓰지 않고 막무가내로 제품을 생산하고 시장에 밀어 넣어왔다. 그 결과는 모두가 잘 알다시피 공황에 가까운 참담한 시장 실패로 이어졌다. 유통의 가장 큰 딜레마는 제품을 생산하기 전까지는 그 제품을 구입할 진짜 수요를 예측할 수 없다는 점이고, 그 불행은 고스란히 비용으로 돌아온다.

제러미 리프킨Jeremy Rifkin은 자신의 책 『한계비용 제로 사회』에서 조지아공과대학 교수 브누아 몽트뢰유Benoit Montreuil의 연구를 언급했다. 몽트뢰유는 유통에 지금 당장 '실물 기반 인터넷Physical Internet'을 도입하라고 요구한다. 현재의 비효율적인 물류 체계가 환경에 악영향을 줄뿐더러(프랑스에서는 온실가스 배출량 중 14퍼센트가 물류 때문에 발생한다), 2009년 미국 교통국이 발표한 자료에 따르면 매년 물류비로 사라지는 비용이 미국 GDP의 10퍼센트에 달할 정도로 터무니없이 비싸기 때문이다. 이어서 그가 제시하는 유통 시스템의 비효율은 끔찍할 지경이다.

미국에서 트럭의 평균 적재율은 60퍼센트뿐이고, 전체 주행 시간 중 20퍼센트는 텅 빈 채 달린다. 세계 평균 적재 효율은 더 형편없어서 달랑 10퍼센트다. 2013년 3월 기준으로, 미국 기업의 재고 자산이 무려 1조 6000억 달러(약 1800조 원-옮긴이)를 돌파했다. 먹거리와 옷, 의료 용품처럼 시기가 중요한 제품이 물류 지연으로 제때 도착하지 못해 방치되고 있다.

몽트뢰유는 새로운 유통 시스템을 도입하자고 제안했다. 현재 미국 전역의 얽히고설킨 창고와 물류 센터 53만 5000곳을 완전히 통합된 하나의 시스템으로 대체하자는 것이다. 리프킨은 몽트뢰유의 주장을 받아 이렇게 요약했다.

"기업들이 개방형 공급망을 받아들인다면, 수많은 물류 센터 중 최종 구매자의 위치와 가장 가까운 몇 곳에 제품을 유통시켜 배송 소요 시간을 거의 제로로 줄일 수 있다."[13]

나는 리프킨의 전망에 대체로 동의하지만, IoT 기술이 발달해도 유통만큼은 우리가 제어할 수 없는 미지의 영역으로 영원히 남을 것이라고 생각한다. 하지만 그렇다고 해서 지금의 이 무의미한 비용 지출을 감수해도 된다는 의미는 아니다. **우리는 이 한계를 받아들이되 조금이라도 불필요한 비용을 줄이기 위해 최선을 다해야 한다. 그래서 IoT 기술이 필요하다.** 공급망이 복잡한 기업이라면 스마트 차량과 스마트 제어 시스템을 결합해 수송 효율을 개선해야 한다.

유통은 곧 교통의 문제다. 따라서 '도시 계획'과 '유통 혁신'은 떼려야 뗄 수 없는 관계다. 오바마 행정부의 '스마트시티 공모전'은 이러한 문제 해결의 가장 적절한 사례다. 공모전에서 우승한 콜럼버스 도시계획과는 주택가 도로부터 주간 고속도로까지 이어지는 포괄적인 운송 혁명을 구상했다. 그들은 중앙 교통 신호와 운송 데이터 통합 시스템을 이용해 스마트 운송 혁신을 하나부터 열까지 모두 아우르는 계획을 세웠다. 시가 추진한 구체적인 개선 내용은 다음과 같았다.

1. 운송 데이터를 분석해 대중교통의 접근성을 최대한 올린다. 특히 유아 사망률이 높은 동네의 의료 접근성을 중점적으로 개선한다.

2. 자율주행 전기 셔틀을 도입해 새로운 간선 급행 버스 정류장을 상업 지구까지 연결한다. 거주민이 일자리를 찾도록 돕고, 소매점의 매출을 올린다.

3. 차량용 통신망 연결 기술을 시의 모든 차량과 교차로에 적용해 실시간 데이터를 모은다. 그 데이터를 분석해 최적의 교통 정보를 시민들에게 제공해 교통 정체를 최소화한다.

4. 시에서 영업하는 모든 화물 운송업자와 협력해 트럭에 감지기를 설치한다. 중앙 교통 통제실에서 트럭의 움직임을 살펴 주차 공간을 실시간으로 관리한다.[14]

현재 콜럼버스 교통 당국자들은 주변 도시와 협력해 총 56킬로미터가 넘는 '스마트 이동로Smart Mobility Corridor'를 건설하고 있다. 이 새로운 도로는 고성능 광섬유 케이블을 이용해 무선 내장 감지기에서 나오는 데이터를 실시간으로 교통 관제소로 보낼 수 있다. 감지기가 달린 차량이 이 도로 위를 달리는 것만으로도 교통 당국은 현재 도로 위에 차량이 종류별로 몇 대나 있는지를 손쉽게 파악할 수 있다.[15]

콜럼버스의 유통망 사례가 보여주듯이, 가장 똑똑한 IoT 전략은 협력을 통해 서로 다른 부문에 상승효과를 낼 가능성이 있는지를 끊임없이 탐색하는 데에서 출발한다. 그 대상은 다양하다. 사내의 바로 옆

부서가 될 수도 있고, 겹치는 구석이 꽤 많은 정부의 어느 기관이 될 수도 있다. 자사가 거래하는 소매업자와 도매업자를 결합시킬 수도 있고, 심지어는 고객과 직접적으로 닿을 수 있는 방법을 모색할 수도 있다.

IoT 기술을 도입해 데이터를 손에 쥐면 이 모든 것이 가능해진다. 물론 데이터를 따로 보관하지 않고 모든 이해 당사자와 온전히 공유한다면 말이다.

***

기업 간 유통까지는 그렇다 치고, 그렇다면 소비자에게 제품을 판매하는 영역, 즉 소매 유통 영역은 어떻게 개선할 수 있을까?

모두가 잘 알고 있듯이 아마존은 이미 진정한 유통 혁신을 선도하고 있다. 그들은 수많은 IoT 기기로 수집한 빅데이터를 활용해 고객이 구매하기 전 미리 상품을 준비하는 '예측 배송Anticipatory Shipping' 서비스를 출시해 특허를 취득했다.

이번에는 식품 산업으로 눈길을 돌려보자. '스마트 자판기'는 IoT 감지기, M2M 장비, 빅데이터 분석 기술, 인공지능 따위를 한데 결합한 자판기다. 네슬레, 펩시, 코카콜라가 하나같이 이 스마트 자판기를 설치하는 까닭은 무엇일까? 코카콜라의 국제 기술 책임자 제인 길모어Jane Gilmour는 이렇게 설명한다.

코카콜라는 제품 배송을 개선할 목적뿐 아니라, 제품 자체를 개선할 목적으로 몇 가지 IoT 솔루션을 내놓았다. 우리가 꾸준히 모으는 실시간 데이터는 전 세계의 어떤 자판기가 가장 바쁘게 움직이는지를 알려준다. 심지어 안면 인식 기능과 블루투스 결제 기능을 결합한 자판기는 어떤 사람이 어떤 음료를 더 많이 선택하는지까지 스스로 학습해 이용자에게 음료를 추천해준다.

코카콜라의 스마트 자판기 '프리스타일Freestyle'은 무려 150가지나 되는 농축액이 들어간다. 사용자는 입맛대로 농축액을 조합해 음료를 맛볼 수 있고, 코카콜라는 농축액을 미리 섞어 음료를 담아 놓지 않아도 되니 비용을 줄일 수 있다. 하지만 그들이 노리는 진짜 목적은 따로 있다. 고객이 섞어 만든 음료의 데이터를 수집해 새로운 혼합 비율을 도출하겠다는 것이다. 조금 얄밉기는 하지만 이 얼마나 가치 있는 전략인가.[16]

IoT는 사용자 데이터를 모으는 데에 가장 최적화된 기술이다. 그리고 이런 방대한 데이터를 가장 적극적으로 활용할 수 있는 기술이 블록체인이다. 그래서 블록체인은 IoT 기술과 가장 잘 어울리는 단짝으로 종종 거론된다. 실제로 월마트Walmart를 비롯한 여러 회사가 공급망의 군살을 빼고자 블록체인에 주목하고 있다. 운송 및 물류 업체 로드딜리버드Load Delivered가 블로그에 올린 글에 따르면, IoT 데이터를 이용해 소매 유통 시스템을 블록체인과 연결하면 다양한 이익을 얻을 수 있다고 한다. 그 내용은 다음과 같다.

1. 화물 운반용 팔릿(현장에서 흔히 '파레뜨'라고 부르는 목재 받침–옮긴이), 트레일러, 컨테이너 같은 운송 자산이 공급망의 교점 사이를 이동할 때 자동으로 이송 내력을 기록한다.

2. 구매 주문서, 변경 주문서, 영수증, 선적 통지서 등 거래와 관련한 여러 서류를 알아서 추적한다.

3. 실물 제품에 인증서를 발부함으로써 눈으로 보지 않아도 어떤 물건인지 식별할 수 있다. 예를 들어 어떤 식료품이 유기농 제품인지, 공정 무역 제품인지를 간편하게 알 수 있다.

4. 실물 제품을 제품 번호, 바코드, RFID 같은 디지털 태그와 연동한다.

5. 제조, 조립, 유통, 유지보수와 관련한 모든 정보를 공급자와 판매자가 실시간으로 공유한다.[17]

좀 더 은밀한 데이터도 소매 영역에서 고객들과 공유할 수 있다. 식당에 방문하는 고객들은 언제나 직원들의 청결 상태, 음식의 알레르기 유발 가능성, 재료의 생산 과정 등을 궁금해한다. 파스타 제조사 바릴라Barilla는 네트워크 기업 시스코를 비롯한 여러 회사와 손잡고 '식품 안전Safety for Food 플랫폼'을 설치했다. 고객이 파스타나 소스통 포장지에 인쇄된 QR 코드를 스캔하기만 하면, 그 제품과 함께 생산된 다른 제품들의 정보까지도 손쉽게 확인할 수 있다. 이 소스가 소고기 패티를 굽는 공장에서 만들어졌는지, 고지방 치즈를 생산하는 공장에서 만들어졌는지를 확인할 수 있다는 뜻이다.

혁명이 끝난 뒤

혹시나 식품 안전 문제가 발생해도, 바릴라는 걱정이 없다. 서버에 저장된 데이터를 확인해 어디에서 문제가 발생했는지 즉시 확인할 수 있기 때문이다. 소비자도 안심할 수 있고, 식당도 인건비를 아낄 수 있고, 심지어 정부의 식약처 직원도 일손을 덜어 야근을 하지 않아도 되니 이것이야말로 진정한 상부상조가 아닐까.

모든 주체에게
데이터를 판매한다

판매 혁신

제품이 아니라 서비스를 판매한다는 건 무슨 뜻일까? 그것은 고객의 경험에 직간접적으로 개입한다는 뜻이다. 실물 세계를 넘어 디지털 세계로 사용자를 초대하겠다는 뜻이며, 처음부터 끝까지 기업이 소비자의 삶에 영향을 미친다는 뜻이다.

사람들에게 제품 대신 서비스를 팔려면, 그에 앞서 우선 IoT를 완전히 구현하는 전환을 끝마쳐야 한다. 만약 자사의 IoT 통신 시스템이 제품이 실제 작동하는 과정에서 나오는 실시간 데이터를 제대로 담아내지 못한다면, 설사 데이터를 받아낸다고 하더라도 그 정보를 제품에 반영할 수 있는 역량이 없다면, 기업과 고객이 직접 소통할 수 있는 적절한 IoT 플랫폼을 준비하지 않았다면, 끊임없이 제품과 데이터를 주고받아 유지보수를 할 마음을 먹지 않았다면, 그러고도 당신이 제품 대신 서비스를 팔 생각을 한다면 상황을 제대로 이해하지 못하고 있는 것이다.

사업의 수익 모델을 가장 성공적으로 전환한 분야는 단연 항공용 제트엔진 사업일 것이다. GE를 비롯한 모든 항공용 제트엔진 제조사는 제품(엔진)을 파는 방식에서 서비스(엔진 대여)를 파는 방식으로 수익 모델을 전환하고 있다. **이들이 앞서나가는 이유는 간단하다. 일찌감치 항공기에 감지기를 내장하겠다는 생각을 떠올렸기 때문이다.** 그리고 그 방대한 데이터 분석에 아낌없이 자본을 투자했기 때문이다.

엔진 제조 산업은 가장 먼저 IoT에 판돈을 걸었다. 여전히 많은 것이 안개에 감춰져 있을 때, 그들은 어떤 생각으로 위험을 무릅쓰고 배짱 있게 변화의 흐름에 몸을 내던졌을까? 비행 중에 만약 엔진이 고장 난다고 생각해보자. 비행기에 탄 승객들이 착륙할 때까지 하얗게 질릴 것은 당연한 일이다. 이렇게 생사가 걸린 문제 말고도 항공사는 수많은 리스크를 감당해야 한다. 엔진 고장으로 운항이 지연되면 막대한 보상금을 지불해야 하고, 값비싼 수리비까지 부담해야 한다. 따라서 무슨 수를 내서라도 위험을 줄여야 한다. 이 난관을 해결하기 위해 지난 수년간 항공사와 엔진 제조사는 머리를 맞대고 연구를 거듭했다.

따라서 IoT를 통한 판매 혁신의 사례로는 항공용 제트엔진 사업만한 것이 없다. 여기에 속하는 사업체들은 데이터 수집 및 분석에서 확보한 주도권을 지렛대 삼아, 비즈니스의 수익 창출 방식을 밑바탕부터 완전히 뜯어고쳤다. 달리 말해, 사업 모델을 바라보는 인식 체계를 새롭게 전환한 것이다.

항공용 엔진은 눈이 튀어나올 만큼 비싸다. 아무리 돈이 많은 항공사라도 한 대에 2000만 달러가 넘는 엔진을 덜컥 살 수는 없다. 그래서 엔진 제조사들은 '엔진 사용량'에 근거한 다양한 대여 서비스를 판매하기 시작했다. 바로 여기에 기업들이 배울 교훈이 있다. 혹시 당신이 속한 기업은 '적절한 보안 대책을 계속해서 강구하고 있으니 걱정하지 않아도 된다'고 고객을 안심시키고 있지는 않은가? 절대 자만해서는 안 된다. 한번 커진 고객의 기대치는 더 커지면 커졌지 결코 줄어들지 않는다. **따라서 기업들은 외부에서 새로 확보한 데이터를 고객에게 어떻게 가치 있게 제공할지 끊임없이 고민해야 한다.** 엔진 대여 서비스를 비롯해 IoT 기반 제품과 서비스가 더 많아질수록, 그리고 거기서 나오는 데이터가 더 많이 공유될수록 더 큰 상승효과가 발생해 모든 제품과 서비스가 더 탄탄해지고 용도 역시 다양해질 것이다. 아무튼 이들 기업이 앞장서 IoT를 받아들인 덕분에, 이제 이들의 뒤를 따르는 기업이 겪을 위험이 줄었다. 그리고 '네트워크 효과' 덕분에 선두 주자든 후발 주자든 기업이 누릴 이익은 놀랍도록 늘어날 것이다.

항공용 엔진 제조사는 IoT의 미래를 보여주는 축소판이다. 항공사 자체 시스템부터 미국연방항공국 시스템까지 지구에서 가장 복잡한 두 시스템을 날마다 결합하는 것은 물론이고, 두 세계가 뿜어대는 방대한 데이터를 실시간으로 연결하기 때문이다. 가장 앞서나가는 기업

GE는 초연결시대 이전에는 불가능했던 여러 '가능성'을 하나로 이어 난관을 넘어서고 있다.

1. 비행 중 나온 실시간 데이터가 어떤 부품을 개선해야 할지 알려줘 항공기가 착륙하기도 전에 지상에서 미리 부품 교체를 준비한다.

2. 일부 항공사에게 비행 데이터에 접속할 수 있는 권한을 주는 대가로 사용료를 받는다.

3. 꾸준히 모은 기체 데이터를 엔지니어들이 정밀 분석해 엔진을 만들 때 참고하므로 제조 정밀도가 비약적으로 상승한다.

4. 비행기 엔진과 날개 등 기체의 여러 곳에 장착된 감지기의 데이터, 그리고 날씨 및 운항 정보 등 다양한 실시간 데이터를 결합한 정보를 항공사에 제공해 최적의 항로를 계산하도록 돕는다.

하지만 한 가지 짚고 넘어가야 할 것이 있다. 이 회사들은 감지기가 내장된 최신 엔진뿐 아니라, 이미 오래전에 만들어 창고에 넣어두었던 '구닥다리' 엔진도 보유하고 있다. 그럼 이 오래된 엔진들은 아무데도 쓸 수가 없는 걸까?

GE는 구형 CF34-3 엔진에 실시간 데이터를 전송하고자 항공용 IoT 기술 기업 애비오니카Avionica와 계약을 맺었다. GE에서 일했던 톰 호퍼러Tom Hoferer는 당시 직원들이 애비오니카와의 업무 협약을 어떻게 바라봤는지를 이렇게 설명한다.

"이 구닥다리 엔진으로 데이터를 얻기 위해선 우선 참을성과 끈기가 필요합니다. 엔진 데이터용 컴퓨터에 플래시 드라이브를 장착한 다음, 골치 아픈 텍스트 파일을 내려받아 중앙 컴퓨터로 보내, 다시 GE의 사내 메일함으로 전송합니다. 물론 이 과정에서 우리의 소중한 데이터는 한 100년 정도 늙어버릴 것입니다. 따라서 우리는 진심으로 애비오니카와의 계약이 성사되길 바라고 있었습니다. GE의 오래된 엔진에 그들이 디지털 생명을 불어넣어줄 것이라고 믿었기 때문이죠."[18]

호퍼러의 바람대로 GE는 애비오니카의 도움을 통해 자사의 모든 엔진에 새로운 '눈'과 '입'을 장착했다.

당연한 말이지만, 새로운 감지기를 개발하고 더 많은 감지기를 엔진에 설치할수록 항공용 엔진 제조사는 온도, 기압, 회전 날개 속도, 진동과 같은 수많은 인자를 추적할 수 있다. 따라서 항공용 제트엔진에 설치된 감지기의 수는 눈이 휘둥그레질 만큼 다양하고 많다. 프랫앤드휘트니는 GTF 엔진에 감지기를 5000개나 설치했는데, 초당 10기가바이트에 이르는 데이터를 생성한다. 평균 비행시간인 12시간으로 환산하면 무려 844테라바이트에 이른다. 그리고 불과 몇 년 만에 엔진에서 나오는 데이터 출력량이 세 배 이상 늘었다. 프랫앤드휘트니의 사업 분석 및 엔진 서비스 담당자 린 프라가Lynn Fraga는 내게 '엔진의 연결성 진단과 고장 예측 능력을 개선하는 데에 도움이 될 만한 IoT 개념을 지속적으로 살펴보고 있다'고 알려줬다. 프라가는 더 향

상된 데이터 수집, 저장, 전송 기술을 적용할 때 엔진 진단이 한 단계 더 발전하리라 믿고 있다.[19]

어떤 이는 모든 항공용 제트엔진에서 나오는 데이터를 하나도 빠짐없이 모으면, 항공 산업의 데이터양이 일반 인터넷 데이터양을 훌쩍 넘으리라고 예측한다.[20] IoT 기술은 유관 첨단 기술과 빠르게 융합하는 특징을 지녔다. GTF 엔진이 쏟아내는 어마어마한 양의 데이터 덕분에 프랫앤드휘트니는 이제 인공지능 분석 시스템을 구축해 엔진에 무엇이 필요한지를 예측하는 다음 비즈니스를 준비하고 있다. 그들은 이를 통해 10~15퍼센트의 연료를 절감할 수 있으리라 내다본다. 더불어 엔진 소음과 오염 물질 배출량도 현격히 줄어들 것이다.

GE 역시 자사의 최신형 엔진이 날마다 생산하는 5~10테라바이트에 이르는 데이터를 그대로 '생각하는 공장'에 보내 엔지니어들이 더 좋은 엔진을 설계하도록 돕는다. GE는 이에 따라 제조 효율이 140퍼센트까지 올라가리라 기대한다.[21] 이들이 집요하게 매달린 질문은 이것이다.

'또 누가 이 데이터를 쓸 수 있을까?'

그들은 자신들이 수집한 데이터를 고객 전체와 끊임없이 공유해야 한다는 원칙을 잊지 않고 있다.

아직도 이러한 성과가 당신과는 무관하다고 생각하는가? 이 광경은 머지않아 IoT가 거의 모든 산업에 도입되었을 때 벌어질 전조에 불과하다. 이만한 양의 데이터라면 사물이 내부를 훤히 파악할 수 있음은 물론이고, 전에는 생각하지 못한 새로운 서비스와 수익 모델을 찾아낼 수 있을 것이다. 바로 이러한 데이터 폭발이 일어날 때, 즉 초연결이 진정으로 실현될 때 당신이 일하는 업계와 회사는 어떻게 바뀌겠는가? 그런 생각을 한 번이라도 해본 적 있는가?

고장을 추적해
치명적인 손실을 막는다

유지보수 혁신

드디어 IoT 혁명 이후, 가장 극적으로 변화된 비즈니스 분야를 이야기할 차례다. 바로 '판매 후 유지보수'에 관한 이야기다. 지난날에는 기업이 제품을 판 뒤 그 제품에 무슨 일이 일어나는지를 전혀 알 수 없었다. 많은 기업이 스스로에게 수도 없이 이런 질문을 던졌을 것이다.

우리의 제품이 고객에게 기쁨을 안겼는가? 아니면 그저 만족만 주었는가? 설마 실망감만 남겼는가? 제품이 의도한 대로 기능했는가? 아니면 되풀이해 발생하는 고장에 고객이 분노하진 않았는가? 다음 모델 설계에 반영할 만한 정보를 얻었는가? 제품이 작동하면서 한 번이라도 사용자를 위험에 빠뜨리진 않았는가? 부속품들이 제품의 기능 향상을 위해 적절히 도움을 주었는가? 사용 안내서가 너무 어렵진 않았는가? 안내서 탓에 고객이 제품 자체를 싫어하게 되진 않았는가? 기기를 효율적으로 작동하는 방법을 고객이 쉽게 찾을 수 없도록 설계하진 않았는가? 기기가 너무 쉽게 고장 나진 않았는가? 심지어 고장의 사유를 고객이 정확히 파악하지 못해 수리조차 할 수 없었는가?

이 밖에도 끝이 없다. 판매하고 난 뒤에는 정보 공백만 남았고, 그래서 고객과 기업 모두 어려움을 겪었다. 하지만 이제 이 끔찍하고 아득한 정보 공백이 채워지고 있다. IoT가 부지런히 수집한 고객 데이터 덕분에 말이다. 나는 산업 현장의 몇 가지 장면을 통해 이 바람직한 흐름을 설명하고자 한다.

첫 번째는 고객이 자신이 탈 자동차가 만들어지기도 전에 신차의 소프트웨어 옵션을 원격으로 조정하고 선택하는 장면이다. 초연결시대에 고객을 가장 기쁘게 하는 IoT 혁신은 무엇일까? 나는 고객이 자신이 구입할 제품의 설계 과정에 직접 참여하는 것이라고 생각한다. 실물과 디지털이 본격적으로 융합되면, 고객은 소프트웨어를 통해 자기 입맛에 맞게 제품을 설계할 수 있다. 일단 평범한 제품을 구입한 뒤 자신이 선호하는 소프트웨어를 이용해 제품을 '개조'하는 것이다. 기술 소식지 《IoT 어젠다IoT Agenda》는 이렇게 요약했다.

"제조사들은 이제 기기 하나만으로 사용자의 취향과 필요에 맞춰 고치고 개선할 수 있는 여러 제품과 서비스를 개발했다. 고객들은 IoT 기기가 전달하는 기능과 가치를 자기 뜻대로 바꿀 수 있다."

이제 자동차 설계자는 제품이 실물로 구현되기 전에 디지털 쌍둥이로 복제된 제품의 작동 데이터를 받는다. 이 과정을 수차례 되풀이하며 고객에게 맞춤한 최적의 제품 설계를 찾아낸다. 이로써 제조사와 고객은 유례없이 가깝게 마주서게 된다. 물론 이 과정에서 한 번 쓰고 폐기할 시제품 자동차는 단 한 대도 나오지 않는다.

이러한 혁신을 정확히 보여주는 곳으로는 '테슬라'를 따라갈 곳이 없다. 테슬라 차주는 새로운 기능을 활용한 신차가 나오기를 마냥 기다리지 않아도 된다. 테슬라는 1860년 르노Lenoir가 제작한 최초의 자동차 이후 단 한 번도 흔들린 적 없는 자동차의 고정불변한 개념을 무너뜨리고 있다. 테슬라에 자동차란 변치 않는 '고정된 물체'가 아니라, '언제나 입맛에 맞게 바꿀 수 있는 서비스'의 한 종류다. 그들은 끊임없이 역량을 개발해 고객이 원하는 방향으로 서비스를 조정한다.[22]

만약 테슬라의 자동차를 구입한 고객이 마음을 바꿔 자율주행 소프트웨어를 추가하길 원한다면, 간단한 조작만으로 자율주행 사양을 추가할 수 있다. 테슬라는 이런 식으로 기존 고객에게 지속적으로 더 좋은 서비스를 소개하고 판매해 새 수입원을 확보한다. 더 매력적인 것은, 꾸준히 고정비가 들어가는 하드웨어(차체)가 아니라 소프트웨어만으로 돈을 벌 수 있다는 점이다. 고객은 다른 자동차와 달리 흥미로운 기능으로 가득 찬 테슬라의 자동차를 점점 더 신뢰할 것이다.

그러나 가장 중요한 것은 이것이다. **테슬라는 이 IoT 원격 시스템을 통해 모든 고객과 직접적으로 꾸준히 연결된다.**[23] 그들은 기존의 자동차 업계에서는 꿈도 꾸지 못한 방식으로 자신과 고객과 단단하게 엮었다. IoT가 아니었다면 불가능한 일이다.

두 번째는 바다 한가운데에 덩그러니 서 있는 굴착기가 노화로 인한 고장과 오류를 스스로 발견해 엔지니어에게 알려주고, 아주 적은 비용으로 신속하게 수리되는 장면이다. 한때 기업은 유지보수를 '필요악'으로 여기곤 했다. 그래서 그리 창의적이지 않은 사람을 담당자로 배치했을지도 모른다. 유지보수는 수익의 가장 큰 걸림돌이었고, 정확한 예산 수립을 방해하는 복병이었다. '다음에는 어디가 고장 날까?', '왜 고장이 난 거지?' 이렇게 문제가 생긴 뒤에야 사태의 심각성을 깨닫곤 했으므로 원인을 추정하기도 어려웠다. 예전에는 지금보다 더 대체 제품을 찾기가 어려웠기 때문에, 고객은 발을 동동 구르며 제조사를 원망하고 저주를 퍼부었다. 그리고 이는 곧 고객이 다음에 같은 카테고리의 제품을 살 때에는 무조건 다른 회사 제품을 구입할 것이라는 점을 암시했다. 시도 때도 없이 고장이 발생하므로 관련 인력과 자원을 얼마나 확보해야 할지 계획을 짜기도 어려웠다. 그래서 기업이 흔히 썼던 전략은 '정기 유지보수'였다. 언제 무슨 일이 벌어질지를 신중하게 추정한 다음, 고객에게 유지보수 일정을 잡아달라고 요청했다. 물론 각종 사고와 고장은 예정된 날짜만 쏙쏙 피해 발생했다. 정기 유지보수란 어림짐작에 지나지 않았다.

하지만 상황이 바뀌고 있다. '예측 유지보수'를 다룬 한 보고서는 첫머리에 큼직하게 **"유지보수를 필요악이 아닌, 전략적 업무 기능으로 보는 눈이 늘고 있다"**라고 적었다.[24]

잘 짜인 최첨단 예측 유지보수의 우수 사례를 살펴보기에 가장 좋은 분야는 해양 시추 산업이다. 만약 굴착 장비가 고장 났을 때 경제와 환경, 사람이 치러야 할 재앙 같은 손실은 잠시 접어두고, 현실만을 한번 따져보자. 바다 한가운데에 떠 있는 이 거대한 장비는 언제나 한정된 예비 부품만 지니고 있을 수밖에 없다. 만약 심각한 문제가 불거지면 헬리콥터를 이용해 전문가와 부품을 현장으로 옮겨야 했다. 그러니 예측 유지보수가 이곳보다 더 의미 있는 상황을 떠올리기 어렵다. 아, 알아야 할 사실이 하나 더 있다. 중요 설비는 대부분 굴착 장비 위가 아니라 장비에서 450미터 아래쯤인 해저에 위치해 있다. 따라서 설비를 정기적으로 검사하기란 거의 불가능에 가깝다.

게다가 해양 석유 굴착 산업에는 예측 유지보수를 실행해야 할 강력한 경제적 요인이 있다. 변덕스럽기 짝이 없는 석유 시장은 셰일가스(오랜 세월 모래와 진흙이 쌓여 단단하게 굳은 탄화수소가 퇴적암층에서 변한 가스로 최근 신에너지원으로 급부상했다-옮긴이)까지 경쟁에 뛰어드는 바람에 몇 년 사이 손해가 막심했다. 물론 여기에는 시추 효율 저하도 한몫했다. 세계적인 컨설팅 기업 맥킨지Mckinsey는 이 시기 해양 시추 산업의 실적을 다음과 같이 정리했다.

"지난 10년간 평균 생산율은 떨어졌고, 업계 선두 주자와 다른 회사의 성과 격차는 2000년 22퍼센트에서 2012년 40퍼센트로 도리어 더 커졌다."[25]

이런 최악의 상황 속에서 해양 시추 산업 종사자들은 지푸라기라도 잡는 심정으로 IoT를 도입하기 시작했다. 이제 모든 굴착 장비에는 주요 구성품마다 빠짐없이 감지기가 달려, 작동 및 부품 상태를 알려주는 데이터가 수집된다. 굴착 장비 한 대에 달린 감지기만 무려 4만 개에 이른다. 다만, 빅데이터 분석 도구가 도입되기 전까지는 이 방대한 데이터 중 대다수를 분석하지 못하고 방치할 수밖에 없었다.[26] 하지만 관련 기술이 충분히 성숙한 지금은 굴착기에서 발신하는 모든 데이터를 빠짐없이 수집해 정교하게 분석할 수 있게 되었다. 이에 대해 좀 더 자세히 살펴보자.

다이너그램Dynagram은 산업체, 소매업체, 물류업체, 제조업체에 이르는 다양한 고객에게 IoT 서비스를 제공하는 기업이다. 이들은 해양 시추 기업의 굴착기를 예측 유지보수하는 IoT 솔루션을 개발했다. 그런데 고객사들의 굴착기에서 나오는 데이터의 양이 어마어마하게 많아서 과거의 데이터는 중앙 보관소에 저장하고, 최신 데이터만 에지 컴퓨팅 기술을 활용해 데이터를 수집한 곳에서 즉시 처리했다.

그러다 다이너그램의 엔지니어들은 이렇게 쌓인 과거의 데이터를 좀 더 쓸모 있게 사용하는 방법을 찾아냈다. 그들은 그동안 굴착기에서 수집한 데이터를 지금껏 고장률이 높았던 모델들의 데이터와 비교 분석했다. 그 결과 다이너그램의 데이터 분석가들은 고객사들의 굴착기에서 발생하게 될 고장 소요를 좀 더 일찍 찾아낼 수 있게 되었다. 이처럼 IoT로 모은 실시간 데이터를 과거의 경향과 대조해보면 훨씬 더 정확한 판단을 내릴 수 있다. 결과적으로 다이너그램의 고객사들은 더 적은 비용으로 굴착기를 수리할 수 있게 되었다. 바로 이런 이유로 균형 잡힌 관점을 제공하는 과거 데이터가 여전히 중요한 것이다(물론 이런 이유 때문에 데이터 분석이 더 어려워지는 것이지만).

　미국의 시추 산업은 IoT를 통한 예측 유지보수 시스템으로 다음과 같은 성과를 거두고 있다.

1. 투자 수익률이 열 배 늘어났다.

2. 유지보수 비용이 25~30퍼센트 줄어들었다.

3. 고장이 70~75퍼센트 줄어들었다.

4. 비가동 시간이 35~45퍼센트 줄어들었다.

5. 생산성이 20~25퍼센트 늘어났다.[27]

　로크웰Rockwell은 석유 시추용 구동장치를 생산하는 주요 부품 공급자다. 로크웰의 구동장치는 알래스카의 케나이반도 앞바다에 있는 힐코프에너지Hilcorp Energy의 굴착 장비에도 들어가 있다. 시추 업계에서 흔히 그렇듯, 이 굴착 장비도 24시간 쉬지 않고 돌아간다. 힐코프에너지는 로크웰의 구동장치가 들어간 시추용 고효율 전기 수중 펌프를 새로 설치했지만, 혹시라도 펌프가 고장 나면 하루 손실액이 무려 30만 달러였기 때문에 걱정이 이만저만이 아니었다.

　로크웰은 고객사를 안심시키기 위해 구동장치에서 나온 데이터를 MS의 클라우드 컴퓨터 플랫폼 '애저Azure'로 보냈다. 애저는 실시간으로 데이터를 분석해 그 결과를 다시 클리블랜드에 있는 로크웰 사무실로 전송했다. 그곳에서 로크웰의 엔지니어들은 굴착기 근처 해양의 압력, 온도, 유속 등 여러 지표가 전시되는 디지털 현황판으로 구동장치를 계속 살펴볼 수 있다. 기술자들은 문제가 생길 낌새가 있을 때마다 즉시 알림 메시지를 받는다.[28]

여기서 다시 맥킨지의 시추 산업 분석 보고서를 복기해보자. 석유 업계가 전반적으로 생산성이 떨어지자, 맥킨지는 북해에 있는 시추 업체들의 성과를 비교 평가했다. 그 결과, 성과가 가장 뛰어난 업체는 지나친 경비 지출이 아예 없었다. 예측 유지보수를 적용해 예상치 못한 손실과 과다한 수리비를 줄였기 때문이다. 시추 산업처럼 한정된 자원을 다루는 분야일수록 정비 비용을 줄여 궁극적으로 수익성을 끌어올리는 전략이 다른 무엇보다 중요하다.[29]

***

예측 유지보수를 설계하는 사람이라면 누구든 맥킨지의 이 보고서를 꼼꼼히 읽어보는 것이 좋다. 맥킨지 연구팀은 IoT 기반 예측 유지보수 전략을 세우는 조직이라면 누구나 마땅히 밟아야 할 세 단계를 이렇게 간추렸다.

1단계: 여러 분야의 전문가로 팀을 구성하라. 어떤 IoT 솔루션이든 IoT 특성

상 여러 기능을 포함하기 마련이므로, IoT의 이익을 완전히 달성하려면 팀

원 구성이 무척 중요하다.

2단계: 기존 자산의 자동화와 신규 자산의 자동화를 다르게 생각하라. 신규

자산은 감지기와 데이터 분석 기술을 나중에 추가하는 게 아니라 설계 단계

부터 반영하기 때문이다.

3단계: 수명주기 비용을 고려해, '생각은 넓게, 시험은 적게, 확대는 빠르게'

추진하라. 성공한 IoT 전략을 세운 회사들의 공통점은 일찌감치 디지털화

추진 부서를 신설해 자동화를 이뤘다는 사실이다.[30]

기술이 발달할수록
사람에 집중한다

노동 혁신

IoT가 비로소 모든 기업에 도입된 가까운 미래에, 공장의 조립 라인에 서 있는 노동자들은 어떤 표정을 짓고 있을까?

조립 라인에서 일하는 노동자의 수는 분명 지금보다 적어질 것이다. 하지만 그들은 여전히 중요한 존재다. 왜냐하면 이들이 실물 세계에서 IoT를 구성하는 두 축 중 하나인 '사물'을 오랫동안 만들어왔기 때문이다. 그러니 이들에게 권한을 주지 말아야 할 이유가 없다. **아니, 사람의 도움 없이는 진정한 IoT 혁신을 완성할 수 없다.**

조명 기업 오스람OSRAM은 베를린 공장의 모든 작업자에게 '티켓매니저Ticket Manager'라는 자사 애플리케이션에 접근할 권한을 부여한다. 작업자의 개인 스마트폰에 설치하는 이 애플리케이션은 작업자들이 관리해야 하는 여덟 가지 공정에 관한 실시간 데이터를 계속해서

알려준다.³¹

이런 식으로 현장의 작업 노동자에게 더 많은 권한을 부여하려고 노력하는 기업이 또 있다. 바로 '튤립Tulip'이라는 신생 기업이다. 튤립은 작업자용 IoT 소프트웨어를 개발하는 회사다. 그들이 제공하는 패키지 솔루션은 다양한 소프트웨어 드라이버를 이용해 생산 현장의 노동자를 지원한다. 누구나 '코드'(소프트웨어를 실제로 구동시키는 명령어-옮긴이) 한 줄 쓰지 않고도 작업장에서 이 소프트웨어를 활용해 다양한 도움을 받을 수 있다. 이 기술의 목적은 제조의 융통성 없는 백엔드Back-end 시스템과 현장에서 벌어지는 역동적인 생산 활동의 틈을 메우는 것이다.³² 튤립은 자신들의 소프트웨어가 모든 사람, 즉 기술 훈련을 전혀 받지 않은 사람도 IoT 도구를 손쉽게 이용하도록 도와줄 것이라 믿고 있다.

튤립의 공동 창립자 로니 쿠버트Rony Kubat는 "여전히 몇몇 현장에서는 노동자를 없는 사람 취급하고 있다"라고 지적한다. 게다가 사람을 훈련시키는 것보다 기계 설비를 확충하고 소프트웨어를 업그레이드하는 것이 단기적으로는 비용이 더 적게 들기 때문에 교육 프로그램의 대부분이 서류 중심으로 돌아가고 있다고 주장한다. 그의 지적은 정확하다. 작금의 제조용 소프트웨어는 진화해야 한다. **현재 시중에 출시된 기업용 IoT 소프트웨어는 제조에 참여하는 인력을 불필요한 존재로 전제하고 있다.** 이렇게 현장 인력의 요구 사항에 대처하지 못하는 소프트웨어는 채택률이 매우 낮을 수밖에 없다.

의료 장비 업체, 제약회사, 항공 우주 기업 등 매우 다양한 분야의 고객사와 함께 일하는 튤립은 자신들이 직접 제작한 직관적이고 인간 중심적인 플랫폼으로 이 모든 상황을 바꾸고자 한다.[33] 그렇게 얻은 성과는 무척 인상적이다. 세계적인 위탁 생산 업체 자빌Jabil이 튤립의 IoT 플랫폼을 사용한 결과, 첫 4주간 생산율이 무려 10퍼센트 넘게 증가했고, 수동 조립의 품질 문제가 60퍼센트까지 감소했다.[34] 그 밖에도 여러 고객사가 신입 작업자 훈련에 드는 시간을 줄였고, 무려 90퍼센트까지 단축한 곳도 있었다. 복잡하기 짝이 없고 수많은 규제를 받는 바이오 약품 제조사에서도 튤립의 솔루션은 빛을 발했다. 이 분야에서는 신입 작업자를 훈련하려면 숙련된 작업자가 종일 옆에 붙어 생산 공정을 되풀이해 알려주는 방법밖에 없었다. 하지만 튤립은 기업 맞춤형 IoT 패키지 솔루션을 개발해 작업자의 훈련 시간을 거의 절반으로 줄였다.[35]

세계적인 의류 브랜드 뉴발란스New Balance는 튤립과 협력해 수백 가지의 신상품을 출시하는 데에 걸리는 기간을 50퍼센트까지 줄였다. 그렇게 되기까지 두 회사는 수동 공정과 자동화 공정 두 부문에서 수십 가지 다양한 품질 요인이 서로 어떠한 영향을 미치는지를 꾸준히 평가해 결함의 근본 원인을 찾아냈다. 튤립이 개입하기 전까지는 이 공정 기간에 여러 주가 걸렸다. 하지만 튤립이 개발한 소프트웨어를 도입하자 노동 효율이 획기적으로 증가했고, 같은 작업을 단 하루만에 끝마칠 수 있게 되었다. 튤립과 함께 일했던 품질 엔지니어는 이렇게 말한다.

> 만약 제조 공정 중 제품에 문제가 생기면 튤립 애플리케이션을 이용해 앞의
> 작업자에게 실시간으로 알린다. 이런 순환 피드백 덕분에 작업자들이 신속
> 하게 조치할 수 있고, 최종 공정에서 제품 결함 발생률이 현저히 줄었다. 한
> 마디로, 가래로 막을 문제를 호미로 막을 수 있게 된 것이다.[36]

튤립의 제조용 IoT 플랫폼이 지닌 가장 큰 강점은 코드를 아예 입력하지 않아도, 혹은 매우 간단하게 쓰기만 해도 구동시킬 수 있다는 점이다. 따라서 프로그램을 짤 줄 모르는 공장 엔지니어도 단계별로 차근차근 알려주는 쌍방향 안내서를 보며 현장용 애플리케이션을 뚝딱 만들 수 있다. 튤립의 공동 창립자 나탄 린더Natan Linder는 "이 애플리케이션을 이용하면 튤립의 클라우드에 접속해 풍부한 실시간 데이터를 활용할 수 있다"라고 말한다. 여러 고객사의 데이터를 활용해 자사의 생산 활동을 측정하고 미세 조정할 수 있다는 뜻이다.[37]

튤립 말고도 이런 일을 하는 기업은 여럿 있다. 멘딕스Mendix*와 코니Kony가 대표적인데, 이들은 모두 코드를 아예 또는 적게 쓰는 IoT 소프트웨어를 이용해 누구나 쉽게 애플리케이션을 설계할 수 있도록 조치했다. 그 덕분에 각 회사가 지닌 고유한 요구 사항을 누구보다 잘

....

* 2018년 10월에 지멘스에 인수됐다.

아는 당사자들이 소프트웨어를 다룰 수 있어 능률이 기하급수적으로 증가했다.[38] 데이터 공유와 순환의 원칙을 철저히 지킨 덕분이다.

이처럼 IoT 기술을 이용해 현장의 작업자에게 애플리케이션 설계 권한을 부여할 때 얻을 잠재 이익은 어마어마하다. 영국 일간지《데일리텔레그래프Daily Telegraph》는 이로 인해 생산량이 8~9퍼센트 증가하고 비용은 7~8퍼센트 감소할 것이라고 분석했다. 또 이를 영국의 제조업이 받아들일 경우 수익성이 최대 3퍼센트 향상할 것이라고 추정했다.[39]

IT 전문가 존 산타게이트John Santagate는 IoT를 이용해 작업자에게 더 많은 권한을 부여해야 한다는 논거를 다음과 같이 깔끔하게 정리했다.

로봇 사용이 날로 늘고 있는 가운데, 제조업에서 사람의 노동력이 점차 필요 없어질지 모른다는 우려와 의견이 난무하고 있다. 그런데 신선하게도, 한 회사가 여전히 사람의 손으로 실행하는 업무를 개선하는 데에 집중하고 있다. 로봇과 자동화를 도입하면 작업 효율과 품질 관리, 생산성이 개선된다고들 한다. 이제 더 이상 인간의 노력만으로는 경쟁에서 살아남을 수 없다고 사람들 스스로가 말한다. 하지만 사람의 노동력과 기술의 가치를 연결할 순 없을까? 인간의 노력에 정교한 분석법과 개방된 기술을 더해 제조 공정을 완전히 다른 수준으로 개선할 수 있다면 당신은 어떻게 하겠는가? 툴립이 하려는 일이 바로 그것이다. 우리는 종종 디지털 변혁에서 인간의 존재를 빠뜨리곤 한다. 하지만 이런 생각이야말로 지극히 경제적이지 못한 생각이다. 이미 충분히 숙련된 자원이 넘쳐나는데 왜 그러한 무기를 활용하지 않고 엉뚱한 데에 막대한 돈을 투자하는가? 변혁에서 일찌감치 승리의 기반을 확보하는 길은 사람의 노력과 다른 기술을 연결하는 것뿐이다.[40]

산타게이트의 통찰은 자연스럽게 IoT 혁신의 두 번째 필수 원칙과 이어진다. 로봇이나 인공지능을 맹신하지 말고 현장의 사람을 믿으라는 것이다. 그들에게 데이터를 충분히 공유하고, 필요하다면 데이터를 분석하는 권한까지 부여하라. 소수의 엘리트뿐 아니라, 직무와 관련한 모든 사람에게 권한을 부여하라. 나는 이 주제를 이전에 쓴 책 『데이터 다이너마이트Data Dynamite』[41]에서 발전시켰고, 희한하게도 그 책이 나를 IoT 혁명으로 이끌었다.

다음 장에서는 이러한 조직 내부의 데이터 공유가 불러일으킬 가장 근본적인 변화, 즉 이제 막 잠에서 깨기 시작한 새로운 기업 형태의 전조를 설명하고자 한다.

자 가 진 단

Self-Assessment

1. 한 영역의 변화는 동시에 다른 영역에도 영향을 미쳐 이익을 늘린다. 그렇다면 당신은 제조, 설계, 유통, 판매, 유지보수를 분절해서 바라보지 않고, 이 모든 영역을 동시에 겨냥해 시너지를 일으킬 IoT 전략을 구상하기 시작했는가? 그 필요성을 충분히 이해했는가?

2. 실시간 데이터를 현장에 있는 노동자에게 공유하기 위해 당신의 기업은 어떤 노력을 하고 있는가?

3. 제품 설계에 반영하는 철학을 계속해서 연구하고 개선하고 있는가? 그리고 그 결과를 실제 제조 공정에 반영하고 있는가?

4. 자사의 제품 현황을 검토한 결과 서비스 판매로 전환할 가능성이 있는 제품이 하나라도 있는가? 그 전환이 자사의 수익을 늘리는 데에 일조할 수 있다고 판단하는가? 그렇다면 그 방안은 무엇인가? 그리고 이때 당신의 기업과 고객

이 얻을 구체적인 이익은 무엇인가?

5. 자사의 제품이 고객에게 어떻게 평가되고 있는지 정확히 파악하고 있는가?

평가의 내용을 제품 설계와 제조에 반영할 수단을 보유하고 있는가?

6. 제품의 수명주기를 단순히 이전의 수치와 숙련공의 감에만 의존하고 있는

가, 아니면 구체적이고 실질적인 데이터를 통해 실시간으로 관리하고 있는가?

8
장
—

가장 진화한
기업 모델

언제 어디서든 통하는 유일한 방법은
직원에게 자유를 보장하는 것입니다.
이를 현실에 적용하자면 독자적으로 팀을 꾸리고
목표나 생산량을 스스로 설정하게 하는 것이죠.
/

라즐로 복(구글 총괄 인사 책임자)

조직도가 사라진 회사, 순환 기업

지금까지 우리는 IoT가 어떻게 실물 세계와 디지털 세계를 융합하는지 살펴보았다. 그렇다면 이토록 큰 파장을 미치는 변화가 사물, 즉 제품과 서비스뿐만 아니라 그것을 만드는 기업에까지 큰 영향을 미치는 게 당연하지 않을까? IoT 기술이 기업을 조직하고 운영하는 방식을 바꿀 수 있다는 사실에 대해 PTC 최고경영자 짐 헤플먼은 이렇게 이야기했다.

> IoT로 기업의 모든 운영 방식을 전환하려고 씨름하는 회사가 길잡이로 삼을 만한 가이드는 없다. 우리는 수십 년간 기업의 가장 중요한 자리를 차지해온 '조직도'를 다시 쓰는 과정에 이제 막 발을 디뎠을 뿐이다.[1]

당신이 속한 기업이 이제 막 IoT 기술을 도입하고 1부에서 설명한 몇몇 필수 원칙을 받아들이기 시작했다면, IoT가 실현할 수 있는 가장 혁명적인 변화를 맞이할 최소한의 준비를 마쳤다고 볼 수 있다. 그리고 헤플먼이 제기한 문제에 답을 내놓을 수 있을 것이다.

그 답이란, 쓸모를 다한 기업의 오래된 '수직적 계층 구조'와 '선형적 공정 프로세스'를 폐기하고, 그 자리에 오늘날 마주한 초연결 혁명에 어울리는 '순환 기업'을 새 인식 틀로 구축하는 것이다. 실시간 데이터를 중심축으로 삼아 그 주위에 회사 내부의 모든 기능을 배치해야 한다. 이렇게 순환 기업으로 전환한다면 다음과 같은 이익을 얻을 수 있다.

1. 정밀도와 공정 효율이 IoT로 가능했던 것보다 훨씬 더 커진다.
2. 지금은 순차대로 해야 하는 일을 동시에 할 수 있으므로 업무 절차의 군더더기가 없어진다.
3. 같은 과제에 여러 사람의 관점, 역량, 경험을 한꺼번에 쏟아부으므로 엄청난 창의성이 발휘된다.

'순환 기업'이라는 비전은 아직 이론에 그치고 있다. 내가 아는 한, IoT와 초연결을 주제로 글을 쓴 사람 중에서 순환 기업을 제안한 이는 아직까지 없다. 하지만 나는 IoT 기술의 발전 흐름이 조만간 순환 기업으로 귀결하리라 믿는다.

물론 순환 기업으로 탈바꿈하는 일은 안이한 인식에서 벗어나는 고통스럽고 극적인 전환일 것이다. 왜냐하면 여기에는 구체적인 실제 사례도, 그러한 탈바꿈을 안내할 이정표도 없기 때문이다(혹시 주변에 그런 사례가 있다면 내게 알려주기 바란다).

하지만 이를 실현할 새로운 현실과 도구가 마련되어 있다. 적어도 가설로는 그렇다. 그러므로 나는 이 책을 읽을 여러 독자 중 용기 있는 경영자와 전문가가 변화의 도전을 받아들여 순환 기업을 실현할 것이라는 확신을 갖고 몇 가지를 제안하고자 한다. 지난 17세기 과학혁명이 그랬듯, **선례가 없다고 해서 그것이 곧 불가능하다거나 시도하지 말아야 한다는 뜻은 아니다.**

산업혁명이 일어났을 때 기업들이 참고할 거대 조직이라고는 교회와 군대뿐이었다. 당시에는 사물의 실시간 데이터를 얻는 것은 꿈도 꾸지 못했으므로, 그나마 역사가 유구하고 안정적인 지배 구조가 작동하는 교회와 군대 조직의 운영 전략을 채택해 답습했다. 정보는 고위 경영진이 관련 부서라고 판단한 몇몇 곳에만 수직 계층을 타고 상명하복의 방식으로 차례차례 전달되었다. 실제로 초기 철도 회사는 회사 방침과 업무 절차를 마련할 때 군대에 찾아가 조언을 구하기도 했다.[2]

그러나 이 책에 소개한 여러 사례에서 봤듯이, 오늘날에는 데이터 수집과 공유를 가로막던 제약이 완전히 제거되었다. 게다가 '슬랙'이나 '스크럼' 같은 협업 도구가 갈수록 널리 퍼져 자리를 잡고 있다. 그런데도 명색이 IoT를 다루는 기업이라고 스스로를 표방하는 기업들이 여전히 낡은 관습과 전통을 고집하고 있다. 기가 찰 노릇이다.

사실 순환 조직은 훨씬 전부터 존재했다. 생각해보라. 우리의 네발 조상들은 사나운 검치호랑이를 어떻게 죽일까 궁리하느라 화롯불을 빙빙 돌았고, 그 옛날 아서왕은 전술을 짤 때 기사단을 한 줄로 세우지 않고 원탁에 빙 둘러 세웠다. 자연은 또 어떠한가. 무려 45억 년 동안 순환하면서 지금껏 단 한 차례도 쉬지 않고 부지런히 움직여 왔다. 그런데 왜 기업만 가만히 서 있으려고 하는가?

잠시 눈을 감고 상상해보라. '원Circle'은 본질부터가 '협력'이다. 원에서는 누구나 서로 볼 수 있고, 말을 걸 수 있다. 우위나 계급을 뚜렷이 나타내는 표시가 없다. 그리고 원의 또 다른 본질은 '순환'이다. 모든 정보가 곡선을 따라 멈추지 않고 흐르며 모두에게 전달된다. 그리고 다시 처음으로 이어진다.

조직의 패러다임을 '선'에서 '원'으로 바꾸는 데에 과학적 이론을 마련한 인물은 단연 토머스 새뮤얼 쿤Thomas Samuel Kuhn이다. 그는 자신의 책 『과학 혁명의 구조』에서 이미 과학계에 이와 비슷한 극적인 전환이 벌어지고 있다고 설명했다. 쿤은 프톨레마이오스Ptolemaeus의 천동설처럼 낡은 인식 틀이 무너지려 할 때마다 시대와 사회에 어떤 경향이 등장하는지 관찰했다. 그가 내린 결론은 명쾌했다. 낡은 관념으로는 더 이상 설명할 수 없는 '이상현상Anomaly'이 갈수록 더 많이 일어나다가 마침내 구태의 관습이 위기에 몰릴 때, 비로소 새로운 혁명이 폭발한다는 것이다.

위기는 고정관념을 흐트러뜨리는 동시에, 인식 틀을 근본적으로 전환하는 데에 필요한 자료를 꾸준히 제공한다. 더러는 괴짜들의 특이한 연구(Extraordinary research)가 이상현상에 구조를 부여한다. 이로써 새로운 인식 틀이 마련된다. … 하지만 평범한 다수는 그러한 변화를 인지하지 못한다. 그저 조금 특이한 누군가의 머릿속에 어떤 실마리가 불현듯, 그리고 때로 한밤중에 툭 떠오른다. 남들보다 먼저 변화를 감지한 그는 끝내 자료를 모으고 질서를 부여하고 새로운 방법을 찾아낸다. 하지만 이 과정을 여기서 다 헤아리는 것은 매우 어려운 일이고, 앞으로도 영원히 그럴 성싶다. 그러니 여기서는 그 본질과 관련하여 한 가지만 이야기하자. … 새로운 인식 틀의 근간을 창안한 사람은 거의 언제나, 그 분야에 막 발을 들였거나 아주 젊은 사람이었다. 하지만 그는 대놓고 자신의 발견을 사람들에게 떠벌리고 싶지는 않았을 것이다. 왜냐하면 지난 관행에 큰 관심을 두지 않고 심지어 정규 과학(Normal science)의 해묵은 규칙조차 중요하게 여기지 않는 이런 특이한 이들이야말로 변화의 조짐을 발견할 확률이 매우 높기 때문이다.[3]

바로 지금 비즈니스 현장에도 여러 집단의 협업과 혁신자들의 발견으로 다양한 이상현상이 나타나고 있다. 그렇다면 이 사례들이 구태의연한 경영의 인식 틀을 전환하는 불씨가 될까? 쿤의 말처럼 어쩌면 이런 변화를 몰고 올 이들은 직업 현장에 막 발을 들였거나 아주 젊은, 그리고 수직적 계층 구조와 선형적 공정 프로세스에 치를 떨고 수평적 협업을 사랑하는 밀레니얼 세대[*]는 아닐까?

....

[*] 대개 1980년대 초부터 2000년대 초 사이에 태어난 세대를 칭한다. 청소년기부터 인터넷과 모바일에 익숙한 세대로 현재 한국의 2030세대와 겹친다.

초연결시대의 일터를
재정의하다

  만약 당신이 200년 넘도록 꽤 크게 성공을 거둔 사업 관행을 반드시 바꿔야 한다면, 어떻게 조직 체계를 정비하겠는가?

  순환 기업에 가장 가까운 예로 나는 고어텍스Gore-tex로 유명한 고어와 동료들W. L. Gore and Associates, 즉 고어Gore를 꼽고 싶다. 이 회사는 언제나 혁신을 거듭한다. 1958년에 회사를 세운 창립자 윌버트 리 고어Wilbert Lee Gore는 미국의 화학 기업 듀폰Dupont에서 비교적 자유롭게 일한 경험을 바탕으로, 조직을 격자형으로 꾸려 모든 노동자를 서로 연결시키는 기업을 세웠다.[4] 고어에는 이런 말이 있다.

  고어에는 조직도가 없다. 고어에는 획일적인 명령 체계가 없다. 고어에는 미리 정해진 소통 경로가 없다.

고어는 모든 업무를 그때그때 조직된 팀으로 처리한다. 팀은 독자적으로 움직이고, 팀장 역시 누군가에 의해 지명되지 않고 자연스럽게 선출된다. 고어는 이를 **'자연스러운 리더십'**이라고 부른다. 또 모든 사람이 참여해 목소리를 내려면 작은 규모가 중요하다고 여겨, 팀 규모를 150~200명으로 제한한다. 만약 어느 제조팀의 부서원이 200명을 넘게 되면 바로 옆에 새 생산 건물을 추가로 짓는다.[5] 컨설팅 업체 딜로이트의 캐슬린 벤코Cathleen Benko와 몰리 앤더슨Molly Anderson은 《포브스Forbes》에 이렇게 기고했다.

"어제의 산업 청사진으로 내일에 계속 투자하는 것은 헛수고다. 격자 조직은 일터를 새롭게 정의하고 있다."[6]

고어는 IoT 제품을 생산하는 회사도 아니고, 그 기술을 솔루션으로 도입한 회사도 아니다. 다만 내가 제안하는 순환 기업의 정체성을 가장 진지하게 고민하고 성찰하는 회사라 소개했을 뿐이다. 이 밖에도 순환 기업의 흔적은 경영학자 러셀 애코프Russell L. Ackoff가 1990년대에 제안한 여러 순환 조직의 사례에서 발견되지만, 안타깝게도 당시에는 대중의 주목을 받지 못했다.[7]

하지만 지금은 다르다. 비로소 처음으로 조직의 모든 분야에서 실시간 데이터를 수집해 곧장 공유할 수 있게 되었다. 럭비 대형에서 이름을 따온 프로젝트 협업 관리 도구 '스크럼'을 예로 들어보자. 원래는 소프트웨어 설계용으로 만들어졌지만, 이제 스크럼은 복잡하게 상호 작용하는 모든 업무에 이용된다. 스크럼은 신속한 개발을 가능하게 한다. 일단 프로젝트를 큰 '업무 덩어리Chunk'로 나눈 다음, 덩어리를 책임질 조직마다 업무 마감일인 전력 질주 기한 '스프린트Sprint'를 정하고, 날마다 '일간 스크럼Daily Scrum'에서 머리를 맞대고 진척 상황을 논의한다. 스프린트가 끝났다는 것은 업무 덩어리(결과)를 고객에게 건네줄 준비도 끝났다는 뜻이다. 스프린트 검토 회의를 마친 팀은 다른 업무 덩어리를 골라 다시 머리를 맞댄다. 그렇다고 모든 구성원이 쉴 새 없이 업무에 관여해야 한다는 뜻은 아니다. 구성원마다 의견을 제시하는 때가 달라도 되고, 그 의견에 다른 사람이 나중에라도 견해를 밝힐 수 있도록 기록을 남겨도 좋다.

이런 프로그램과 업무 수행 방식이 갈수록 널리 퍼지고 있으며, 점점 더 많은 경영진이 이러한 협업 도구를 요구하고 있다. 실제로 임직원 가운데 97퍼센트가 '협업 수단이 과제나 프로젝트의 성과에 직접 영향을 미친다'고 답했다.[8]

이러한 업무의 틀이 어떠한 효과를 가져올지 상상해보라. 첫째, 모든 직무 집단이 디지털 쌍둥이에서 눈을 떼지 않을 것이다. 따라서 연결된 스마트 제품에 늘 주목할 것이다. GE에서 출시 기간을 그토록 많이 단축한 순환 설계 과정이 흔한 업무 절차가 될 것이다. 둘째, 공급 협력 업체가 제품 생산의 현재 상태를 실시간으로 확인하므로, 부품을 제때 재공급해 생산 중단을 막을 것이다. 게다가 이런 적기 공급이 M2M으로 자동 수행될 것이다. 셋째, 판매 및 유통의 실시간 데이터를 조립 라인에 알려 생산 속도를 늦추거나 높일 것이다. 넷째, 고장 징후를 먼저 찾아내 설계자가 제품을 미리 수리할 수 있다.

디지털 혁명이 산업에 미칠 영향을 연구하는 '위프로디지털WiPro Digital'과 '미래를 위한 포럼Forum for the Future'이 공동으로 실시한 설문 조사의 결과를 살펴보자.

> 여러 직무를 아우르는 업무 수행 방식에 집중하면, 혁신적이고 체계적인 해법을 만들 수 있다. 직원들이 자유롭게 부서를 넘나들어 프로젝트와 자원을 활발하게 공유하고 연결할 때 다양한 전문 지식을 갖춘 집단 및 개인 사이에 유연한 정보 교환이 일어나고, 그래서 새로운 발상과 실험에 불씨를 당긴다. 바로 이때 혁신이 일어난다.[9]

물론 그런 체계가 작동하게끔 하려면 골치 아픈 물음에 답해야 할 것이다. 혼란을 막으려면 공식 보고 체계도 여전히 필요할 터다(고어에도 몇 명 안 되기는 하지만 공식 직함을 단 지도부가 있다). 공급 및 유통 협력 업체가 열람할 수 있는 정보는 꼭 알아야 하는 것에 한정될 것이고, 그마저도 오랫동안 신뢰를 쌓은 업체에 제한될 것이다. 튤립 같은 소프트웨어를 이용하는 조립 현장 근무자들도 자기 업무와 관련한 정보만 받을 것이다.

관리자 대다수도 사고방식을 바꿔야 할 것이다. 《하버드비즈니스 리뷰》는 회사의 임원들에게 이렇게 조언한다.

"협업 문화를 장려하고 싶은 회사는 첫째, 더 수평적인 열린 조직

구조에서 노동자가 의사결정에 목소리를 낼 수 있는 문화를 마련해야 한다. 둘째, 최첨단 통신 수단, 문서 공유, 원격 정보 접근을 이용해 부서 안팎으로 소통을 장려해야 한다."[10]

사고방식에서 비롯한 장애물도 꽤 많을 것이다. 같은 조사에 따르면, 협업을 가로막는 가장 큰 걸림돌은 경영진의 지원 부족이었다. 또 경영진이 협업에 실제 참여하는 것이 단순히 지원만 하는 것보다 더 중요했다.[11]

"혁신이란 위로부터의 명령으로 이뤄지는 것이 아니라, 직원들의 자유로부터 시작된다. 내 말은 기업들이 완전히 새로 태어나야 한다는 뜻이 아니다. 당장 실행할 수 있는 더 단순한 전략부터 시작하라는 것이다."

구글의 기업 혁신 솔루션 'X 프로젝트' 총괄 책임자 프레더릭 페르트Frederick Part의 조언이다.

순환 기업으로 나아가는 길에는 회사의 기밀을 어떻게 보호할 것인지, 임직원들을 어떻게 설득할 것인지, 협업 안에서 개별 노동자의 책무를 어디까지 제한할 것인지 등등 근본적인 전환을 가로막는 단단한 벽이 여럿 존재한다. 어쩌면 어떤 간부는 차라리 과거의 방식이 더 낫다고 여길지도 모른다. 그러나 지난날 우리를 괴롭혔던 집단 실명에서 벗어나, 자연의 생생한 법칙을 받아들일 준비를 마친 마당에 머뭇거릴 필요가 있을까? **역사는 늘 가장 먼저 손을 털고 움직인 사람만 기록한다.** 이 점을 명심하기 바란다.

자 가 진 단

---

1. 기존의 수직적 계층 구조와 선형적 공정 프로세스가 문제 해결을 가로막은 적이 있는가? 당신은 그런 장애물을 잠자코 받아들였는가, 아니면 없애려고 노력했는가?

2. 어렵고 까다로운 문제를 해결하고자 새로운 협업 도구를 자체적으로 개발하려고 시도한 적 있는가? 그에 따른 이익과 성과는 무엇이었는가? 왜 그런 접근법을 특별한 사안에만 적용하고, 일상적인 전체 업무 활동에는 적용하지 않았는가?

연결을 넘어 초연결로 무장하라

당연한 말이지만, IoT에서 가장 중요한 것은 세상과 디지털을 융합하는 매개체, 즉 각각의 '물건'이다. 기술의 몸통이라고도 할 수 있는 이 물건들은 나날이 발전을 거듭하고 있다. 더 넓은 호환, 더 빠른 연결, 더 다양한 기능 등 기술은 끝없이 발달한다. 그런데 우리가 세상을 바라보는 관점과 문제를 해결하고 관리하는 방식이 근본적으로 변하지 않는다면 무슨 소용일까? 우리는 종종 기술의 본질을 이해하기는커녕 인식조차 못한 채, 계속해서 다음 기술로 넘어가기만을 목이 빠지게 기다린다.

"이봐, 그래서 다음 아이폰은 언제 나온대?"

내가 IoT에 관해 처음으로 글을 쓴 때는 2000년 무렵으로, 당시에는 이 개념을 그저 '유비쿼터스 컴퓨팅'이라고 불렀다. 내 글의 주제는 송유관의 진동을 이용해 스스로 전력을 공급하는 근사한 기름 누출 감지기였다. 멀리 떨어진 송유관이 부식으로 인해 평소와 다른 진동을 내보내면 저절로 전력이 기름 공급을 차단하는 원리였다. 정비사가 주기적으로 감시하지 않아도 되니 회사는 비용을 절감할 수 있고, 쓸데없이 기름이 새지 않으니 환경에도 좋다.

『데이터 다이너마이트』를 쓰며 나는 다시 한번 IoT의 개념에 대해 진지하게 고민했다. 이 책에서 나는 '폭발하듯 늘어나는 빅데이터를 제대로 활용하려면 데이터를 은밀히 저장하지 말고 공유하는 쪽으로 인식을 전환해야 한다'고 주장했다. 매우 상식적인 주장이었지만, 당시만 해도 권력을 지닌 소수가 데이터를 독점해야 한다는 의견이 다수를 점했다. 다행히 내가 제기한 문제의식이 IoT 업계에 받아들여져 데이터를 어떻게 관리하고 활용할 것인지에 대한 생산적 논의가 시작됐고, 결국 '데이터 공유'는 내가 이 책에서 거듭 강조한 초연결시대 IoT 혁신의 네 가지 원칙 중 가장 중요한 지침으로 꼽히게 되었다. 이때 IoT의 개념에 매료된 나는 책 출간 작업을 마무리 짓는 대로 이 신비로운 기술에 관해 다시 살펴보겠다고 다짐했다.

마침내 2012년 하반기, 블로그를 개설해 최신 IoT 기술과 관련 업계의 동향을 다루는 글을 올리기 시작했고, 그 결과를 엮어 『똑똑한 물건Smart Stuff』이라는 전자책도 펴냈다. 그러다 산업용 소프트웨어를 생산하는 세계 굴지의 대기업 SAP의 제안으로 최고 책임자용 IoT 안내서 「IoT 혁명 관리하기Managing the Internet of Things Revolution」[1]를 만드는 프로젝트를 담당하게 되었는데, 따지고 보면 이 책도 그 프로젝트 덕분에 쓸 수 있었다.

이 책을 쓰게끔 영향을 미친 또 다른 요인은 1990년대에 내가 '자연 발생하는 부Natural Wealth'라 이름 붙인 개념과 관련이 있다. 이 개념은 200년 남짓한 인류 '산업 경제Industrial Economy'의 역사를 45억 년 된 '자연 경제Natural Economy'의 역사와 같은 선상에 두고 조망하려 한 시도였다.

자연 경제는 생산물을 끊임없이 진화시킨다. 사람들은 자신이 사는 지역의 원자재를 이용해 더 나은 무언가로 만들어내고, 다른 무언가와 재조합해 완전히 새로운 물건을 생산한다. 그리고 이때 나온 폐기물을 버리지 않고 다시 생산에 활용한다. 최근 우리가 상황을 망치려 들기 전까지만 해도, 자연 경제는 꽤 훌륭히 진화해왔다. 나는 산업 경제의 유물과는 사뭇 다른 자연의 순환 과정에 흥미를 느꼈다. 그리고 1995년 잡지 《네트워크 월드Network World》에 기고한 「버키볼 기업The Buckyball Corporation」2이라는 글에서, 인터넷 기반의 새로운 소프트웨어를 이용하면 조직을 탄소 60개로 이루어진 공 모양의 버키볼(정오각형 12개와 정육각형 20개로 만든 다면체-옮긴이) 분자처럼 구성할 수 있다고 내다봤다.

모든 구성원이 둥그런 공처럼 모여 있다고 상상해보라. 이런 조직에서는 모든 임직원이 '공 안쪽'을 바라보며 목표와 자원을 실시간으로 공유하며 일할 수 있다. 지난 20여 년간 IoT 기술이 산업에 큰 영향을 미치고 심지어 기업의 구조를 송두리째 바꾸는 모습을 근거리에서 관찰하고 때론 그 중심에서 일하며, 진짜 혁명적인 것이 무엇인지 깨달았다. 나는 지금 벌어지고 있는 변화의 흐름을 '초연결'이라고 부르고자 한다.

초연결 혁명이 초래할 변화는 지구 반대편에 있는 사물을 자유자재로 제어하는 것이 전부가 아니다(물론 이런 능력도 충분히 훌륭하다). IoT는 누구든 사물의 실시간 정보와 작동 상태를 확인하고 해당 자료에 실시간으로 접근할 수 있게 해주며, 결과적으로 기업이 여전히 버리지 못하고 있는 낡은 구조를 무너뜨려 '순환 기업'을 실현하는 가장 중요한 수단이 될 것이다.

정보 공유는 비단 사물과 사물 사이에서만 벌어지지 않는다. 수많은 사람의 다양한 경험과 취향이 뒤엉켜 상호 작용한다고 상상해보라. 정보가 선을 따라 흐르지 않고, 사방으로 퍼져나가고 모이기를 반복하는 순환 기업에서는 불필요한 시간적, 경제적 비용이 과감하게 제거되고 혁신을 부르는 창의성이 폭발할 것이다.

물리치료사 학위를 받은 아내 레베카 G. 스티븐슨 박사는 IoT를 이해하려는 끈질긴 내 노력을 흔들림 없이 굳게 지지해줬다. 이 원고가 출판사의 관심을 얻기까지 대리인 제프 허먼의 공이 컸다. 출판사 하퍼콜린스리더십 편집장 티모시 버거드는 내게 값을 따지기 어려운 귀중한 통찰과 함께 두 편집자 제프 파와 리 그로스먼 그리고 선명한 HB 연필 한 자루를 선물해주었다. 사랑하는 친구 밥 와이스버그는 트위터로 내게 다양한 아이디어를 제공했고, 한편으로는 끊임없이 나를 닦달해 마감일을 맞추게 했다. 바라건대, 이 모든 사람이 내 책을 읽고 뿌듯함을 느끼면 좋겠다.

초연결시대 IoT 설계 선언문
IoT Design Manifesto 1.0

초연결시대에 관련 분야에서 일하는 디지털 설계자들과 리더들은
어떤 가치관과 마음가짐으로 IoT 기술을 다뤄야 할까? '초연결시대
IoT 설계 선언문'은 스마트 제품 개발사 플로릭 스튜디오Frolic Studio
의 루벤 반 더 블뢰텐Ruben van der Vleuten, 앤드루 스피츠Andrew Spitz
등 몇몇 디자이너가 초안을 작성한 후 루이자 하인리히Louisa Heinrich
등 여러 자문 위원의 도움을 받아 최종 안을 확정했다.

이 선언문에는 '모든 것이 연결된 세상에서 믿음직한 설계를 실현
할 길잡이'라는 부제가 붙어 있다. 간결하면서도 알차고, 도발적이면
서도 신중한 이 선언문은 전체 내용을 그대로 전할 가치가 있다.

세계는 점점 더 하나로 연결되고 있다. 이제 디자이너, 엔지니어, 기업가 모두 예전에는 없던 제품과 서비스를 창조할 기회가 주어졌다. 그러나 초연결된 세계는 새로운 질문과 도전 또한 우리에게 제시한다. 이 선언문은 IoT 제품 과 서비스를 기획하고 설계하고 생산하고 제공하고 소비하는 모든 사람을 위 한 행동 수칙이며, 새롭게 성장하는 미래 분야에 대처할 수 있는 균형 잡힌 원 리다. 우리는 거짓말을 해서는 안 되고 한없이 웅크리고 있어서도 안 된다. 정 직하고 담대하게 미래를 열어젖혀야 한다.

1. 우리는 호들갑 떠는 IoT 광고를 믿지 않는다.

We don't believe the hype.

따라서 세상이 숭배하는 신상품을 의심의 눈초리로 지켜보겠다고 맹세한다. 제품에 단순히 인터넷만 덧입히는 것은 답이 아니다. 그런 상업적 성공은 오 래 지속되지 않을 것이다.

2. 우리는 쓸모 있는 사물을 설계한다.

We design useful things.

진짜 가치는 목적이 분명한 제품에서 나온다. 우리는 사람들의 삶에 의미 있 는 영향을 미치는 제품을 설계하겠다고 다짐한다. IoT 기술은 이를 가능케 할 수단일 뿐이다.

3. 우리는 모든 이해 관계자가 이익을 얻는 것을 목표로 삼는다.

We aim for the win-win-win.

IoT 제품을 둘러싼 이해 관계는 사용자와 기업 그리고 그 사이에 있는 모든 관련자와 복잡하게 얽혀 있다. 우리는 이 복잡한 교환 체계에서 모든 사람이 이익을 얻도록 사물을 설계할 것이다.

4. 우리는 모든 사람, 모든 사물을 안전하게 지킨다.

We keep everyone and everything secure.

연결성은 외부인이 제품을 타고 들어와 보안을 위협할 가능성을 수반하므로 치명적이고 심각한 결과를 낳을 수 있다. 우리는 어떤 위험이 닥치든, 이런 위험에서 사용자를 보호하겠다고 다짐한다.

5. 우리는 개인 정보를 보호하는 문화를 만들고 알린다.

We build and promote a culture of privacy.

외부의 위협만큼이나 심각한 위험이 내부에서도 나올 수 있다. 제품이 수집한 개인 정보를 부주의하게 다루면 신뢰가 무너진다. 따라서 우리는 모든 데이터를 신중하게 취급하는 문화를 정착시키고 그것이 표준이 되도록 앞장설 것이다.

6. 우리는 어떤 데이터를 모을지 늘 신중하게 생각한다.

We are deliberate about what data we collect.

IoT는 데이터를 은밀히 저장하는 사업이 아니다. 우리는 제품과 서비스의 유용함에 도움이 되는 데이터를 모을 뿐이다. 따라서 특정 데이터가 모일 경우 그것이 어떤 결과를 초래할지를 신중하고 양심에 비춰 예상해야 한다.

7. 우리는 IoT 제품과 관련해 누가 이익을 얻는지 명확히 밝힌다.

We make the parties associated with an IoT product explicit.

이해 관계자끼리 정보를 막힘없이 유동적으로 주고받는 IoT 제품의 독특한 연결성 탓에, 눈에 보이지 않는 복잡하고 모호한 관계가 생긴다. 우리의 책임은 그런 이해 관계자 사이의 역학 관계를 누구나 보기 쉽게, 이해할 만하게 드러내는 것이다.

8. 우리는 사용자가 자기 소유물의 진정한 주인이 되도록 한다.

We empower users to be the masters of their own domain.

IoT 제품을 둘러싼 여러 이해 관계자 사이에서는 사용자가 자기 역할의 통제권을 잃기 일쑤다. 우리는 이해 관계자가 사용자의 데이터에 어떻게 접근할지, 사용자가 제품을 통해 어떻게 연결될지의 테두리를 결정할 권한을 사용자가 지녀야 마땅하다고 믿는다.

9. 우리는 사물이 수명 기간 내내 제대로 작동하도록 설계한다.

We design things for their lifetime.

초연결이 시행착오를 겪으며 활발하게 진행되는 지금, 실물 제품과 디지털 서비스의 수명 기간이 다르게 설계되곤 한다. 하지만 IoT 세계에서는 제품과 서비스의 특성이 서로 긴밀히 의존하므로 당연히 수명도 일치해야 한다. 우리는 제품과 서비스가 내구성 있는 단일물로 묶이도록 설계할 것이다.

10. 누가 뭐래도, 우리는 인간이다.

In the end, we are human beings.

모름지기 설계란 영향력이 큰 행위다. 우리가 하는 일은 기술과 사람 사이뿐만 아니라 사람과 사람 사이의 관계에 영향을 미칠 힘이 있다. 우리는 이 영향력을 수익을 내거나 로봇 지배자를 만드는 데에 쓰지 않을 것이다. 우리는 모든 것을 연결할 수 있는 IoT 초연결의 힘을 이용해, 이 땅의 모든 공동체와 사회가 번영하도록 도울 것이다.

서문 머지않아 다가올 두 혁신을 연결하라

1 Michael Porter and James Heppelmann, "How Smart, Connected Products are Transforming Companies," Harvard Business Review, 2015, p.19.

1장 변화를 외면하는 기업에 미래는 없다

1 빅벨리솔라 마케팅 부사장 레일라 딜런과 나눈 전화 인터뷰(2017년 10월 20 일).

2 Alivecor, "Clinical Research From HRS Validates Alivecor Delivers Value-Based Care for Heart Health"(news release), 2016.

3 "The Rise of Mobile: 11.6 Billion Mobile-Connected Devices By

2020", Mobile Future, 2016.

4 Joseph Bradley, Jeff Loucks, James Macaulay, and Andy Noronha, "Internet of Everything(IoE) Value Index: How Much Value Are Private-Sector Firms Capturing from IoE in 2013?", Cisco, 2013.

5 "The Internet of Things: Consumer, Industrial&Public Services 2018-2023", Juniper Research, 2016.

6 "Internet of Things(IoT) Market: Global Demand, Growth Analysis&Opportunity Outlook 2023", Research Nester, April 23, 2018.

7 Peter Evans and Marco Annunziata, "Industrial Internet: Pushing the Boundaries of Minds and Machines", General Electric, 2012.

8 Gil Press, "It's Official: The Internet of Things Takes Over Big Data as the Most Hyped Technology", Forbes, 2014.

9 The Economist Intelligence Unit, "The Internet of Things Business Index: A Quiet Revolution Gathers Pace", Economist, 2013.

10 Jeffrey Conklin, *Dialogue Mapping: Building Shared Understanding of Wicked Problems*, Wiley, 2006.

11 "Improve Efficiency and Work Smarter by Lighting up Dark Assets", Connected Futures, 2015.

12 Erik Brynjolfsson and Andrew McAfee, *The Second Machine Age: Work, Progress and Prosperity in a Time of Brilliant Technologies*, Norton, 2014, p.79.

13 John B. Kennedy, "When Woman Is Boss", Colliers, 1926.

14 Fredrick Gunnarsson, Johan Williamson, Jerome Buvat, Roopa Nambiar, Ashish Bisht, "The Internet of Things: Are Organizations

Ready for a Multi-Trillion Dollar Prize?", Cap Gemini Digital Transformation Research Institute, 2015.

2장 이미 일상에 스며든 미래

1 Gil Press, "A Very Short History of the Internet of Things", Forbes, June 14, 2014.

2 Mark Weiser, "The Computer for the 21st Century", Scientific American, September, 1991.

3 같은 글.

4 더 자세한 내용을 알고 싶다면 웹사이트 'postscapes.com'에 접속하기 바란다. 이 웹사이트에는 IoT의 역사가 빠짐없이 올라와 있다(postscapes.com/internet-of-things-history/).

5 같은 웹사이트.

6 Travis Andrews, "Robotics Are Helping Paralyzed People Walk Again, but the Price Tag Is Huge", Washington Post, June 12, 2017.

7 John Kennedy, "The Machines Are Coming: How M2M Spawned the Internet of Things", Silicon Republic, May 18, 2016.

8 Gil Press, 같은 글.

9 Ingrid Lunden, "6.1B Smartphone Users Globally By 2020, Overtaking Basic Fixed Phone Subscriptions", TechCrunch, June 2, 2015. March 8, 2018.

10 GE 저장 장치 부문 담당자 프레스콧 로건(Prescott Logan)으로부터 받은 이

메일(2018년 3월 8일).

11 Thor Olavsrud, "10 Principles of a Successful IoT Strategy", CIO, January 30, 2017.

12 "VNI Global Fixed and Mobile Internet Traffic Forecasts", Cisco.

13 Matthew Perry, "Evaluating and Choosing an IoT Platform", O'Reilly Media, 2016.

14 "AI Commentator", AGT, March 7, 2018.

15 Rita L. Sallam, W. Roy Schulte, Gerald Van Hoy, Jim Hare, "Cool Vendors in Internet of Things Analytics", Gartner, May 11, 2016.

16 슬랜트레인지 제품 설명서.

17 Joe Biron and Jonathan Follett, *Foundational Elements of an IoT Solution*, O'Reilly Media, 2016, p.47.

18 Wyatt Carlson, "10 IoT Platforms Changing How Companies Do Business", SDxCentral, May 29, 2017.

19 "Researchers Use 3D-Printer to Make Tiny Batteries", The Daily Fusion, June 24, 2013.

20 Allied Market Research, "Global Sensor Market Forecast 2022: IoT and Wearables as Drivers", I-Scoop.

21 W. David Stephenson, "Sound's Emerging IoT role"(stephensonstrategies.com), March 7, 2017.

22 리벨리움 최고경영자 알리시아 아신과 나눈 전화 인터뷰(2017년 12월 21일).

23 Anura P. Jayasumana, Qi Han, and Tissa H. Illangasekare, "Virtual Sensor Networks: A Resource Efficient Approach for Concurrent Applications", Dept. of Electrical&Computer

Engineering, Colorado State University, November 12, 2012.

24 Kaivan Karimi, "The Role of Sensor Fusion in the Internet of Things", Mouser Electronics, Jun, 2013.

25 Raman Chitkara, Anand Rao, Devin Yaung, "eraging the upcoming disruptions from AI and IoT", PWC, 2017.

26 같은 글.

27 Zoe Gross, "The Dark Side of the Coin: Bitcoin and Crime", Finfeed, Sep 5, 2017.

28 W. David Stephenson, "Blockchain Might Be the Answer to IoT Security Woes"(stephensonstrategies.com), 2016.

29 Ahmed Banafa, "How to Secure the Internet of Things(IoT) with Blockchain", Datafloq, 18 August, 2016.

3장 모든 것이 연결된 세계, 디지털 쌍둥이

1 Saju Skaria, "Digital Twins", Saju Skaria: Random Thoughts on Leadership, Strategies, Global Business, and Spirituality, December 28, 2016.

2 Daniel Newman, "Digital Twins: The Business Imperative You Might Not Know About", Forbes, May 30, 2017.

3 마이클 그리브스 박사와 나눈 전화 인터뷰(2017년 12월 18일).

4 "Millions of Things Will Soon Have Digital Twins", The Economist, July 13, 2017.

5 같은 인터뷰.

6 Quentin Hardy, "GE.'s 'Industrial Internet' Goes Big", New York Times, October 9, 2013.

7 "Millions of things will soon have digital twins", The Economist, July 13, 2017.

8 PTC, "Unlocking a World of Possibilities for AR and the IoT"(youtube.com), May 19, 2016.

9 Ariel Schartz, "Singapore Will Soon Have a 'Virtual Twin City' That Reflects Everything in the Real World", Business Insider, January 21, 2016.

10 Sara Scoles, "A Digital Twin of Your Body Could Become a Critical Part of Your Health Care"(slate.com), Slate, February 10, 2016.

11 Kasey Panetta, "Gartner Top 10 Strategic Technology Trends for 2018", Smarter With Gartner, October 3, 2017;Christy Petty, "Prepare for the Impact of Digital Twins", Smarter With Gartner, September 18, 2017.

12 Tanja Ruecker, "Making Sense of The New Business Models Powered by Digital Twins", Manufacturing Business Technology, October 23, 2017.

13 Christie Pettey, "Prepare for the Impact of Digital Twins", Smarter With Gartner, September 18, 2017.

14 GE Renewable Energy, "GE's Digital Wind Farm for Onshore Wind"(gerenewableenergy.com).

15 Bernard Marr, "What is Digital Twin Technology: And Why Is It So Important?", Forbes, March 6, 2017.

16 Dr. Colin Parris, "Minds+Machines: Meet a Digital Twin"(youtube.

com), GE Mind+Machines Conference.

17 같은 동영상.

18 GE Renewable Energy, "Exelon and GE: Forecasting the Future"(gerenewableenergy.com)

19 GE Renewable Energy, "E.ON and GE: A Power Up Story"(gerenewableenergy.com)

20 Erin Biba, "The Jet Engines With Digital Twins", BBC, February 14, 2017.

21 W. David Stephenson, "Game-changer! AR Enables IoT merging of physical and digital"(stephensonstrategies.com), June 21, 2016.

22 PTC 수석 부사장 마이클 캠벨과 나눈 전화 인터뷰(2018년 1월 8일).

4장 IoT 혁신의 4가지 필수 원칙

1 Andy Greenberg, "Hackers Remotely Kill a Jeep on the Highway: With Me in It", Wired, July 2015.

2 Kashmir Hill, "How A Creep Hacked a Baby Monitor to Say Lewd Things to a Two Years Old", Forbes, August 13, 2013.

3 Darrell Etherington and Kate Conger, "Large DDoS attacks cause outages at Twitter, Spotify, and other sites", Tech Crunch, October 21, 2016.

4 David Goldman, "Shodan: the Scariest Search Engine on the Internet", CNN, April 8, 2013.

5 J. M. Porup, "'Internet of Things' Security Is Hilariously Broken and Getting Worse", Ars Technica, January 23, 2016.

6 European Union Agency for Network and Information Security, *Privacy and Data Protection by Design: from Police to Engineering*, December 2014.

7 Edith Ramirez, "Privacy By Design and the New Privacy Framework of the U.S. Federal Trade Commission", Federal Trade Commission, June 13, 2012.

8 European Union Agency for Network and Information Security, 같은 책.

9 같은 책, p.4.

10 같은 책, p.54.

11 사물인터넷보안재단 홈페이지(iotsecurityfoundation.org)와 빌드잇시큐어 홈페이지(builditsecure.ly)를 참고하라.

12 "Internet of Things: Privacy&Security in a Connected World", Federal Trade Commission, November, 2013.

13 Bhoopathi Rapolu, "Internet Of Aircraft Things: An Industry Set To Be Transformed", Aviation Week, January 18, 2016.

14 Heather Clancy, "How GE Generates $1 Billion From Data", Fortune, October 10, 2014.

15 "Waiting to Exhale: GPS Inhalers Identify Asthma Hotspots", Propeller Health, November 26, 2012.

16 Nick Stockton, "Boston is Partnering with Waze to Make Its Roads Less of a Nightmare", Wired, February 20, 2015.

17 Katie Jackson, "Columbus Under Construction to Become America's First 'Smart City'", Fox News, July 10, 2016.

18 LoRaWAN은 3G나 와이파이가 없어도 인터넷에 연결할 수 있다. 따라서 와이파이 암호를 알 필요도 없고, 통신망에 가입하기 위해 돈을 지불할 필요도 없다. 게다가 시스템을 운용하는 데에 드는 전력 사용량이 극히 적으면서도 멀리까지 전파를 보낼 수 있다.

19 W. David Stephenson, "Data is the Hub: How the IoT and Circular Economy Build Profits"(stephensonstrategies.com), November 2, 2015.

20 Quentin Hardy, "GE's 'Industrial Internet' Goes Big", New York Times, October 9, 2013.

21 SC Digest Editorial Staff, "Physical Twins Provide Data Over Time That Allows Digital Version to Simulate and Optimize Performance, Among Other Benefits", Supply Chain Digest, August 30, 2017.

22 Zvi Feuer, "Smart Factory: The Factory of the Future", Siemens PLM Community, December 16, 2016.

23 W. David Stephenson, "Why the Internet of Things Will Bring Fundamental Change: What Can You Do Now That You Couldn't Do Before?"(stephensonstrategies.com), August 12, 2014.

24 Alex Brisbourne, "Tesla's Over-the-Air Fix: Best Example Yet of the Internet of Things?", Wired, February 2014.

5장 초연결 혁명을 이끄는 쌍두마차

1 Christoph Wegener and Johannes von Karczewski, *1847~2017, Shaping the Future: Qualities That Set Siemens Apart After 170 Years*, Siemens, 2017.

2 같은 글.

3 Rainer Drath and Alexander Horch, "Industrie 4.0: Hit or Hype?", IEEE Industrial Electronics Magazine, June 2014.

4 Christopher Alessi and Chase Gummer, "Germany Bets on 'Smart Factories' to Keep Its Manufacturing Edge", Wall Street Journal, October 26, 2014. 2013년 오바마 행정부는 제조업 분야에 대해 새로운 IoT 솔루션을 적용하는 정책을 추진하기 위해 22억 달러를 지원했다.

5 Siemens, "Defects: A Vanishing Species?"(siemens.com), October 1, 2014.

6 같은 글.

7 Susan Cinadr, "PLM on Mars: How NASA JPL Used Siemens Technology to Land Curiosity", Siemens, August 6, 2012.

8 Siemens PLM Software, "Kamleiter Timothy Siemens AG Lifecycle Simulation for maintenance planning and modeling in the rail industry"(plm.automation.siemens.com), 2017.

9 Siemens, "Mobility Services brochure"(siemens.com), 2016.

10 Siemens, "Expert SITRAIL D for urban transportation – thanks to Upgrade Services"(siemens.com).

11 Siemens, "Siemens Industry Software"(siemens.com), 2015.

12 Siemens, "Thinking ahead to the future of industry"(siemens.com).

13 Siemens, "Siemens Industry Software"(siemens.com), 2015.

14 Siemens China, "Driven by Data"(siemens.com.cn).

15 Andrew Hughes, "Siemens and Maserati Show Off Integrated Design and Manufacturing", LNS Research, December 30, 2015.

16 같은 글.

17 Jeffrey R. Immelt, "How I Remade GE", Harvard Business Review, October, 2017.

18 같은 글.

19 Steve Lawson, "GE Digital is taking Predix out to the edge of IoT", IDG Connect, November 15, 2016.

20 William Ruh, "IDC Marketscape Names GE Digital a Leader in IoT Platform Landscape", GE Digital, 2017.

21 "Brilliant Manufacturing: Digitize to Thrive"(ge.com), GE Digital Manufacturing Solutions.

22 Dr. Colin Parris, "A Twin-building Army: GE Previews Firstever Digital Twin Analytics Workbench"(linked.com), GE, October 24, 2017.

23 Marco Annunziata, "Marco Annunziata: The Industrial App Economy Is Ready for Its Download", GE Reports, September 29, 2015.

24 Ranjay Gulati, "GE's Global Growth Experiment", Harvard Business Review, October 2017.

25 Marco Annunziata, 같은 글.

26 Ron Miller, "In Spite of Digital Transformation, 2017 Did Not Yield the Desired Financial Results for GE", Tech Crunch, December 10, 2017.

27 John Flannery, "Our Future Is Digital"(ge.com), GE Digital, October, 2017.

1 ABB, "ABB Smart Sensor FAQ"(new.abb.com), 2013.

2 Cisco, "Digital Manufacturing Powers a Better Way to Build Trucks"(cisco.com), 2016.

3 "IoT in Action: Real-World IoT Deployment in an Intel Factory"(intel.com), 2013.

4 IBM Research, "Senet Uses LoRa and IBM Long Range Signaling and Control to Launch New Business Model"(youtube.com), 2015.

5 "Pay per Wash: Winterhalter Focuses on Servitization and Becomes the Pioneer of the 'Business Pay-Per-Use' Model in the Food Industry", Semioty, November 23, 2017.

6 Michael Lev-Ram, "What John Deere Is Doing to Fight Slumping Sales", Fortune, November 15, 2015.

7 Libelium, "The first Smart Vineyard in Lebanon chooses Libelium's technology to face the climate change"(libelium.com), November 29, 2017.

8 Alivecor, "New Research Confirms Significance of Alivecor's 30 Second EKG"(news release), September 6, 2017.

9 얼라이브코어 최고경영자 데이비드 앨버트와 나눈 전화 인터뷰(2018년 1월 16일).

10 얼라이브코어 홈페이지(alivecor.com/technology/).

11 Alivecor, "Alivecor Granted Patent for Proactive Notification of Possible Heart Arrhythmias", December 12, 2017.

12 Dr. J. Christian Fox, "Testimonials"(butterflynetwork.com).

13 Butterfly IQ, "Meet IQ: Whole Body Imaging for Under 2000 Dollars"(butterflynetwork.com).

14 Libelium, "Saving Water with Smart Irrigation System in Barcelona"(libelium.com), August 29, 2016.

15 Ross Tieman, "Barcelona: Smart City Revolution in Progress", Financial Times, October 26, 2017.

16 W. David Stephenson, *Data Dynamite*, Data4All Press, 2011.

17 Ross Tieman, 같은 글.

18 Laura Adler, "How Smart City Barcelona Brought the Internet of Things to Life", Smart City Solutions, February 18, 2016.

19 SAP, "Hamburg Port Authority and the Internet of Things"(sap. com).

20 James Manyika, Michael Chui, Peter Bisson, et al, "The Internet of Things: Mapping the Value Beyond the Hype", McKinsey Global Institute, June, 2015.

21 Andrew Liszewski, "L'Oreeal's Smart Hairbrush Knows More About Your Hair Than Your Salon Does." Gizmodo, January 3, 2017.

22 David Rose, *Enchanted Objects: Design, Human Desire, and the Internet of Things*(Kindle Edition), Scribner, 2015.

23 같은 책, p.66~67.

24 같은 책, p.47.

25 Conner Forrest, "Hidden U.S. Military Bases Revealed by Fitness

App, Shows Need for IoT Policy", Tech Republic, January 29, 2018.

26 Bret Kinsella, "Amazon Echo and Alexa Stats", Voicebot.ai, 2016.

27 "Amazon.Com Announces Fourth Quarter Sales Up 38% to 60.5 Billion Dollars", Businesswire, 1 February, 2018.

28 W. David Stephenson, "Smart Aging"(stephensonstrategies.com), 2013.

29 Nest, "Programs Itself, Then Pays for Itself"(nest.com).

30 Sami Grover, "Nest Aims to Provide 1 Million Smart Thermostats to Low-Income Families", Treehugger, January 9, 2018.

31 Nest, "Learn More About Rush Hour Rewards"(nest.com), 2013.

32 Nick Statt, "Nest Is Rejoining Google to Better Compete with Amazon and Apple", The Verge, February 7, 2018.

33 "Apple Watch Is the Highest Selling Wearable in Q3 2017 with a 23% Market Share, Says Canalys report", Tech2, November 15, 2017.

34 Jennifer Newton, "Teenage Football Player's Life Is Saved by His Apple Watch After It Showed His Heart Rate Was Dan-gerously High", Daily Mail, September 23, 2015. 이 소년은 건강을 되찾았을뿐더러, 애플에서 인턴 근무 제안도 받았다.

35 Sarah Buhr. "The Apple Watch Can Detect Diabetes with an 85% Accuracy, Cardiogram Study Says", Tech Crunch, February 7, 2018.

36 Darrell Etherington, "Philips Debuts Open APIs And An iOS SDK For Hue Connected Lighting System", Tech Crunch, March 10, 2013.

37 IFTTT, "Philips Hue"(ifttt.com/hue).

38 Ry Crist, "New Study Details a Security Flaw with Philips Hue Smart Bulbs", C-NET, November 3, 2016.

7장 **우리가 마주할 초연결 혁신의 모든 것**

1 Ginger Christ, "2013 IW Best Plants Winner: HarleyDavidson: Driving a Future of Excellence", Industry Week, January 12, 2014.

2 Paul Smith, "Harley Davidson to Layoff 118 From York Plant", Fox 43, April 12, 2017.

3 SAP, "SAP Digital Manufacturing Rapid-deployment Solution"(sap.com).

4 Local Motors, "The LM Vision"(localmotors.com).

5 Matt LaWell, "HP, Deloitte Team Up to Transform Manufacturing"(industryweek.com), 2017.

6 Michael Porter and James Heppelmann, "How Smart, Connected Products are Transforming Companies", Harvard Business Review, 2015.

7 Joe Johnston, "The Product Design of IoT"(uxdesign.cc), 2016.

8 Suketu Gandhi and Eric Gervet, "Now That Your Products Can Talk, What Will They Tell You?" MIT Sloan Management Review, Spring 2016.

9 Suketu Gandhi and Eric Gervet, 같은 글.

10 Michael Porter and James Heppelmann, 같은 글.

11 Suketu Gandhi and Eric Gervet, 같은 글.

12 Kaan Turnali, "What Is Design Thinking?" Forbes/SAP Voice, May 18, 2015.

13 Jeremy Rifkin, *The Zero Marginal Cost Society: The Internet of Things, the Collaborative Commons, and the Eclipse of Capitalism*, St. Martin's Press, 2014. p.219.

14 Office of the Press Secretary, "Fact Sheet: Obama Administration Announces Columbus, OH Winner of the 40 Million Dollars Smart City Challenge to Pioneer the Future of Transportation" White House, June 23, 2016.

15 33smartcorridor.com

16 Contributor, "Why Retail Giant Coca-Cola Is Using IoT Connected Vending Machines", Internet of Business, September 16, 2016.

17 Jon-Amerin Vorabutra, "Why Blockchain is a Game Changer for Supply Chain Management", Load Delivered, Jan. 28, 2016.

18 Woodrow Bellamy III, "OEMs Embrace New Aircraft Engine Health Monitoring Tech", Avionics, February 15, 2017.

19 Woodrow Bellamy III, 같은 글.

20 Bhoopathi Rapolu, "Internet Of Aircraft Things: An Industry Set To Be Transformed", Aviation Week, January 18, 2016.

21 Guest Contributor, "How IoT Technologies Are Disrupting the Aerospace and Defence Status Quo," IT ProPortal, October 27, 2016.

22 Eric Free, "Tesla: Driving the new Industrial Revolution", IoT Agenda, December 19, 2016.

23 Eric Free, 같은 글.

24 Robert Thomson, Madelaine Edwards, Emma Britton, Bryan Rabenau, "Is the Timing Right for Predictive Maintenance in the Manufacturing Sector?", Think Act Magazine, November, 2014.

25 Stefano Marinotti, Jim Nolten, and Arne Steinsbo, "Digitizing Oil and Gas Production", McKinsey&Co. Oil and Gas, August, 2014.

26 Robert Thomson, Madelaine Edwards, Emma Britton, Bryan Rabenau, 같은 글. 2010년 멕시코만에서 석유시추선 '딥 워터 허라이즌'이 폭발했다. 그 직후 나는《페더럴컴퓨터위크(Federal Computer Week)》의 외부 사설에 이런 칼럼을 실었다. "만약 유정을 24시간 관측한다면, 내가 주장한 '규제 3.0'에 도달할 수 있다. 그렇게 되면 기업 비밀을 적절하게 보호하면서도 정부가 실시간 데이터를 공유해 재앙에 더 재빨리 대응할 수 있다. 기름 분출이 일어날 가능성과 그에 따른 모든 관련 비용을 놀랍도록 줄일 것이다."

27 Robert Thomson, Madelaine Edwards, Emma Britton, Bryan Rabenau, 같은 글.

28 MS, "Fueling the oil and gas industry with IoT"(microsoft.com), 2015.

29 Stefano Marinotti, Jim Nolten, and Arne Steinsbo, 같은 글.

30 같은 글.

31 Bosch, "The OSRAM Ticket Manager"(bosch-connected-industry.com).

32 Jade Fell, "Hannover 2017: IoT-enabled App Engine Customizes Operations on the Shop Floor", Engineering&Technology, April 27, 2017.

33 Tulip, "Tulip Announces 13 Million Dollars Series a Round To Digitally Transform Manufacturing Operations"(tulip.co), 2017.

34 같은 글.

35 Eric Bender, "Apps for Operators on the Factory Floor", MIT Industrial Liaison Program, December 5, 2016.

36 Tulip, "New Balance Digitally Reduces Defects"(news release).

37 Eric Bender, 같은 글.

38 John R. Rymer, "The Forrester Wave: Low-Code Development Platforms For AD&D Pros, Q4 2017"(itpsap.com), 2017.

39 Michael Hobbs, "The Connected Industrial Worker: Achieving the Industrial Vision for the Internet of Things", Telegraph, January 23, 2017.

40 John Santagate, "The Human Touch in Smart Manufacturing", IDC Community, February 14, 2017.

41 W. David Stephenson, *Data Dynamite*, Data4All Press, 2011.

8장 가장 진화한 기업 모델

1 Michael Porter and James Heppelmann, "How Smart, Connected Products are Transforming Companies", Harvard Business Review, 2015.

2 Charles F. O'Connor, Jr., Military Enterprise and Technological Change: Perspectives on the American Experience, MIT Press, 1985, p.90.

3 Thomas S. Kuhn, The Structure of Scientific, 2nd edition. International Encyclopedia of Unified Science. Chicago: University of Chicago, 1970.

4 Gary Hamel, "Innovation Democracy: W. L. Gore's Original Management Model", Management Innovation eXchange, September 23, 2010.

5 Alan Deutchman, "The Fabric of Creativity", Fast Company, December 1, 2004.

6 Cathy Benko and Molly Anderson, "The Lattice That Has Replaced The Corporate Ladder", Forbes, March 16, 2011.

7 Russell J. Ackoff, "The Circular Organization: An Update", The Academy of Management Executive, February 1989.

8 "5 Benefits of Collaboration in the Workplace"(ingrammicroadvisor. blog), 2017.

9 Jayraj Nair, "3 Ways Business Can Use IoT to Save the Environment", WinPro, 2015.

10 "How Collaboration Wins", Harvard Business Review Analytical Services, January 2018.

11 같은 글.

후기 **연결을 넘어 초연결로 무장하라**

1 W. David Stephenson, *Managing the Internet of Things Revolution*, SAP, 2014.

2 W. David Stephenson, "The Buckyball Corporation", Network World, April, 1995.

옮긴이 **김정아**

사람과 세상이 궁금한 번역 노동자. 전산을 공부했고 IT 기업에서 일했다. 현재는 글밥아카데미 수료 뒤 바른번역 소속 번역가로 활동하고 있다. 옮긴 책으로는 『왓츠 더 퓨처』, 『차이나 유스 컬처』, 『당신의 잠든 부를 깨워라』, 『부자 교육』, 『통계학을 떠받치는 일곱 기둥 이야기』 등이 있다.

초연결
구글, 아마존, 애플, 테슬라가 그리는 10년 후 미래

초판 1쇄 발행 2019년 4월 26일
초판 7쇄 발행 2021년 7월 2일

지은이 W. 데이비드 스티븐슨
옮긴이 김정아
펴낸이 김선식

경영총괄 김은영
책임편집 성기병 **크로스교정** 조세현 **책임마케터** 이고은
콘텐츠사업1팀장 임보윤 **콘텐츠사업1팀** 윤유정, 한다혜, 성기병, 문주연
마케팅본부장 이주화 **마케팅2팀** 권장규, 이고은, 김지우
미디어홍보본부장 정명찬
홍보팀 안지혜, 김재선, 이소영, 김은지, 박재연, 오수미
뉴미디어팀 김선욱, 허지호, 염아라, 김혜원, 이수인, 임유나, 배한진, 석찬미
저작권팀 한승빈, 김재원
경영관리본부 허대우, 하미선, 박상민, 권송이, 김민아, 윤이경, 이소희, 이우철, 김재경, 최완규, 이지우, 김혜진

펴낸곳 다산북스 **출판등록** 2005년 12월 23일 제313-2005-00277호
주소 경기도 파주시 회동길 490
전화 02-702-1724 **팩스** 02-703-2219 **이메일** dasanbooks@dasanbooks.com
홈페이지 www.dasan.group **블로그** blog.naver.com/dasan_books
종이 (주)한솔피앤에스 **출력** 민언프린텍 **후가공** 평창 P&G **제본** 정문바인텍

ISBN 979-11-306-2145-6 (03320)

다산북스(DASANBOOKS)는 독자 여러분의 책에 관한 아이디어와 원고 투고를 기쁜 마음으로 기다리고 있습니다.
책 출간을 원하는 아이디어가 있으신 분은 다산북스 홈페이지 '투고원고'란으로 간단한 개요와 취지, 연락처 등을 보내주세요.
머뭇거리지 말고 문을 두드리세요.